# 物流管理精编学习手册

黄　颖　王　利　孟庆良　李晓萍　编

合肥工業大學出版社

**图书在版编目(CIP)数据**

物流管理精编学习手册/黄颖等编．—合肥:合肥工业大学出版社,2012.2

ISBN 978-7-5650-0674-6

Ⅰ.①物…　Ⅱ.①黄…　Ⅲ.①物流—物资管理—高等学校—教学参考资料
Ⅳ.①F252

中国版本图书馆 CIP 数据核字(2012)第 016886 号

**物流管理精编学习手册**

黄　颖　王　利　孟庆良　李晓萍　编　　　责任编辑　朱移山　郭娟娟

| | | | |
|---|---|---|---|
| **出　版** | 合肥工业大学出版社 | **版　次** | 2012 年 2 月第 1 版 |
| **地　址** | 合肥市屯溪路 193 号 | **印　次** | 2012 年 2 月第 1 次印刷 |
| **邮　编** | 230009 | **开　本** | 710 毫米×1000 毫米　1/16 |
| **电　话** | 总编室:0551—2903038 | **印　张** | 16.25 |
| | 发行部:0551—2903198 | **字　数** | 291 千字 |
| **网　址** | www.hfutpress.com.cn | **印　刷** | 合肥现代印务有限公司 |
| **E-mail** | hfutpress@163.com | **发　行** | 全国新华书店 |

ISBN 978-7-5650-0674-6　　　　定价:38.00 元

# 内容简介

本书全面概括了物流管理的理论体系，通过习题与案例的形式辅助学生理解物流管理中的理论与实践。全书分为十一个部分，主要内容包括物流管理理论概述、供应链管理、物流战略、物流系统分析与设计、采购与供应管理、运输与配送管理、仓储与库存管理、物流信息技术、装卸搬运、流通加工与包装、物流成本管理。本书内容通过提出教学要求、对各章知识点解析、主客观题练习以及案例分析等形式展开，通过理论与实践相联系的方法帮助读者掌握并巩固物流管理方面的重要理论和知识点。

本书体系较为完整，相关练习数量及难度适中，案例选材丰富，与实践结合紧密，适合作为高等院校物流及相关专业教材辅助材料，也可作为读者自学参考。

# 前　言

随着社会经济分工的不断深入，物流作为社会流通环节中的重要组成得到了越来越多的关注。提升物流管理的水平，降低全社会的物资流通成本，成为物流行业增长的重要推动力。物流行业的发展离不开大量物流人才的培养，当前我国物流人才的培养仍然处于发展的初期，无论是经验还是理论都尚嫌不足。为了能够适应当前物流人才培养的目标，在配合《现代物流管理》本科教材的基础上，编撰了这本《现代物流管理精编学习手册》，主要用于课程教学的辅助材料。

为了保持本书的完整性，在与教材兼容的基础上，自成一套完整的体系，供读者自学使用。本书的编写上既重视理论体系的完整性同时兼具一定的创新性，将物流领域的研究热点内容引入这一本学习手册中来。

本书共十一章，分别从物流与供应链的基本概念、物流战略与系统设计、企业采购与供应管理、物流七大职能要素以及物流成本方面对物流进行较为全面的论述。每一章由教学要求、重点知识点解读、习题三大部分组成，帮助读者更好的理解基本概念，通过习题加深和巩固知识点的理解。

本书由江苏科技大学黄颖担任主编，负责对全书的框架结构进行策划、习题与案例的编纂，江苏科技大学王利、孟庆良、李晓萍担任副主编，其中黄颖编写了本书第一、二、五、七章；王利编写了本书的第三、四、六章；孟庆良编写了本书的第八、九章；李晓萍编写了本书的第十、十一章。在编写过程中还得到了众多同事与学生的大力支持，在此一并感谢。

本书参阅了大量专家学者的文献、著作等资料，书后对参考资料列出了参考文献，由于物流管理领域所涉及的知识涵盖面较广，编者经验水平有限，成稿实践仓促，故本书中存在错误和疏漏在所难免，敬请广大读者批评指正，并及时反馈给作者，以便逐步完善。（联系邮箱：huangying-just@126.com）

编　者

2011年10月于江苏科大

# 目　　录

# 第一章　物流与物流管理

## 1.1　教学要求

通过本章的学习，要求学生能够：

(1) 掌握物流的基本概念，对物流的本质含义能够进行阐述和解释；

(2) 理解物流从企业的职能走向社会化专业分工的过程；

(3) 理解物流在流通活动中的作用；

(4) 掌握商物分离的原因；

(5) 掌握按照物流系统的作用的物流分类；

(6) 理解物流的流动性特征；

(7) 理解物流的网络构成；

(8) 了解标准化对于物流发展的重要意义；

(9) 了解第四方物流发展模式；

(10) 了解物流领域发展的新动向。

## 1.2　本章解读

### 1.2.1　物流概念的起源

物流概念的提出一般认为是从 Logistics 这一军事后勤领域的概念演化而来。军事战争是一种高烈度的冲突，伴随着巨大的资源消耗和人员伤亡，而决定一场战争能否取胜的关键除了军事战略外，更为重要的问题就在于后勤补给能否有效地跟上消耗的速度。在第二次世界大战中逐步发展起来的数学规划方法为军事后勤提供了重要的优化手段。二战结束后，这一系列方法逐渐在民用领域得到了广泛的应用。随着战后资本主义经济的复苏，商品的流量也开始逐渐增加，因此，对于物流的研究也开始从理论走向了实践舞台。一般认为，这就是物流的起源。

但是实际上，自从人类开始产生了物资剩余，并且有了交换行为开始，物流活动即开始了。在已知的历史典籍中，我们不难发现大量相关的描述。而从公元前 230 年到公元前 221 年的十年间，秦灭六国是如何解决数十万人马在战争中的粮草补给等问题也成为留给后人的谜。

长期以来生产力低下的状态导致人们更加重视如何进行生产，而由于参与交换的商品种类和数量都较为稀少，交换的范围也仅限于一个局部区域，因此，物流尚未能成为一个足够引起人们注意的环节，仅仅是一种被动的物资的转移行为。技术和制度的发展主要集中于生产能力的提升以及商品交易手段的完善。随着航海技术的出现，为商品在更广范围内的交换提供了可能，并且也为后来出现的资本主义制度奠定了物质基础。直至工业革命，制度和技术的迅速发展使商品真正成为了一种财富流动的重要媒介，无论是商品的数量和种类，还是交换的范围，都得到了极大发展。巨大的利润推动了参与者的不断增加，由此，竞争也成了一种常态，在竞争的环境中，各个企业必须不断做得更好，才能够实现生存和发展的目标。竞争的不断加剧，迫使企业不得不去思考如何降低成本，提升利润水平。因此，物流这一关联着生产者和消费者之间的重要渠道，所支出的成本问题也日渐得到了人们的关注。也就是说，随着商品经济的不断发展与完善，物流作为一门学科才真正登上了历史的舞台。

当前，随着信息、技术、管理、制度等方面的不断发展，物流作为一门独立的学科开始得到人们的关注与研究。因此，本章作为一个导论性质的介绍，研究物流的起源、发展历程与现状，系统性介绍物流概念的内涵与外延，对物流的发展阶段进行阐述，并给出了一个发展展望。

### 1.2.2 物流概述

商品经济是人类迄今为止所发明的最为先进的社会制度，由于遵循了自由、平等以及契约等要素，为满足自身利益最大化的动机刺激了生产的大发展以及商品的多样化、市场的全球化。商品市场的巨大魔力推动了人们的广泛的参与热情，商品买卖由小到大，由近及远，市场也逐渐地开始从一个商品相对稀缺的环境过渡到商品过剩的环境。激烈的竞争迫使市场中的参与者不得不通过创新来降低成本、刺激新的需求的产生。伴随着人类知识积累的速度不断加快，从产品构思到商品实现的过程变得越来越短，不断缩短的生命周期背后是利益和生存的推动，但是另一方面则是此种改进型创新的边际收益却越来越低。历史上，我们可将企业的利润来源划分为如下两个途径：

(1) 从自然领域得到的利润

人类所创造的一切财富的根源都来于自然界。无论是地下的矿藏，还是石油、煤炭以及农林牧渔等行业所创造的初级产品，我们都将其称之为“第一产业（Primary Industry)”。古往今来，这是人类一切财富的最根本的来源。或者，可将其称之为第一利润源。

（2）从劳动者中得到的利润

对自然资源的开采与利用经历了相当长的时间，在发展的历程中，其主体——人不断地通过实践来提高自然资源的利用效率。例如，从刀耕火种到机械化生产，人通过创造越来越精细的工具加大了对自然资源的利用程度，从本质上说，是人在不断工作的过程中，通过知识和技术的积累，提高了自身改变自然的能力，使劳动者的生产效率得到了极大地提升。这一利润的来源可称之为第二利润源。

如前所述，这两种利润来源随着经济水平的不断发展导致边际收益的递减，因此必须要找到一条新的途径来突破这一增长的瓶颈。前面我们分别从资源和人两个方面论述了利润的产生，而在商品经济环境下，开源节流是创造利润的两个方面：一方面通过扩张市场的需求来增加利润，另一方面则是不断地降低成本，相对的扩大利润空间。而这两个方面都与物流密不可分。物流最直接的含义就是物资的流动过程。由于运输手段的不断发展，使一地生产的产品可以销售至不同的国家和地区，从而实现了从本地市场向全球市场的转化，企业的潜在市场容量增长了。另一方面，通过在物流活动中对不必要环节的审视，压缩流通过程中的不合理成本支出，实现了成本的持续下降。这为企业开创了一个全新的利润源泉，我们将物流的优化称之为“第三利润源”。因此为了能够解决当前企业发展中的瓶颈问题，实现商品流通速度与效率的提升，研究物流问题成为了一个无法回避的热点。

1. 物流的定义

我国国家标准《物流术语》对物流（Logistics）的定义是：“物品从供应地向接收地的实体流动过程。根据实际需要，将运输、储存、装卸搬运、包装、流通加工、配送、信息处理等基本功能实施有机结合。”

这一概念被众多书籍广泛采纳，但是，物流所研究的对象应该是在市场这只看不见的手的驱动下，如何通过物的流动实现资源最佳配置的过程。任何指导性、指令性甚至计划性的物流，其本质是将物流作为一种满足个人目标而非社会利益最大化的手段。究其定义细节，仍然保存了大量计划经济时代指令性任务的特点，缺少对于市场经济本质精神的认同。另外，在这一定义下，将物流活动降格为一系列的活动或者动作所构成的物的移动过程，并无法有效地提升物流的水平。基于以上的分析，我们认为，物流应该是社会资源有效配置的重要手段，在需求的推动下实现资源的自然流动，并从制度、信息操作等层面持续优化资源流动最终达到社会均质化发展目标的过程。

全社会经济可以分为生产和流通两大部门，这两个部门的合作实现了从生产到消费的循环过程。而物流在生产、流通、消费中则起到了连接纽带的作用，将整个社会经济活动连接为一张网络。在生产环节，从原材料的采购、库存、生产加工环节物料的流动、成品库存的管理一直到出库，都是物流所必须研究的对象，狭义上看，这可以称之为“企业物流”，是物流的一种微观形式。在流通环节，包含了从产品到商品的转化过程，衔接了从集中生产到分散消费的完成，这一环节中，商品的运输、配送、产品的包装、装卸搬运、物流订单信息的处理、渠道中的库存等问题构成了宏观社会系统中的大物流。在消费环节，从获得商品的所有权到使用权，一直到商品被消费，完成其生命周期价值，也同样包含了大量的物流问题，如商品的合理配送，维修、维护、退货、残值回收等问题。

因此，对物流的理解应该是立体的、全方位的，不仅仅包含企业层面的微观物流，还应包含对物流行业的分析，作为一个整体的社会流通手段的分析等，从而能够全面认识物流，发现其价值，找到管理的方法和手段。

2. 物流定义的理解

物流首先是一个流动的过程，其对象是实在的物品。通过流动，实现了物品在各个不同地区的分布，并且实现了人们的需求满足这一目标。这一流动过程的出现，是以供求关系差异所带来的利润差额驱动的。在需求大于供给的地区，由于市场上的需求得不到有效地满足，根据供求均衡原则，消费者愿意支付更高的市场价格来获取资源，与市场供给丰富的地区相比，这一“洼地”将会吸引更多的商人加入，满足这些尚未满足的市场地区的需求，而最终结果是拉平不同地区之间的价格差。物流的出现，为创造出的产品提供了更为广阔的销售空间，同时，也在不断地寻找着市场上出价最高的买家，实现收益的最大化。伴随着交通运输技术的不断发展以及信息传递的高速化，市场上产品的流动速度越来越快，各个地区之间的产品价格差异也在不断下降。从全社会收益上来看，建立高效的物流体系是降低不合理价格差异的途径之一。

在物的流动过程中，存在着自然流向和计划流向两种。对于自然流向，遵循的是市场上的客观经济规律，例如在人口密集的经济发达地区，大量的商品流入，同时价格也较为低廉，满足大众对于产品的需求。而偏远落后地区，则因为市场容量较小，人均收入水平较低等因素，商品流则不会向其流动，并且该地的消费者仍需要支付较高的商品价格以弥补小批量条件下的成本要素。

对于计划流向，则是由相应的决策者来制定的。例如，我国在建国后将东部沿海地区一些大企业进行内迁，搞“三线建设”，将企业迁移至交通不便的地区，例如二汽就建设在地处山区的湖北十堰市，虽然说在一定程度上支持了中国中部地区经济的发展，但是同时也极大地限制了企业的发展，从物流成本上说，处于极不经济的状态。

在市场中的每一个主体都可以看成是一个无序运动的分子，在空间中进行布朗运动[①]。通过这一运动形式，无数个体在随机中寻找可能的流动方向，一旦寻找到一个突破口，大量的分子将会散逸出去，寻找在更大空间范围内的均匀分布。例如在一个密闭的盒子中，存在着大量运动着的气体分子，在外部温度均匀条件下，气体分子均匀分布在盒子中，进行运动与碰撞，此时，我们称盒子中的气体是均匀且无序的，只能在宏观上确定气体的密度，而无法确定某一个气体分子所处的确定位置。假如在这个盒子外面又嵌套了一个真空的盒子，将里面的盒子钻开一个小孔，那么必定有气体分子在随机运动的过程中散逸出去，运动到嵌套在外面的盒子中，经过一段时间，最终仍将发现嵌套在外面盒子中的气体分子分布仍然是均匀的。而随着环境温度越来越高，分子碰撞的频率加快，达到均衡的速度也在不断加快[②]。而当温度不断降低，直至接近绝对零度时，气体分子会达到临界相变，突变成有稳定结构的整体，这称之为玻色一爱因斯坦凝聚态[③]。

我们可以同样想象市场中的行为。在一个外部规制良好的环境下，市场交易的越频繁，每一个个体的运动速度也越快，即能够在较短的时间内达到整个系统内分布的均衡。这一均衡描述的是一种动态的无差异状态，即从整体上看，市场上处于均衡，但是从某一个特定的个体上看，仍然处于高速的运动过程之中。物流环节的作用即在于加速了市场流动，推动了市场的均质化。

3. 商物分离的原则与价值

商流和物流均从属于流通的环节。在很长一段时间内，商流和物流总是合二为一的，简单点说就是“一手交钱，一手交货”。为什么这一现象长期存在呢？其主要原因在于：

(1) 社会经济的不发达，人们需求种类较少

在社会经济处于交换经济初期时，能够用来交换的物资很少，人们自发组成的集市成为了满足人们多种需求的场所，以物易物和买卖关系都较为简

---

① 关于布朗运动，请参见：http：//baike. baidu. com/view/17875. htm。

② 温度实际上是气体分子不断碰撞摩擦的结果。

③ 关于玻色—爱因斯坦凝聚的讨论见：http：//baike. baidu. com/view/948722. htm。

单，物的所有权和实体在同一时间完成，实现了权利和义务的平衡。

(2) 缺乏社会契约机制，商物合一成为规避风险的手段

社会契约精神在于对信用的珍视和对合约的承诺。在缺少外部规则制约条件下，参与交易的双方，其中不合作方比合作方更能够获得短期收益，商物合一成为一种对买卖双方均有利的制度安排。

但是随着商品经济的不断发展，专门从事于买卖的商人[①]也逐渐增多，他们从生产者手中购入产品，并将其在市场上销售给消费者，赚取其中的价格差。商人持有货物的目的即在于二次转售。而商人在转售其采购的商品时，必须将自己所支出的成本考虑在内，因此，随着交易范围的扩展，交易层次也在不断增加，这对于商品来说，增加了大量交易过程成本。例如出厂价和零售价之间存在着较大的差别就是这一现象的明证。这一部分支出的成本成为我们考虑和优化的对象。如何才能够减少商品交易过程中增加的成本，同时又提升市场交易的范围呢？国际著名的IT公司戴尔创造了渠道扁平化，将生产者和消费者直接通过物流公司对接起来，大大压缩了渠道成本，为企业赢得了低价格竞争优势。随着信息通讯技术的发展，互联网成为了一种高效、准确、快速、低成本的通讯方式。大量信息的流通为市场上撮合买卖奠定了基础。同时，由于市场经济环境中的违约成本不断上升，企业和个人都开始重视承诺的价值。这就为商物分离创造了必备的条件。

观察一个最典型的例子：期货市场。创造期货市场的初衷就是为了能够在市场上为商品实现价值发现功能。大量的买方和卖方以及投机者参与到这一市场中，对于卖方而言，希望能够在市场中找到出价最高的买方，而买方亦想在市场中找到最具竞争优势的卖方。随着参与者的不断增加，市场最终达成的一个价格为众多买方和卖方共同“撮合”成的一个“市场价格”。当然，期货市场与现货市场最大的不同在于期货市场交易的是远期交割的产品。那么，同一批货物在还没有生产出来的时候就在市场上被不同的人交易了若干次，不同的交易者通过网络在世界的各个角落进行着商品所有权的转移，而此时商品的实物却没有发生任何位置的改变，直到交割的那一刻，才发生了从商品持有者向最终市场需求者的转移。这一过程中商品虽然发生了多次的所有权转移，但是并没有增加任何的物流成本，对于参与交易的各方来说，这一制度安排既化解了风险，同时也扩大了市场交易的范围，并且交易成本

① 商人的由来：其名称起源于商朝，由于商业十分繁荣，有“商葩翼翼，四方之极”之称。商民善于经商，后世将经商的人称为“商人”。

也得到了控制。

由以上的例子可以看出，在现代重视契约的市场经济社会中，伴随着信息通讯技术的发展和交易平台的完善，商物分离正在成为一个推动商品价值发现的重要手段。由此可以避免商品持有过程中所带来的不合理流动，从而保证了最终的流通环节少、物流线路节约，降低了物流成本，提高了买卖双方的价值。

4. 物流与生产

生产是社会经济中的重要环节，通过将自然界中获得的原材料进行加工处理，转化成能够为人们所利用的各种产品。随着科学技术水平的不断发展，生产变得越来越复杂和细化。生产的专业化程度也在不断提升。传统手工作坊式的“一站式加工”已经被具有更高生产效率的批量化分工合作所取代。

福特所开创的流水线生产模式实现了生产的专业化。将一个复杂的产品通过工艺路线的分解，将其转化为一个串行的生产过程，每一个工位上的工人只需从事于一些简单的动作，利用学习曲线，不断的提升工人的工作效率，并且对生产工艺进行优化，实现了大规模批量化制造，生产的成本得到了大幅度的下降。这一生产形式的核心是，所加工的对象处于不断地流动过程中，每一个工位对其进行一定的加工。那么生产中的物流即成为了如何有效降低生产成本的重要组成环节。

企业中的活动分为了加工活动和物流活动，这是生产系统的两大支柱。通过物流活动将生产系统中的各种加工设备连接起来，形成了一个完善的产品生产流。生产物流保障了生产过程能够持续不断地进行下去，将离散的生产过程变成了一个持续地连续生产过程，保证了企业中各项资源的合理充分利用。

物流对于生产具有多方面的影响：

首先，物流是生产连续性的保障。企业通过连续化的运转实现“永续经营”。

其次，物流环节成为生产型企业内部挖掘潜在利润的重要来源。通过生产系统平面的再布置，降低物流总量，可以节约生产的时间，降低生产物流成本支出，从而优化企业的成本，提高利润水平。

第三，生产物流规划的好坏直接决定了企业经营效率。

但是我们需要认识到的是，物流的发展是伴随着生产力水平的上升而不断发展的。可以预见，随着社会经济总量的不断增加，经济增长已经难以单纯从生产力的层面上获得持续地增长，而从物流领域获得流动效率的优化，降低损耗将成为经济成长的一个新的热点。

5. 物流与市场营销

传统上我们将物流称之为实体分销（Physical Distribution），认为物流是完成市场营销活动的一个重要的辅助性环节，满足了渠道铺货的要求。但如今看来，实体分销的概念已经远远不能涵盖物流的完整含义。

市场营销是一种在相对过剩的环境下的面对买方市场的市场推动行为。买方市场的出现，是技术成熟、效率提升的一个重要的现象，在一个相对有利可图的市场中，总是会吸引大量的资金、人才、技术的涌入，从而使得该领域中不断地更新与变革，从而降低了产出成本，提高了生产率，相对于固定的市场需求，多个生产主体同时进行的生产决策导致供应量超过了需求量，因此出现了过剩的状态，由此，企业才开始研究市场的需求，生产满足消费者的产品与服务，尽力使自身处在一个竞争的相对优势地位。竞争优势的获得来自于企业的创新能力和成本节约潜力。从价值链的角度，企业不仅需要研究生产成本的降低，还应该从消费者的角度研究获得成本的大小。因此，如何有效的降低流通环节的成本成为企业获得竞争优势的一个重要的来源。

市场营销中研究的核心是消费者的需求，因此从消费者的角度，看待价格、品种、包装、服务售后等问题成为企业“逆向思考”的重点。

销售价格。价格是消费者最为关心的话题之一。能够以低廉的价格获得质量、性能满意的产品对于消费者而言是一件划算的事情。特别是在一种竞争者可相互比较的环境下，价格就成为了消费者比较的关键因素。为了能够实现产品销售价格达到消费者的预期，企业研究如何降低流通环节的各种损耗，降低物流成本的支出，实现从生产到消费距离的缩短。

品种数量。不断增加的产品品种数量是为了能够实现非价格层面的竞争。因此企业不断地寻找差异化的可能性，以此满足不同的细分市场。随着品种数量的增长，物流工作则变得越来越复杂，各个流通环节需要管理的品类数量在不断地增加，而面对不同品种的预测也变得更加困难了，物流工作不仅需要解决如何实现物的流动问题，还必须考虑如何压缩流通环节中物的数量，避免潜在的浪费。

包装决策。物流环节随着参与者数量的上升，在不同环节之间进行交接成为具有一定风险性的活动，如果处于高度不信任的状态，那么每一个交接环节都需要对物流对象的质量进行检测，无形中增加了物流的费用和时间。因此，从加速物流发展的角度来看，对物流对象施加以合理的包装，避免物流过程中的损害就成为了一个必不可少的重要环节。但是，包装本身仅从物流的角度而言，对客户而言是没有价值的，仅仅增加了客户需要支出的成本，那么面对包装的安全性和包装的成本之间就形成了一个需要考虑的决策，如何在成本可控的情况下达到最佳的包装形式，安全可靠的将产品送达客户。

售后服务环节。客户在商品活动之后进入消费和使用过程，但是由于潜在的产品缺陷以及产品消费完成之后的处理的存在，同时也构成了一个巨大的逆向物流需求。面对客户的产品退回以及回收工作成为企业开发客户长期价值的重要手段，将销售获利变成了产品生命周期获利。但是由于这一物流环节与正向的物流相比，存在着较大的不一致性，所以在物流管理工作中需要应对来自于各个方面的挑战。

6. 物流与电子商务

网络化消费已形成一个无法阻挡的趋势，越来越多的消费者选择在互联网上寻找卖家，通过相对透明化的信息沟通，在众多的商家中进行价格与产品的比较，这使得商家难以通过信息的不对称获得更高的不合理利润。同时，由于大大削减了实体店面的租金与运营成本等开支，使企业能够以更为低廉的价格出售产品，对于买卖双方来说，这都是一件有利可图的事情，因此，不难看到，电子商务的发展随着支付平台和物流平台的不断完善，将成为取代传统商业模式的必然选择。

电子商务发展过程中，网络已经不再成为重要的瓶颈，而物流则变成了一个短板环节。面对众多随机的客户订单，如何快速地满足客户的需求，并且将物流成本控制在一个可接受的范围内，是众多电子商务企业面临的一个巨大挑战。

许多电子商务企业在扩张的时候，首先选择了合作性的物流模式，即将本企业获得的订单自行安排前端的订单处理、配货等工作，而将后端的物流与配送工作交由第三方物流企业来协作完成。但是由于责任的划分以及利润分割等问题，导致合作过程中存在着多种不可控因素，导致客户的投诉率上升以及满意度下降等问题，这些都成为制约电子商务快速发展的瓶颈。此外，面对电子商务所带来的突发性的订单需求，传统的以人工为基础的工作模式难以应对这一波动，从而导致在业务量随着节假日等重大事件面前物流表现的心有余而力不足。

为了应对这一短期内无法解决的缺陷，一些电子商务企业开始尝试自建物流体系，满足自身业务量的增长。这一模式的发展将会给电子商务企业带来一个新的利润增长点，以现有的稳定的市场作为推动，整合当前的小型物流企业，以品牌化、集中化的模式经营，保障企业主营业务的发展，同时与非冲突性企业建立共享物流的合作关系，赢得市场。

电子商务是未来物流市场的一个巨大的蛋糕，特别是当业务量持续上升时，物流的边际成本开始下降，规模性的物流作业将会带来收益的持续增长。

### 1.2.3 物流的分类

1. 物流流程划分

物流是一个持续性的流动过程，如果从原料到产品的转化来看，可以分为原材料供应物流、生产物流、销售物流、废弃物物流、回收物流五个方面。

(1) 供应物流

任何企业都是一个完整的系统，包含有输入、处理、输出三个主要环节。输入环节是之后一切活动的开始。不论是针对生产企业还是流通企业，尽管供应的目的不同，但都需要从外部获得满足其生产经营必备的资源。此资源包含了原材料、零部件、半成品以及商品。

对于大多数企业而言，供应物流环节占用了企业大量的资金，对供应物流的严格定量化管理能够帮助企业实现成本的有效节约，提高企业资金利用水平，降低物耗，增强企业竞争力。

长期以来，我国计划经济模式下的企业重生产、轻流通的现象普遍存在，资金的使用效率普遍偏低。为了实现对企业生产的稳定供给保障，采购供应部门往往倾向于大批量采购，从而减少订单处理次数，降低工作强度。但是，这仅对于生产是相对稳定的，原材料市场价格波动不大的卖方市场条件下适用。对于市场逐渐过渡到买方市场，企业备有大量库存，无形中承担了潜在的损失，需要承担市场价格不利波动、资金使用效率低下等方面的成本，同时库存管理方面的压力也在不断增大。

在当前环境下，面对激烈的竞争和成本上涨的压力，企业不得不开始考虑如何有效的压低成本，做好供应物流，这是维持企业竞争优势的必要条件。

(2) 生产物流

生产物流是针对生产制造型企业而言的，从企业购入原料或零部件开始，即开始进入到了生产物流阶段。它包括了从原料入库到成品出库的全过程。在企业内部，是实现从原料变成产成品的过程。每一道加工工艺都是实现了价值增值的阶段，同时也是成本增加的过程。企业生产物流就是实现从原材料到产成品流动的过程。这一过程中，使全部生产流程不停顿，维持一种持续的流动是生产物流合理化的要点。生产物流的组织影响了生产周期、生产环境、设备负荷以及在制品库存量等要素。

在生产物流的管理过程中，如何做到有序流动是保障生产过程顺利进行的必要条件。因此，对于原材料库存的管理、在制品管理、成品库管理成为企业内部物流管控的重要环节。

（3）销售物流

生产的结束意味着销售的开始，如何实现产品从生产者到消费者之间的分销过程，是销售物流所关注的重点。一般认为，销售物流是市场营销的辅助性环节，协助市场营销目标的实现，完成了物品的所有权的转移。销售活动的目标即实现客户的满足，这其中对于具体对象的可获得性提出了更高的要求，即高可获得性能够有效提升客户的满意水平，从而创建一种独特的竞争优势。

为了达到有效销售的目标，在销售物流规划中首先需要明确的问题就是如何进行物流渠道的布局与规划，面对集中的生产模式和随机分布的市场需求，必须通过有效地流通渠道来实现产品的合理配置。

（4）回收物流

物流的流程一般是从生产者向下游的需求者流动的过程，但是为了能够实现保护商品，以及满足对客户的服务承诺等要求，逆向的物流同样存在。随着经济发展从粗放型到精细化的发展，回收物流逐渐得到了更多的关注。

回收物流不仅能够实现企业的经济收益，同样也能够实现社会价值。例如，对包装材料的回收与再利用，能够有效地节约原生木材的需求，从而降低对环境资源的消耗。此外回收物流可以实现对消费者需求的满足。产品在销售完成后，可能会遇到来自于客户对产品的不满意与投诉等，如何处理关于客户对产品的不满，需要有效地为客户解决产品方面的各种问题。回收物流是当前发展绿色经济和循环经济中的一个重要的问题。

当前这一问题所关注的焦点在于如何有效地平衡回收过程中的经济价值和社会价值的关系。例如，我国每年在收割完成之后，土地里会留下大量的秸秆资源，针对秸秆传统的做法是放火烧掉，留下的草木灰可以为土地增加肥料。但问题在于燃烧的处理方法对环境造成了极大的破坏，危害到人体的健康。而秸秆又是一种非常好的造纸原料，如果能将全国大量的秸秆全部回收并用以造纸的话，能够大大节约我国的速生林资源，实现环境的保护和资源的利用。但是这一做法并未能够有效推广的主要原因在于，秸秆资源难以实现低成本的运输，轻泡货物难以利用运载设备的载重，导致运费超过原料的价格，此外，秸秆资源的产出并非连续性的，因此难以满足造纸企业持续性生产与经营的要求。我们有什么办法能够解决这一矛盾呢？

（5）废弃物物流

生产和流通环节中所产生的无利用价值的废物，如工业三废等，如不加以有效地处理，将会带来负面的社会损失。因此，需要对废弃物加以处理和控制，实现社会价值，同时能够实现变废为宝。

**合理利用煤层气，实现废物利用**

山西是中国的煤炭大省，在煤炭开采过程中所产生的副产品为煤层气（俗称瓦斯气），如通风不畅导致瓦斯气浓度超标则会带来一系列潜在的风险。因此传统的做法为在煤炭开采过程中通过通风设施将煤层气抽出，并经过燃烧处理掉，以降低生产过程中的风险。但是每年大量的煤层气资源被白白浪费掉了，非常可惜。山西晋煤集团率先试点进行了煤层气的发电项目，将地下抽出的煤层气转变为燃料，利用大型内燃机式发电机进行发电，一方面实现了经济收益的增加，同时也降低了地下采掘作业的风险，实现了废弃物的有效利用。2011 年，晋煤集团成庄 18 兆瓦煤矿瓦斯发电 CDM 项目在联合国成功注册后，已有两家国外公司购买了该项目节能减排指标，该项目一季度累计完成发电量 3692.8944 万千瓦时。

传统认为废弃物是无用的，尽可能降低排放处理成本是企业经济收益最大化的基本目标。但是，如果将废弃物理解成为放错了位置的资源，那么如何寻找到一条有效的资源处理途径成为解决废弃物环境污染问题的关键手段。

例如在中国江汉油田，由于地质构造的原因，地下同时蕴含了大量的石油天然气资源和卤水资源，在初期的石油开采过程中，卤水结盐堵井问题是困扰石油开采的一个技术难题，后发现，卤水是工业用盐的宝贵资源，于是利用之前大量石油开采的废井进行盐卤资源的开采和利用，实现了经济价值和社会价值。

2. 物流空间范围划分

按照物流活动范围的不同，可以划分为地区物流、国内物流和国际物流三类。

地区物流存在的原因是，经济发展过程中会出现自然的集聚现象，人口、企业等大量向着某些核心地区聚集。例如在我国的珠三角、长三角以及环渤海湾经济区等，在区域内部的物流量巨大，因此地区物流是物流发展中的一个重要组成部分，短距离、高频次、大吞吐量的物流对物流管理提出了更高的要求。实际上，由于物流成本较高等因素，地区经济更易于向某一地区进行集中，以此降低物流过程所带来的成本。

国内物流是在某一国家边界范围内进行的物流活动，主要涉及共同的标准制定、国家的各项规章制度的确立、物流宏观政策的指导等内容。在国家经济发展中，物流作为流通环节的重要组成部分，得到了极大的重视。由于长期以来计划经济条件下的条块分割式管理，导致物流的管理部门众多，政出多门，抑制了物流效率的提升。近年来在农产品物流上该问题表现得尤为明显。一方面是地里卖不出去的蔬菜，另外则是超市里高昂的蔬菜价格，流通环节的不畅导致了较高的渠道成本，抑制了商品的流通和经济的增长。因此在国内物流方面，从国家层面上应充分考虑如何为社会提供便捷的物流基础设施，加大国家在物流基础设施领域的投资，为社会提供低成本的物流途径，刺激企业的生产和盈利，从而通过企业的税收增加政府的财政收入，进入一个良性增长轨道。

国际物流是全球经济一体化的一个重要途径。通过资源在全球范围内的有效配置，实现了全球范围内的分工与协作，国与国之间的经济交流呈现日益密切的趋势。由于运输工具的发展，降低了国际物流的成本，同时也加快了物流的速度，使全球化分工能够更好地利用全球各个地区的比较优势，获得资源制约因素的解放。在国际物流中，所面对的环境更加复杂，需要面对的问题包括技术标准、法律法规，以及多种物流形式协作等。面对全球经济一体化进程的加快，研究好国际物流问题是推动国际贸易发展的重要手段。

3. 物流性质划分

一般来说，根据对物流观察角度的不同，可以从宏观、中观、微观三个层面来划分物流，分别对应为社会物流、行业物流以及企业物流。

社会物流是研究物流在流通中的价值和作用的，其关注的重点问题是物流网络的配置是否合理、相关政策的制定是否有利于推动物流的发展、物流标准体系的开发与推广应用、物流人才的培养等方面。它对于一个国家的物流发展具有重大的指导作用，决定了物流发展方向的宏观物流问题。

行业物流是针对于不同行业所提出的。由于物流对象的属性不同，在物流设施设备的选择、路径安排、仓储保管条件等物流要素上都具有较大的差异。因此，根据不同行业的特点对物流进行划分并归类，能够找到同一行业中物流的共性，有利于行业物流的集约化发展，便于制定共同的行业物流标准，为行业物流的快速发展提供条件。例如，在危险化工品行业，其物流与一般的快速消费品差异很大，在运输过程中需要采用特种车辆进行运输，仓储环节还需要根据物品理化属性的不同加以区分管理。因此在不同行业的行业协会，应考虑结合本行业的特征制定相应的物流方法，为推动行业的快速发展，减少物流瓶颈而努力。

企业物流是一个微观层面的内容。获得盈利是企业的根本目的，企业利润来源包括两个基本方面：开源和节流。对于企业产品流动的物流环节来说，优化企业的物流过程，降低物流成本，提升物流的效率与速度，能够有效地实现企业产品周转率的提升，能够降低企业在流通环节的消耗，从而为企业赢得第三利润来源。在企业的微观层面上，对物流的规划从原料的采购到生产物流的安排直至销售物流的完成，这是一个完整的企业物流过程，企业可以根据价值链的基本思想，对物流进行统筹计划，实现企业收益的最大化。

### 1.2.4 物流的要素

物流的本质是流动，特别是针对于人类劳动所生产出的商品，通过不断的流动，可以实现市场上买卖的撮合。在商品的流动过程中，如何有效的降低流动的消耗，提升流动的效率，是物流过程最为关注的事情。从流动性角度看，所研究的要素包括了流体、载体、流量、流向、流程、流速等方面的内容。

物流中所研究的流体即物流的对象——商品。针对不同的商品，其理化属性差异较大，因此在物流过程中首先需要考虑的就是物流对象的特征，根据其不同的特点决定物流其他要素与之相匹配。如运载工具的选择，所需要的温湿度条件，路径限制因素，装卸搬运作业工具的匹配等等。

载体是物流过程中的工具和手段。不同的载体具有不同的优劣势特征，主要的衡量指标有成本指标、速度指标与灵活性指标。例如水运工具具有最佳的成本优势，单次载运量较大，能够满足大宗物品的远距离低成本的输送，但是相应的缺点就在于时间过长，不利于快速波动、需求不稳定的市场。在载体的选择上，首先是了解载运对象的属性，其次是对载体的特征与载运对象的配合度进行分析，使运量、速度、成本等多方面能够达到一种均衡的最优解。伴随着技术的进步和资源要素成本的不断增加，新的载运工具不断推出以适应市场上对载运工具高效率、低成本的要求。当前，在公路运输车辆上，出现了两个方向发展的趋势：一方面是追求运载设备的大型化，以适应较远距离物资的快速运输；另一方面则是运载工具的小型化和轻量化，以此满足城市中最后一公里配送的要求，避免受到城市交通管制等不利因素对物流业务的影响。

流量是流体在流动过程中的数量表现。在物流中我们一般用吨公里这一单位来对其加以描述。流量大小决定了设施设备的利用以及物流的效率。

流向是对物体流动方向的描述，分为自然流向和计划流向两类。自然流向受市场驱动，从资源价格低处流向资源价格较高的地方。市场对资源配置的方法带有一定的非理性，因此宏观的计划流向是一种以计划理性取代市场盲目性的有效手段。但是在绝大多数市场化的环境中，以市场来决定流向是主体。

物流的网络要素。物流是一种分布在一定地域空间范围内的实体流动过程。为了实现物的流动，会形成一张由节点和路径所组成的网络，网络的布局好坏直接影响到物流效率的高低，在物流节点上所进行的工作主要包括物资的存储以及加工活动，是重要的枢纽。

### 1.2.5　第四方物流的运作模式

1. 第四方物流（4 party logistics，4PL）的功能

第四方物流所提倡的物流运作思想和理念，是为企业设计融合物流技术和通信技术的供应链一体化方案，无缝链接上下游企业以及提高企业物流整体运营效率和有效降低总费用的方针，从而实现第四方物流和其他传统物流企业的双赢。第四方物流集成了管理咨询公司和第三方物流服务商的能力。第四方物流的功能，即集成供应链一体化解决方案如图 1－1 所示。

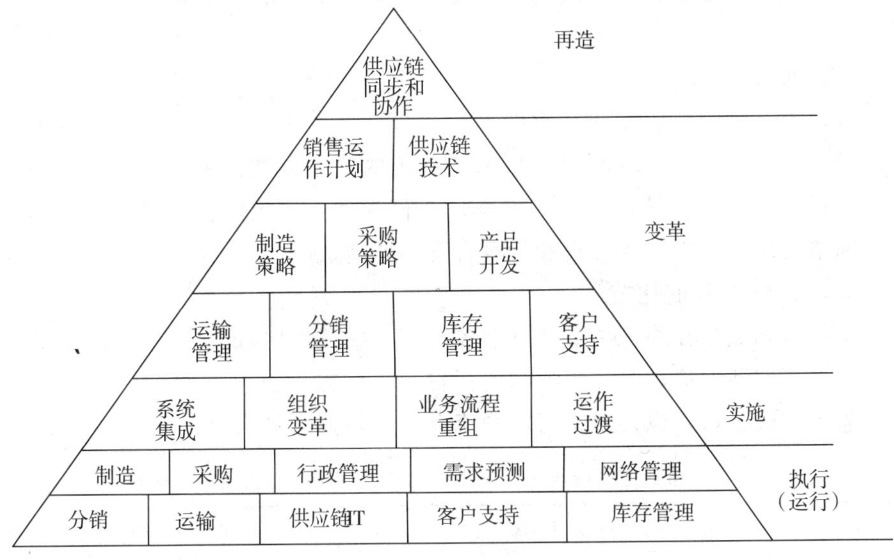


图 1－1　4PL 的功能

（1）再造

再造是对供应链过程协作和供应链过程的再设计，第四方物流最高层次的方案就是再造。供应链过程中真正的显著改善要么是通过各个环节计划和运作的协调一致来实现，要么是通过各个参与方的通力协作来实现的。再造过程就是基于传统的供应链管理咨询技巧，使得公司的业务策略和供应链策略协调一致；同时，技术在这一过程中起到了催化剂的作用，整合和优化供应链内部和与之交叉的供应链的运作。

（2）变革

4PL 方案的第二层是变革，通过新技术实现各个供应链职能的加强。变

革的努力主要集中在改善某一具体环节的供应链职能，包括销售和运作计划、分销管理、采购策略和客户支持。在这一层次上，供应链管理技术的优劣对方案的成败变得至关重要。领先的技术，加上高超的战略思维、有效的流程再造和卓越的组织变革管理，共同组成了对供应链活动和流程进行整合和改善的最佳第四方物流方案。

（3）实施

4PL 的实施包括流程一体化、系统集成和运作交接。第四方物流服务商帮助客户实施新的供应链运作方案，包括业务流程优化，客户公司和服务供应商之间的系统集成，以及将业务运作转交给 4PL 的项目运作小组。把一个设计得非常好的策略和流程成功地实现出来，达到项目的预期成果是最大的目标。

（4）执行

承担多个供应链职能和流程的运作。4PL 开始承担多个供应链职能和流程的运作责任。其工作范围远远超越了传统的第三方物流的运输管理和仓库管理的运作，具体包括：制造，采购，库存管理，供应链信息技术，需求预测，网络管理，客户服务管理和行政管理等职能。

2.4PL 与 3PL 的比较

第四方物流是在第三方物流不能满足客户的需求情况下诞生的，它是物流管理模式的新发展，与第三方物流存在很大的差异。表 1-1 从不同角度对二者做了比较分析，以便对第四方物流有一个更清晰的认识。

**表 1-1　第三方物流与第四方物流的物流伙伴关系主要特征比较**

| 项目 | 第三方物流（3PL） | 第四方物流（4PL） |
| --- | --- | --- |
| 服务目的 | 降低单个企业的外部物流运作成本 | 降低整个供应链的物流运作成本，提高物流服务的能力 |
| 服务范围 | 主要是单个企业的采购物流或者销售物流的全部或者部分物流功能 | 提供基于供应链的物流规划方案，负责实施与监控 |
| 服务内容 | 单个企业的采购或销售物流系统的设计、运作，比如物流信息系统、运输管理、仓储管理及其他增值物流服务 | 企业的战略分析，业务流程重组，物流战略规划，衔接上下游企业的综合化物流方案，包含物流信息、系统模块的企业信息系统 |

（续表）

| 项目 | 第三方物流（3PL） | 第四方物流（4PL） |
| --- | --- | --- |
| 与客户的合作关系 | 合同契约关系，一般在一年以上，长者达二至五年 | 长期战略合作关系，一般有长期的合作协议，第四方物流成功的关键之一 |
| 运作特点 | 单一功能的专业化高，多功能集成化低 | 多功能的集成化，物流单一功能运作专业化低 |
| 风险和机遇共担 | 每个企业独自分担风险和享受机会收益 | 合作企业长时间分担风险、分享机遇 |
| 方案设计角度 | 单个企业 | 企业供应链 |
| 服务对象 | 大、中、小型企业 | 大、中型企业 |
| 服务支撑 | 第三方物流运作技能，主要是运输、仓储、配送、加工、信息传递能增值服务技能 | 涉及管理咨询技能、企业信息系统搭建技能，物流业务运作技能、企业变革管理能力 |

从上表中可以看到，3PL 由于受专业化的限制只能局限于某些物流功能的运作，不能满足现代供应链企业的多样化、个性化、全球化的高需求。而 4PL 由于集成具有互补性的资源、技能与知识，能够从供应链的角度为企业做出战略诊断，设计出综合化的物流方案，因此其发展优势是明显的，发展前景是巨大的。当然 4PL 只是在整体的规划方面具有优势，在具体的物流运作方面仍需要大量专业化的 3PL。

3. 4PL 的发展模式

（1）三种典型的发展模式

与任何的物流解决方案一样，第四方物流具体发展方式要根据每个公司不同的要求或者具体的情况进行相应的改造。虽然企业所面对的客户也会提出客户化定制需求，但目前已有三种典型的发展模式能够帮助构造基于各方参与者资源和需求的第四方物流关系。这三种模式即协同模式、方案集成模式、行业创新模式。

① 协同运作模式（Synergy Plus，简称 SP 模式）

SP 模式也称“知识密集型模式”，此模式依赖第四方物流和第三方物流组织之间的协作关系，这种联盟提供了一个综合集成供应链的选择。第三方物流和第四方物流协作去经营供应链解决方案，利用双方的能力和市场范围从中获取利益。第四方物流为第三方物流提供包括技术、供应链决策技巧、市场推广能力和规划技术在内的广泛的支持，而第四方物流在第三方物流公司内部工作。两个组织之间的关系类似于市场联盟和契约伙伴的关系。第四方物流和第三方物流优势互补、相互协作，共同为客户提供服务，共同开发市场。

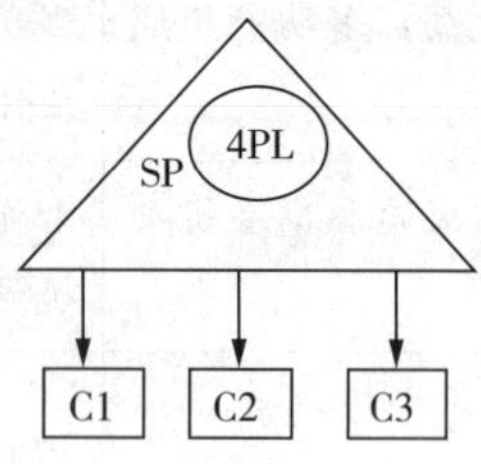


图 1-2　协同运作模式

② 方案集成模式（Solution Integrator，简称 SI 模式）

SI 模式，亦称方案集成模式，被认为是核心的第四方物流发展模式，因为它聚焦第四方物流作为独立的组织为仅有的一个客户提供全面的供应链解决方案的实力。这种发展模式整合第四方物流和多个服务供应商的技术和资源，来建立一个集成的可以为客户在整个供应链上都创造价值的供应链解决方案。

方案整合者将充分发挥内部资源、能力和技术，并整合部分社会物流资源，从而为客户提供综合的一体化物流服务。此时第三方物流通过第四方物流的方案为客户提供服务，第四方物流成为联系所有第三方物流提供商和其他提供商的一个枢纽，负责集成多个服务供应商的能力。

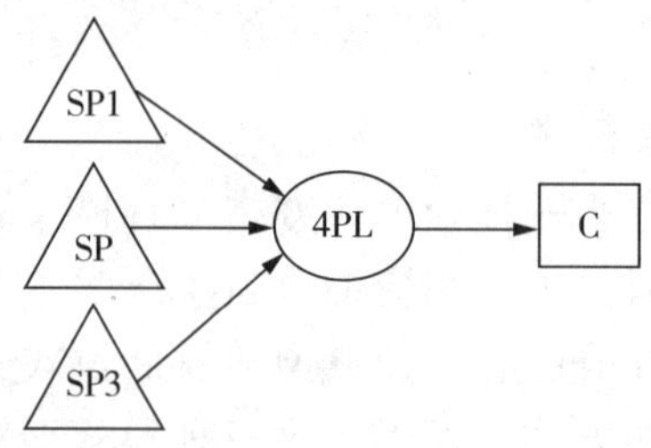


图 1-3　方案集成商模式

③ 行业创新模式（Industry Innovator，简称 II 模式）

II 模式，即行业创新模式，是一个复杂但回报丰厚的第四方物流发展模式。作为行业的创新者，第四方物流提供者为多个行业的参与者建立和管理供应链解决方案。第四方物流组织将重点放在参与者之间的同步和协作，以便通过技术、运作策略和整个供应链的实践来提供效益。据预计，第四方物流服务提供商在掌握方案集成发展模式之后，通过不断成长可以达到行业创新者发展模式的层次。

II 模式中第四方物流为多个行业的客户开发和提供供应链解决方案，以整合整个供应链的职能为重点。此时第四方物流的责任重大，因为它连接了上游第三方物流的集群和下游客户集群，它通过高超的运作策略和技术来提高整个行业的效率。

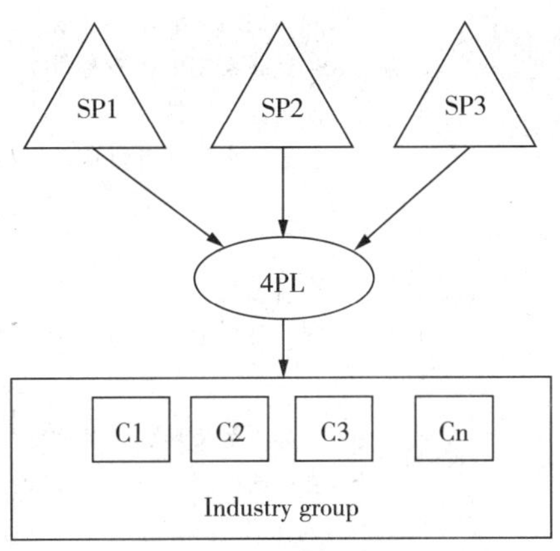


图 1－4　行业创新者模式

(2) 三种模式对比分析

互补性知识资产的有机集成是第四方物流运作的核心。管理、IT 技术及第三方物流等各方面的知识资产本身就具有互补性，三种发展模式，无论采取何种发展模式，只要成功，都能从整体上降低物流运作的成本，使运作效益递增，这体现了第四方物流的经营理念。第四方物流要实现成功运作，就需要这些互补性知识资产的有机集成，相互补充、相互促进，因此要想发展第四方物流的企业必须要了解每种模式的特征、优劣、适用性，这样才能为企业的发展提供明确的定位和清晰的方向。表 1—2 从不同角度对三种第四方物流发展模式进行对比分析，为企业发展第四方物流的模式选择提供了一个定性决策的依据。

表 1-2　第四方物流发展模式的对比分析

| 比较 | 协同模式 | 集成模式 | 创新模式 |
|---|---|---|---|
| 主要特征 | 1. 雄厚的配送能力+最优的解决方案<br>2. 3PL 和 4PL 优势互补，相互协作，共同为客户提供服务，共同开发市场 | 1. 4PL 为客户提供管理和运作整个供应链的解决方案，管理和运作整个供应链<br>2. 充分发挥内部资源、能力和技术优势，整合部分社会物流资源，提供综合一体化的物流服务 | 1. 4PL 为多个行业的客户开发和提供供应链解决方案<br>2. 以整合整个供应链的职能为重点，以各个行业的特殊性为依据，领导整个行业实施创新 |
| 3PL 与 4PL 的关系 | 4PL 为 3PL 提供技术，供应链决策技巧，市场推广能力和规划技术等广泛的支持 | 3PL 通过 4PL 的方案提供服务；4PL 是联系 3PL 服务提供商及其他服务供应链的一个枢纽，负责集成多个服务供应商的能力 | 4PL 的责任重大，它连接了上游第三方物流的集群和下游客户集群。它通过高超的运作策略和技术来提高整个行业的效率 |
| 运作形态 | 第四方物流的初级形式——供应链合作联盟或者商业合作 | 第四方物流的中级形式——独立的第四方物流企业 | 第四方物流的高级形式——第四方物流跨国集团 |
| 优势 | 1. 针对性强、灵活性好<br>2. 低资产的 4PL 公司可以作为核心加入到 3PL 公司 | 1. 4PL 与客户关系稳定、紧密而且具有周期性<br>2. 服务对象及范围明确集中<br>3. 客户的商业和技术秘密比较安全 | 1. 规模更大，业务范围更广（甚至是全球化）、占据着 4PL 高端市场<br>2. 有一套完整的可以与商业伙伴沟通信息管理系统和卓越的运作策略 |
| 劣势 | 与客户关系松，容易产生不信任，服务稳定性不高 | 必须客户的业务量足够大，否则参与服务方无法获得满意的收益 | 4PL 的责任重大，对其要求也相当苛刻，需要全球性的地域覆盖能力和支持能力及在世界范围内一定的品牌知名度 |
| 适用性 | 第三方物流企业引入供应链规划和设计功能，增强企业竞争力 | 为客户提供供应链解决和实施方案，同时规划业务流程和系统配置，并帮助寻找和管理第三方物流公司 | 国际性的物流巨头，在确定企业发展战略、拓展其新高端服务领域时，可以采取的发展模式 |
| 实际运作案例 | 海尔第四方物流运作模式、安得供应链技术公司等、深圳首家 4PL 公司一新产业综合物流股份有限公司 | 上海环众 4PL 有限公司、中远货运和科龙电器合资成立的安泰达物流有限公司、招商迪辰的第四方物流 | Excel 第四方物流、FedEX Global 公司、UPS Worldwide Logistics 公司、丹麦马士基、MSC 等物流巨头、Ryder 系统公司、广州鼎胜物流有限公司 |

(3) 第四方物流“宁波发展模式”

在经过两年多的前期研究与实践探索后，2009年3月19日，全国首家第四方物流交易平台——宁波四方物流市场（www.4plmarket.com）正式投入运营，目前已吸引6400多家物流企业加盟运作，物流企业间的方案统筹、服务外包、网上交易、支付结算、全程跟踪、电子通关等业务已全面展开。科技部、交通部、国务院发展研究中心、国家发改委、中国社科院等专家学者对宁波第四方物流建设给予高度肯定。

① 四方物流市场的建设目标

四方物流市场将建设成为集电子商务、电子政务、配套物流服务为一体的区域性、综合性、开放性的运输公共信息平台。四方物流市场立足宁波，依托浙江、服务长三角，辐射中西部，能明显降低企业物流成本，改善宁波地区物流供应链的整体运行环境。

遵循以电子商务为核心，电子政务管理和配套物流服务为支撑的建设思路，平台将通过会员制等形式，以集装箱运输为切入点，整合各种运输方式，实现与运输相关的信息互联互通和数据的共享与交换；应用电子商务，提高企业运作效率，增强港口城市集聚和辐射力，提高城市物流服务功能和综合竞争力。通过电子政务，提高政府的办事效率和服务水平，为用户提供高效的物流公共服务，并且为电子商务的发展提供保障。

② 四方物流市场主要功能

四方物流市场的功能划分为七大模块，分别为电子政务服务、电子商务、物流服务、信用体系、门户服务、营运管理和数据交换模块。各功能模块又细分为若干子功能：

1）主体功能

电子政务服务、电子商务、物流服务构成了四方物流市场的主体功能。其中，电子商务功能为系统的核心业务功能，而电子政务服务、物流服务是实现网上电子交易的必要保障。支持和延伸此功能架构充分体现四方物流市场以电子商务为核心，电子政务和物流为支撑，并最终实现电子商务、电子政务和物流有机集成、和谐运行的设计理念。

2）辅助功能

信用体系、门户服务、营运管理和数据交换构成了四方物流市场的辅助功能。

信用体系为四方物流市场主体功能提供了必要的信息支持，同时也提供了一种软约束机制和市场化的选择和淘汰机制。

门户服务管理是直接面向系统各种用户的窗口，系统的各种功能均通过门户管理而伸展和连通。营运管理则是保障第四方物流平台可靠运营、高效服务的关键。

③ 四方物流市场的积极作用

1）优化物流资源配置，完善和促进港口服务功能；

2）实现物流资源有效聚集和整合；

3）提升宁波物流行业区域竞争力；

4）提升宁波物流行业信息化水平；

5）实现宁波港口物流有效协同；

6）实现社会效益和经济效益最优化。

④ 四方物流市场运行

第三方物流仅靠观念的转变就可依靠强大的车队、车皮和船只做起来。而旨在综合解决上述问题的第四方物流则是整个供应链的整合，需要从一开始就参与到企业的整体战略规划中去，充分利用信息化的技术平台，给出一个最适合企业需要的个性化物流方案。由于第四方物流能够提供专业化的咨询服务，因此将比第三方物流利润更加丰厚。这种提供商可以通过影响整个供应链的能力，提供全面的供应链解决方案与价值增值。尽管这一块服务目前规模尚小，但在整个竞争激烈的中国物流市场上将是一个快速增长的部分。宁波四方物流市场就是在政府部门的引导下，以宁波国际物流股份有限公司及有关商业银行为双运营主体，以面向货运市场的信息服务和交易支持为基础，旨在为广大物流企业提供在线物流信息发布，贸易撮合以及各类物流服务的综合性的物流信息平台。

⑤ 宁波模式的创新点

宁波模式的创新点主要体现在制度流程一体化设计和双运营主体方面：在该流程中，由于政府、银行、企业都参与进来，从而让物流活动涉及的所有方面都能够在这个流程中得以解决，促进了物流活动的顺利高效完成；而企业和银行的双运营主体则保证了物流活动的安全、可靠。它是国内第一个由双运营主体组建的平台架构，并首次建立了第四方物流平台信息标准体系。“四方物流市场”的创新点主要体现在双运营主体和政府提供保障方面。

4PL 平台是实现 4PL 核心价值的重要载体，它通过先进的信息技术和网络，将众多专业化物流服务商的资源和能力统一起来进行管理，借助电子商务平台，实现物流服务一体化的功能，从而引导传统的物流交易向高效、经济、安全的物流电子交易方式转变。宁波 4PL 平台的功能划分为七大模块，分别为电子政务服务、运输电子商务服务、运输物流服务、信用体系、门户服务、营运管理和数据交换模块。4PL 平台总架构及其逻辑关系如图 1－5 所示：

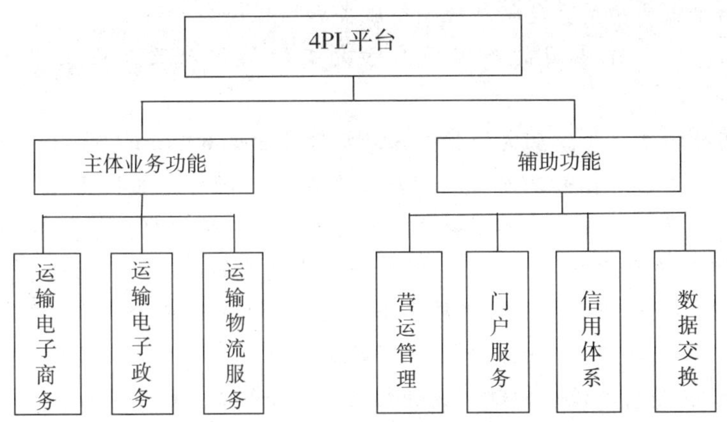

图 1-5　4PL 平台总体功能构架及逻辑关系示意图

⑥ 第四方物流市场平台的主要特点

1）第四方物流市场由运营实体和多家银行联合体构成双主体，通过技术性手段和制度性安排，向托运方、承运方以及货代方提供第四方物流服务；

2）第四方物流市场能为会员提供高水平、高效率、规范性的合同式交易服务；

3）第四方物流市场能为会员提供安全、便捷实时的网上银行支付结算服务；

4）第四方物流市场能为会员提供涵盖运输商务、行政服务绿色通道等全程服务；

5）第四方物流市场通过权威的信用体系及联合惩戒机制，打造市场诚信品牌，提升会员企业价值。

## 1.3　习题

### 1.3.1　客观题

一、判断题

1. 资金流是在所有权更迭过程中发生的，属于商流的一部分。(　　)
2. 物流和商流是物资流通的组成部分，二者结合才能有效地实现物资流通过程。(　　)
3. 商流和物流关系密切，具有相通的活动内容和规律。(　　)
4. 生产系统由加工活动和物流活动共同组成。(　　)
5. 物流的标准化可以遵循国家标准和国际标准，二者可以存在差别。(　　)

6. 物流服务的类型包括传统储运服务和增值服务。(　　)
7. 第三方物流出现的原因源自于分工的细化以及专业服务需求的出现。(　　)
8. 国际标准化组织认定的物流基础模数尺寸是600mm×400mm。(　　)
9. 第四方物流在第三方物流的基础上发展起来的，主要目的为实现各种物流资源的整合，其自身可以不具备物流运营能力。(　　)
10. 物流发展水平与生产力发展水平具有高度的适应性，因此，随着生产力水平的提升，物流发展水平也将上升到一个新的台阶。(　　)
11. 根据物流活动发生的先后次序，企业物流可划分为供应物流、生产物流、销售物流、回收、废弃物流四部分组成。(　　)
12. 加强回收和废弃物物流管理有助于企业实现社会责任及经济收益的提升。(　　)
13. 国际物流发展的两大动力包括交通运输水平以及通讯技术的发展与成熟。(　　)
14. 物流的主要作用用来实现空间和时间上差异的弥合，并创造价值。(　　)
15. 物流网络上的路径活动包括了运输与配送两大功能。(　　)
16. 物流管理追求的是系统总体成本的最小化和效率最优，因此需要从各个环节出发，分别进行优化。(　　)
17. 物流活动跨越了多个不同的组织，因此在各个环节的衔接过程中要求做到无缝对接。(　　)
18. 物流搬运活动中，活性指数越高越好。(　　)
19. 按物流活动的空间范围可以将物流分为社会物流、企业物流、行业物流。(　　)
20. 物流是各种流动现象的特例，因此可抽象为流体、载体、流向、流量、流程等基本概念，并对其加以控制和优化。(　　)
21. 物流的核心目标是实现资源流动性的最大化。(　　)
22. 物流标准化是消除贸易壁垒，促进国际贸易发展的重要保障。(　　)

二、选择题

23. 物流对生产系统的影响包括(　　)。

A. 生产连续性的保障　　B. 利润的重要来源

C. 生产环境的影响　　D. 生产秩序的影响

24. 商品交易过程与实物运动过程完全一致的话，可能如下哪些现象：(　　)。

A. 实物流线路迂回　　B. 资源及运力浪费

C. 降低交易双方风险　　D. 节约物流成本

25. 流通的内容包括(　　)。

A. 商流　B. 物流　C. 资金流　D. 信息流　E. 人才流

26. 市场营销中的产品要素影响物流的如下方面：(　　)。

A. 产品的物理特征　B. 包装设计　C. 搬运便利性　D. 消费包装

27. 完整的物流概念包括(　　)。

A. 物流贯穿了生产和流通领域　　B. 创造空间和时间价值

C. 包括节点活动和路径活动　　D. 是供应链的重要组成部分

28. 按照物流系统的作用、属性及作用的空间范围，可以从不同角度对物流进行分类。按照物流活动的空间范围分类，可以分为(　　)。

A. 地区物流　B. 供应物流　C 销售物流　D. 国内物流

29. 销售物流合理化的基本原则主要有：(　　)。

A. 商物分离　　B. 输送与配送相结合的体制

C. 物流活动的集成化、一体化、共同化原则

D. 准时化配送原则

30. 物流服务业的特性包括(　　)。

A. 从属性　　B. 即时性

C. 移动性和分散性　　D. 需求波动性　E. 可替代性

31. 物流系统中的网络节点包括(　　)。

A. 单一功能节点　　B. 复合功能节点

C. 枢纽节点　　D. 独立性节点

32. 实现物流快速反应的方法有(　　)。

A. 加快运输速度　　B. 物流系统的优化设计

C. 优化作业流程和信息系统　　D. 利用供应链实现多方合作

33. 物流系统中所使用的信息技术包括(　　)。

A. GPS/GIS　　B. Internet/Intranet

C. Barcode/RFID　　D. Database E. AS/RS

34. 第三方物流出现的意义包括(　　)。

A. 提高核心竞争力　　B. 减低经营成本

C. 提高物流服务水平　　D. 增强市场应变能力

E. 加速产品投放市场进程

35. 第四方物流发展的模式包括(　　)。

A. 协同模式　B. 集成模式　C. 创新模式　D. 合作模式

36. (　　)是实物流的前提，控制着物流的流量、流向、速度和节奏。

A. 资金　B. 信息　C. 物流　D. 政策

37. 炼钢生产中的钢渣、工业废水等的处理属于(　　)。

A. 供应物流　B. 销售物流　C. 生产物流　D. 回收物流

### 1.3.2 主观题

1. 课本上说商流物流可以分离，分离的条件是什么？尝试举出一些例子，在什么情况下商流和物流必须结合？

2. 第四方物流的功能包括哪些方面？与第三方物流相比具有哪些不同之处？

3. 物流业的发展和经济发展水平之间是什么关系？试着比较中国和美国、西欧发达国家的物流总成本与GDP水平之间的差异，说明是什么导致了差异的出现？

4. 为什么经济发达地区的物流水平都相对较高，二者间存在什么关系？

5. 你认为最早的物流起源于什么时候，提出你的理由和证据。

6. 尝试寻找一切你认为属于物流的图片、文字、视频，分析：物流在生活和工业上有什么用？

7. 你认为发展物流业应该从什么角度出发？引进技术能否直接推动物流水平提升？

### 1.3.3 案例分析

#### 第三方物流之科龙的战略性选择①

同国际一流的企业比较，物流是制造企业最后也是最有希望降低成本、提高效益的环节。科龙通过参股专业的物流公司，在家电生产企业和物流服务商之间利用资本纽带关系，构建家电物流的平台，开创了国内家电企业向第三方物流转型的路子。

(1) 第三方物流是战略性选择

2002年开始，科龙就对中国的冰箱行业进行了产业整合，陆续收购了吉林的基诺尔电器、远东的阿里斯顿设备和杭州的西泠冰箱，并在杭州、珠海分别投资建设冰箱生产基地，形成了顺德、珠海等冰箱生产基地和空调生产

---

① 资料来源：中国物流与采购网，http：//www.chinawuliu.com.cn/cflp/newss/content1/201106/765_35043.html。

基地。在两年时间里，聚集起1300万台的冰箱产能，跃居亚洲第一、世界第二。同时科龙在推行在国际化进程中也获得了明显的发展，近两年，科龙和美国的惠尔普、伊莱克斯等全球著名的品牌进行合作，国际性的营销网络覆盖了全球90多个国家和地区。2001年出口6700万美元，到现在已达到5亿美元。科龙通过产业整合和国内外的扩张，对物流管理的广度和深度提出了更高的要求，原来的物流体系已经远远跟不上发展的需要，因此优化价值链、引入第三方物流成为科龙的战略性选择。

**（2）资本打造国内第三方物流平台**

2002年科龙和中远广东公司、无锡小天鹅公司共同出资成立了中国广州安泰达公司，科龙集团控制公司的物流价格管理，物流业务统一交给安泰达公司。同时科龙和无锡小天鹅形成了互补性的战略关系，充分利用第三方物流。

**（3）第三方物流的引入，带来了四个优化和两个延伸**

第一，优化是物流组织整合和流程的优化。改变了过去冰箱、空调、冷柜、小家电四大类产品、子公司物流的独立运作体系，按专业物流部门合并起来，组成了一个物流部门。人员由过去的100多人减少到了50多人。简化的运作流程，引入了"5156物流业务运作信息系统"，全流程数据库通过运输计划和仓储计划统一管理，实现了在途库存以及有效跟踪。第二，物流运输整合和系统的优化。公司原来有一个自有的车队，改制以后，全部推向市场，通过联合招标，将科龙旗下的冰箱、空调、冰柜和小家电四类产品的干线运输进行整合，同时将战略合作方的逆向物流进行捆绑招标，使采购物流、生产物流、分销物流统筹起来，提高了物流的整体效率和效益。第三，物流仓储整合和资源的优化。根据生产计划及时调整原来的作业半径，通过调仓、换仓、拆小取大，形成了四大产品的仓储发运片区，进行集中管理，同时与战略合作方联手进行招标。第四是整个信息资源的整合和效率的优化。

两个延伸：一是物流向二次配送延伸。家电在大城市的竞争非常激烈，目前科龙要把冰箱、小家电推到农村去。根据高、中、低端全面覆盖的营销战略，安泰达公司在一些重点城市，尝试开拓二次配送业务，实现以销售指导配送、以配送促进销售的良性循环。第二个延伸是向外部物流的延伸。安泰达以科龙、小天鹅的物流为平台开拓了伊莱克斯、惠而浦等业务。

**（4）国际第三方物流合作举足轻重**

科龙在向国际主流家电制造商迈进的过程中，国际第三方物流的作用举足轻重。一方面，企业需要借助国际第三方物流遍布全球的物流网络和完善的服务经验；另一方面，科龙的高速发展也吸引了国际第三方物流企业的关注，现在一些世界级的船东已成为科龙物流的主要合作伙伴。

科龙和国际家电企业在设计制造领域的战略性合作也相应地延伸到物流方面。比如科龙和美国的美泰克公司合资，这个公司从科龙采购冰箱销售到国外，都是由第三方物流和第四方物流来完成的，整条供应链的运转由这两个专业的物流公司全程服务。

目前，科龙和马士基物流、KLINE 等一些国外知名物流公司进行接触，进行广泛的全球性的物流合作，使国际第三方物流成为科龙国际战略的重要力量。作为一个制造企业，科龙正在利用物流为自己带来更好的效益，物流企业也在为制造商提供服务的过程中获得丰厚的回报。

**思考题：**

(1) 在科龙电器的第三方物流发展战略中，为什么针对国内市场和国外市场采取了两种不同的第三方物流发展战略？

**参考答案：**

(1) ①这是针对不同区域市场的适应性选择。②对国内市场较为熟悉，而对海外市场较为生疏，导致了不同的选择出现。③国内市场信用环境不佳，导致企业需要采取更为直接的控制。④国内物流业务对科龙电器也是一个不错的赢利点，通过战略联盟实现共同盈利。⑤海外第三方物流市场发展比较成熟，通过物流的有效保障来帮助企业实现海外市场的拓展。

面对两种不同的战略选择，我们认为这是合理的，首先，将物流业务从企业的主营业务中剥离，这有助于实现专业化优势；与其他具有相似需求的企业进行物流合作，共同成立第三方物流企业是提升物流水平，同时又保障3PL 业务需求的一个重要手段。这是一条有效的快速发展途径。进军海外市场是企业所追求的扩张目标，但是必须要有一个强大的物流以及售后的保障才能够实现，如果仅仅采取 OEM 的方式进行，对科龙这样的企业来说，将会逐渐丧失竞争优势，从而堕入到低成本竞争的泥淖，所以在进军海外市场时，一方面是产品，另一方面则是完善的物流体系保障，而与成熟的物流企业合作是一条最优的途径。

# 第二章　供应链管理

## 2.1　教学要求

通过本章的学习，要求学生能够：

（1）理解供应链产生的背景；

（2）掌握供应链的含义；

（3）掌握供应链管理所涵盖的范畴；

（4）理解供应链的演化与结构模型；

（5）理解供应链与物流的关系；

（6）理解 QR、ECR、VMI 等供应链管理方法；

（7）理解供应链管理与传统管理的区别；

（8）理解供应链合作伙伴关系；

（9）了解供应链运作绩效的内容；

（10）理解供应链运作参考模型的作用。

## 2.2　本章解读

### 2.2.1　供应链概述

1. 供应链的产生与发展

20 世纪 80 年代，这是世界经济发展中的一个重要时代，70 年代石油危机的结束，中国的改革开放，拉美发展中国家债务危机的结束等等，均为世界经济发展带来了希望。同时西方国家长期奉行的凯恩斯主义难以有效解决经济发展中的滞胀危机，导致大量的学者和企业不得不重新回到自由经济的体系。伴随着柏林墙的倒塌和前苏联的解体，以封闭和限制为主导的计划经济体系垮台了。

在企业层面上，扩张的内在需求迫使企业不得不寻找新的市场和供应来源。伴随着信息技术、交通运输技术、全球支付结算体系的快速发展和体系的不断完善，大量企业开始寻求跨国经营之路，这一方式被称为“全球化”。通过大量的宣传和启蒙，一场由发达国家主导的全球化风潮席卷全球。对于发展中国家而言，并没有太多的选择，在“溢出优势”、“梯度转移”、“比较优势”等理论的推动下，在两害相较取其轻的经济学理性分析的基础上，接受了全球化的制度安排。由此，基于专业化分工和比较优势理论的供应链开始在全球大行其道。

从垂直一体化到横向一体化：罗纳德·科斯在企业的边界理论中详细阐述了由于交易成本的问题，企业会选择一个合理的边界，来抑制企业之间过高的交易成本。传统的做法是不断扩大企业的规模，将价值链的绝大部分环节集中在企业内部完成，仅少量自身难以完成的部分由外部提供。因此，除了原材料的采购需要从外部获得之外，生产、加工、存储、运输、销售等工作都由企业自身组织完成。这一种模式被称之为“纵向一体化”。

20 世纪 80 年代以来，竞争不断加剧，迫使企业不得不寻找新的降低成本、提高收益的渠道。迈克尔·波特所提出的价值链思想使企业开始思考企业真正的增值环节在哪里，并不断思考如何才能有效地降低各个环节的成本。贸易和投资的自由化为全球化分工协作提供了可行性。高效的信息网络和交通运输网络则可以使这一种全球化的分工合作具有更好的效率优势。充分利用经济发展水平相对落后地区的低廉的劳动力资源、自然资源和宽松的环境管制政策，这足以抵消由于远距离协作带来的成本。

这样的分工模式使企业开始思考应该将哪些环节剥离，以获得最大的资源集中化收益。资源向企业核心能力收缩的同时，优化了整个供应链条的成本结构，使供应链上的产品更具价格竞争优势。全球竞争环境的加剧，使这一模式成为了广受追捧的流行模式。

在国际贸易领域可以看出这样的变化非常明显。传统贸易是以初级产品、最终制成品为主的，包括农产品、石油、矿产等。而零部件、半成品的比重非常低。但是随着供应链的发展，中间产品贸易占据了非常重要的地位。一系列数据表明，在传统贸易中，对资源的获取是国际贸易的主要动因。而当前的贸易则体现了对资源、劳动力、环境的全方位获取，使一国的资源能够以产品的形式在全球范围内流动。例如，中国是电解铝的第一出口大国，由于生产工艺的限制，电解铝的生产需要消耗大量的煤炭和水资源，因此，每出口一吨的电解铝，则意味着同样向他国出口了相应的资源。

2. 供应链的概念

美国供应链管理协会（CSCMP）将供应链管理定义为对涉及采购、外包、转化等过程的全部计划和管理活动与物流管理活动。同时还包括了与渠道伙伴之间的协调和协作，涉及供应商、中间商、第三方服务供应商和客户。

在研究中，对于供应链、供应网络、供应链网络我们认为其是同一概念，仅用供应链作为这一系列含义的代称。

在抽象的供应链描述中，供应链被认为是从供应商到终端客户所形成的一个环环相扣的链条。这一概念有助于对供应链的形式加以理解。

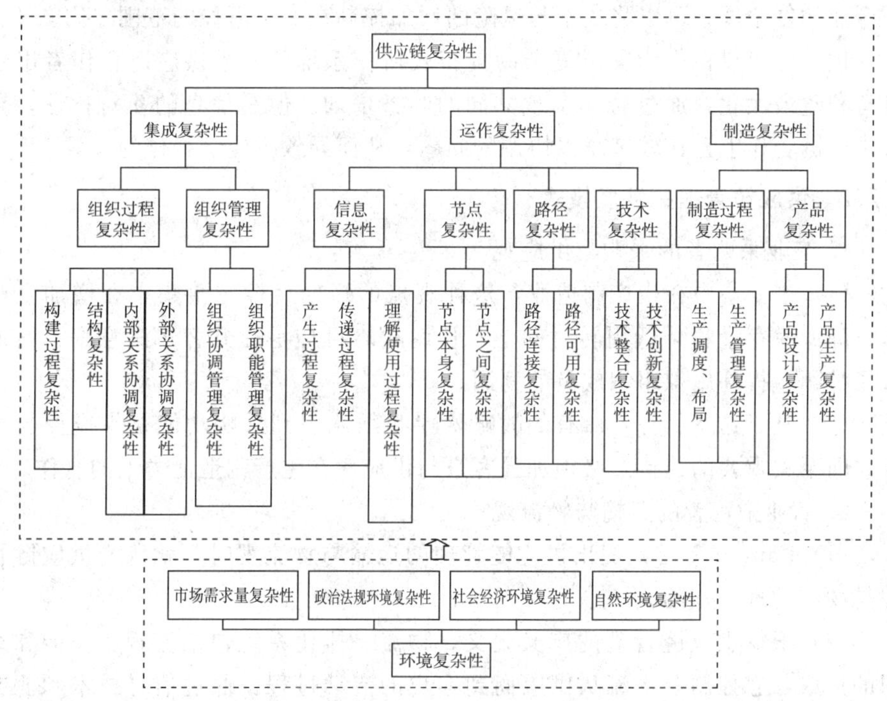


图 2-1 供应链的复杂性构成①

供应链概念的产生源自于社会分工的不断细化，企业为了盈利的目标不得不选择扩张来实现利润的增长，以此实现规模经济性。但是对于企业膨胀过程，在技术不变的条件下，管理者的控制范围是有限的，难以直接满足企业增长的要求，因此，更多的管理层级被引入了企业系统。由于信息的传递存在着衰减和难于监控等问题，由此出现了企业规模的极限问题，即企业是否能够无限制扩张下去？扩张后的成本与收益的均衡点在哪里？当然，目前随着信息技术的大量采用，管理者能够利用更多的时间和精力进行管理，管理的幅度加宽了，某种程度上缓解了企业规模扩张带来的机构臃肿问题。但是问题并没有得到根本的解决，最根本的解决手段是实现非扩张型增长，即

① 穆东．供应链系统的复杂性构成分析．中国流通经济，2006（8）。

从外延式发展转向内涵式发展，企业与企业之间通过合作等形式实现共同扩张，通过有效的合作手段加以连接。

3. 供应链的复杂性

对企业扩张后的复杂度进行描述可以近似的认为是企业扩张的成本。抑制企业的复杂度，可以将成本与风险的增加控制在一个可控的范围之内。

供应链可以视作为一个复杂的分布式协作系统，各个供应链合作者出于自身利益最大化，通过合作实现共同的收益增加。但是信息的非对称性，导致供应链合作上存在较多难以协调的问题，从而导致供应链合作的失效。

### 2.2.2 供应链管理的发展模式

1. 工业采购者的采购与供应观

(1) 主要集中在生产制造业，这种观点的短期目标主要集中在增加生产率、降低库存量和降低周转时间上。长期战略目标是提升客户满意度、增加市场份额、提高虚拟组织成员的利润。

(2) 基于这些目标，所有的战略伙伴必须认识到采购功能是供应商与企业之间至关重要的连接，必须加强客户与供应商在生产制造能力上的合作。

2. 商业采购者的运输与物流观

(1) Lamming首次提出供应链管理的运输与物流观时，就认为供应链管理是物流的理论基础。

(2) 根据供应链管理的广义定义，物流一体化系统包括流程、功能和组织的集成，它控制着物流从供应商到客户的流动过程。通过信息技术和业务流程重组技术，物流的各项功能之间能够建立有效的协作关系，这对于提高组织绩效是非常必要的。

(3) 在零售业组织中，应用供应链管理能够改善日益增长的不确定性、市场的复杂性和激烈的竞争形式，从而有效地降低整个价值链的库存量。

3. 供应链管理的集成观

(1) 供应链管理的集成观点，包含所有价值增值活动的知识实体集成。在集成过程中，整个业务计划的协作非常重要，提倡生产制造商、供应商和客户之间跨功能领域的一体化集成。

(2) 集成供应链策略的目标是在整个供应链中创建生产制造与物流功能的无缝连接，使其成为一个有效的竞争武器，并且不会轻易地被竞争对手模仿。

(3) 一个完善的供应链，涉及生产制造商、供应商和客户之间的物流与信息流之间的协作、契约机制的建立、供应链延迟策略与大规模定制。

### 2.2.3　供应链网络的演化与结构

供应链脱胎于传统的垂直一体化企业。当企业垂直化发展模式带来的机构臃肿以及效率低下等问题难以解决，威胁到企业的生存与发展时，必须有一套完整的全新的组织架构模式来取代。供应链以一种合作的形式取代了直接的控制，在降低了企业系统复杂度的同时，实现了“虚拟企业”规模的进一步扩大，从而更好地提升了企业的经营效率和专业化水平。

因此，从供应链诞生到发展的过程来看，供应链实际上是一个不断生长与动态演化的过程。从最初的社会分工开始，将生产过程进行高度的专业化，企业与企业之间从简单的产品合同与契约发展至共同的产品设计开发与分工，形成了供应链核心的雏形。由于供应链的模式能够比传统的企业具有更高的效率，因此作为一种先进的制度安排会较快的对传统制度进行替代。在供应链合作中，最为关键的问题是如何解决好合作之间的信任与信息沟通问题。信任问题主要可以通过以下三种途径解决：

（1）对契约精神的尊重。合作方根据双方达成的一致约定进行合约的履行，承担起各自的义务和责任。这是一种较低成本的制度安排，但前提是社会上已经形成了这样一种契约的精神。

（2）基于血缘关系的信任。在外部缺乏信任环境的条件下，自然的血缘关系成为了连接信任的纽带，家族内部的分工与合作带有明显的“利他主义”精神，这样的信任关系是一种较为原始的信任，随着供应链规模的扩大而丧失作用，或者说是由于血缘关系的亲疏程度不同而失效。

（3）基于利益同盟的信任。某些企业之间的合作行为主要着眼于当前利益的获得。在具有互补性的产业中，双方的合作完全是基于利益关系的，这可以形成一种高效的合作关系。双方在自身利益最大化的前提下实现合作的持续，但其问题主要体现在难以应对外部环境的变化，带有明显的短期合作倾向。此供应链模式具有较强动态性。

在企业由合作关系所形成的供应链中，从抽象意义上看，可以从产品的层面描述为供应商、生产商、批发商、零售商、客户这五个基本身份，并将其串成一个链条，研究供应链上产品的增值问题。但是这一抽象模型略去了供应链真实的网络拓扑结构，导致供应链研究上的缺失和对供应链上存在的问题难以从本质上进行把握。

任何供应链网络都是由某一个企业由于发现了某个特定的有利可图的市场，并进而将此市场不断扩张，吸引更多的参与者加入，逐渐形成的一种网状连接。

基本假设如下：

(1) 当一个有利可图的市场空白出现时，会有企业开始进入，不断攫取市场中的利益。在这一阶段，市场的需求与供给呈现供小于求的状态，导致企业能够获得足够的超额利润，因此会吸引更多的企业加入，瓜分市场利润。

(2) 企业在市场中为了获得更多的利润，需要更多的产量和更低的生产成本来满足需求，此时，对企业来说，发现价值链中的关键增值环节是重要的。可以将有限的资源进行集中化，在关键增值环节中创造更大的价值，而对于非关键的必要环节，则需要通过引入更多的合作伙伴来满足产品配套的需求。

(3) 对于新加入者而言，面临两种选择，一是独立经营，获得市场和利润；二是与现有的企业进行合作，共同开拓市场。面对这样的两种选择，作为理性的参与者，会优先选择第二种策略。因为在第一种选择条件下，如果面对的是同质化的产品和市场，现有的竞争者具有更强的成本优势，因此非常容易将新进入者在进入初期消灭掉。在第二种选择下，新企业与现有的企业进行结盟，能够借助于现有的力量进行快速的成长与扩张，实现双赢。

因此，对于新企业来说，在选择合作伙伴的时候，遵循优先连接是一种理性的行为。能够优先连接与合作的企业为：1) 业内知名的企业；2) 距离自身地理位置较为接近的企业。选择这两类企业的原因为，对第一种备选对象而言，由于关注者众多，其信息的披露与公开程度较高，新企业较容易判断与其合作的风险与收益，并且知名企业拥有较为庞大的资本量或者技术、管理等方面的优势，与其合作较容易从合作伙伴身上得到更多的收益。对第二种备选企业，地理位置上的接近能够有效地降低二者合作的物流成本和信息沟通成本，同时，地理位置的接近也使得双方具有更为一致化的文化背景，在合作沟通中的难度较低。

因此，遵循这一基本的规则，逐渐演化出的供应链模型应具有一种无标度网络的特征，即在网络中具有少数连接度较高的节点（核心节点），以及大量的连接度较低的非核心节点。这一网络结构具有较强的鲁棒性，同时整个网络具有较高的经济性。对实际供应链网络结构的实证研究表明，这一特征是广泛存在的。

下图反映了一个由1000个节点组成的基于优先链接原则的无标度网络图形拓扑，左图为节点链接的度分布情况，从图中可以看出，少数节点拥有了大量的链接，而大量节点所拥有的链接数则相对较少，其分布符合幂律分布。右图则展示了这一结构的视觉化展现，图中较大的红色点可以是作为大型的核心企业，而与核心企业相连的则是各种配套的小型企业，由此形成了一张供应链网络。

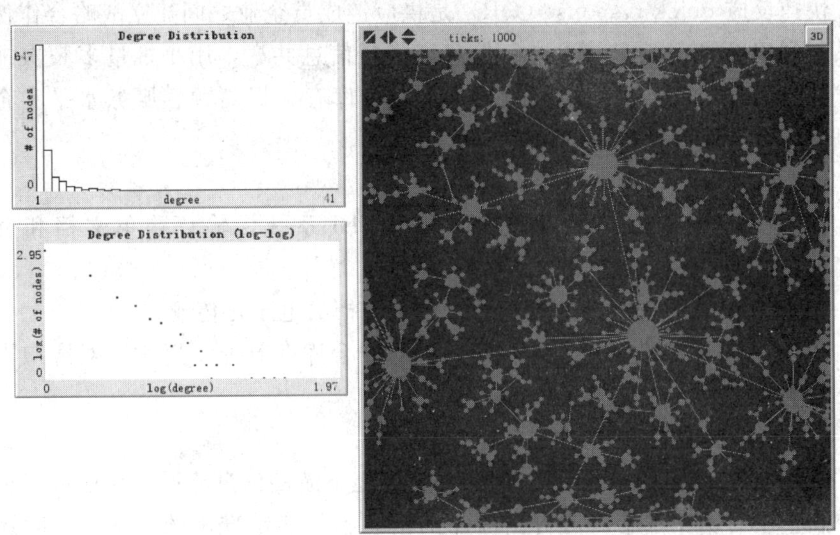


图 2-2　基于优先连接原则的网络拓扑结构①

### 2.2.4　供应链管理的方法

1. 快速反应（Quick Response，QR）

（1）快速反应系统的来源

从 70 年代后期开始，美国纺织服装的进口急剧增加，到 80 年代初期，进口商品大约占到纺织服装行业总销量的 40%。针对这种情况，美国纺织服装企业一方面要求政府和国会采取措施阻止纺织品的大量进口；另一方面进行设备投资来提高企业的生产率。但是，即使这样，廉价的进口纺织品市场占有率仍在不断上升，而本地生产的纺织品市场占有率却在连续下降。为此，一些主要的经销商成立了“用国货为荣委员会”。一方面通过媒体宣传国产纺织品的优点，采取共同的销售促进活动；另一方面，委托零售业咨询公司 Kurt salmon 从事提高竞争力的调查。Kurt salmon 公司在经过了大量充分的调查后指出，纺织品产业供应链全体的效率并不高。为此，Kurt salmon 公司建议零售业者和纺织服装生产厂家合作，共享信息资源，建立一个快速反应系统来实现销售额增长。

① Wilensky，U.（2005）. NetLogo Preferential Attachment model. http：//ccl. northwestern. edu/netlogo/models/PreferentialAttachment. Center for Connected Learning and Computer-Based Modeling，Northwestern University，Evanston，IL.

快速反应 quick response（QR）是供应链成员企业之间建立战略合作伙伴关系，利用 EDI 等信息技术进行信息交换与信息共享，用小批量多频次配送方式补充商品，以实现缩短交货周期，减少库存，提高顾客服务水平和企业竞争力为目的的一种供应链管理策略。

（2）快速反应系统的实施阶段

① 对所有的商品单元条码化，利用 EDI 系统传输订购单文档和发票文档；

② 增加企业内部业务处理能力，内部文档的电子化传输；

③ 与贸易伙伴进行深入的合作，进行联合库存补充，以满足对客户需求的及时响应。

（3）QR 系统应用的成果

QR 系统在企业中的推行，大大加速了上下游的信息流通。企业可以更好地控制企业的库存水平，对售出商品的信息不仅能够准确的获知，同时还能够将此准确的信息与上游进行分享。通过上下游的合作来降低预测不准确以及库存费用过高等问题。这一方法逐渐得到了广泛的应用。目前在零售行业内普遍的通过 QR 系统来实现低成本高效率的经营。

商品流转速度的加快实际上推动了供应链效率的提升，在同样的时间内有更多的产出，效率提升的结果是实现了多方的共赢。消费者可以以更低的价格获得商品，生产企业能够有效地满足零售企业的需求，零售企业通过低流通成本获得更高的收益。这一切为今后的虚拟化库存提供了实践的前提。

2. 有效客户反应（Efficiency Customer Response，ECR）

（1）ECR 产生的背景

① 零售业态间的竞争激化

20 世纪 80 年代末，美国食品杂货业中出现了一些新型的零售业态，对原有的超市构成了巨大的威胁，成为食品零售市场中的主要竞争者。作为零售企业亟待提高的能力首先就是，如何在最短的时间内，能对顾客的需求做出响应，从而实现快速、差异化的服务，同时借助于单品管理，提高零售企业的作业效率。在这种要求和发展目标的引导下，美国食品杂货行业开始了 ECR 的探索和实践，并最终形成了供应链构筑的高潮。

② 日益膨胀的促销费用和大量进货造成成本高昂、消耗增加的压力

由于市场竞争加剧，生产企业被迫降低商品价格以促销，结果生产商的负担加重，各种促销活动日益损坏了生产企业的利益。生产企业为了将损失降低到最低程度，并保持持续不断增长的销售，只有不断扩大新产品的生产，通过广泛的产品线来弥补大量促销造成的损失。而这又造成企业之间无差异

竞争情况加剧，同时使零售企业的进货和商品管理成本加大。由于 ECR 实践的推行能够有效地解决上述问题，避免无效商品的生产，确定商品的经营，提高产销双方的效率，所以，美国 ECR 的推行吸引了大量生产企业的加入。

③ 构建新型的供应链管理体系的需要

ECR 在美国推行过程中还有一个背景和特点是值得人们注意的，即当时随着产销合作或供应链构筑的呼声越来越高，特别是 QR 和战略联盟的日益发展，生产企业与零售商直接交易的现象越来越普遍，与此同时，批发业则日益萎缩，产销之间都开始在交易中排除批发商环节。但是在 ECR 的推行过程中，并不是盲目地排斥批发商，而是在重新认识批发商重要性的同时，通过批发商经营体系的改造和现代经营制度的建立，将其有机地纳入到供应链体系的构筑中。

（2）ECR 的涵义和内容、特征

ECR 是在商品的分销系统中分销商和供应商为消除系统中不必要的成本和费用而采用的给客户带来更大效益而进行密切合作的一种供应链管理方法，是价值链最短、效益最大化的管理策略。

ECR 旨在消除供应链中不增值的环节，减少成本，提高整个供应链的运行效率，最有效地满足客户的需求。

ECR 的战略主要集中在以下 4 个领域：有效的店铺空间安排（efficient store assortment），有效的商品补充（efficient replenishment），有效的促销活动（efficient promotions）和有效的新商品开发与市场投入（efficient new product introductions）。

ECR 的特征包括：（1）管理意识创新；（2）供应链整体协调；（3）涉及范围广。

（3）ECR 实施原则及运作过程

① 以消费者为中心；

② 以数据为基础；

③ 与业务伙伴有效协作；

④ 整体系统推进。

（4）实施效果

① 客户。增加选择和购物便利，减少无库存货品，货品更新鲜。

② 分销商。提高信誉，更加了解客户情况，改善与供应商的关系。

③ 供应商。减少缺货现象，加强品牌的完整性，改善与分销商的关系。

3. 供应商管理库存[1]

(1) VMI 的概念

VMI 全称为供应商管理库存（Vendor Managed Inventory），是一种以用户和供应商双方都获得最低成本为目的，在一个共同的协议下由供应商管理库存，并不断监督协议执行情况和修正协议内容，使库存管理得到持续地改进的合作性策略。这种库存管理策略打破了传统的各自为政的库存管理模式。体现了供应链的集成化管理思想，适应市场变化的要求，是一种新的、有代表性的库存管理思想。

VMI 管理模式是从 QR 和 ECR（高效客户响应，Efficient Customer Response）基础上发展而来，其核心思想是供应商通过共享用户企业的当前库存和实际耗用数据，按照实际的消耗模型、消耗趋势和补货策略进行有实际根据的补货。由此，交易双方都变革了传统的独立预测模式，尽最大可能地减少由于独立预测的不确定性导致的商流、物流和信息流的浪费，降低了供应链的总成本。

(2) VMI 的实施模式

在 VMI 系统中，核心企业既可以在供应链的上游，也可以在供应链的下游，而当在下游时它又既可以是供应链的中间环节，也可以在供应链的末端。显然，不同情况下，VMI 的运作模式都是不相同的，主要有三种情况：供应商—制造商（核），供应商—零售商（核），核心企业（一般为制造商）—分销商（或零售商）。

① 供应商——制造商 VMI 运作模式

在这种运作模式中，除了要为核心企业提供原材料以外，一般还有如下特点：

生产规模比较大，制造商的生产一般比较稳定，即每天对零配件或原材料的需求量变化不是很大；要求供应商每次供货数量比较小，一般满足 1 天的零配件，有的甚至是几个小时；供货频率要求较高，有时甚至要求一天两到三次的供货频率；为了保持连续的生产，一般不允许发生缺货现象。

由于这种模式中的制造商必定有几十家甚至上百家的供应商为其供应零配件或原材料，如果让每一个供应商都要在制造商的附近建立仓库的话，显然是不经济的。因此，可以在制造商的附近建立一个 VMI HUB。加入 VMI HUB 具有以下效果：

---

① 资料来源：http：//baike. baidu. com/view/497488. htm。

1）缓冲作用。由于一个客户要对应N个供应商，假如客户对供货频率要求较高，那么在可能会出现多个供应商同时将货物送达的情况，由于事先没有安排势必会出现混乱的卸货场面，严重地影响生产秩序，给企业的正常工作带来不便。有了VMI HUB，可以以专业的配送方式避免以上现象，起到了缓冲作用。

2）增加了深层次的服务。在没有VMI HUB时，供应商彼此都是独立的，送达的货物都是彼此分开的，当有了VMI HUB后，它会在发货之前先提供拣货的服务，VMI HUB会按照生产企业的要求把零配件按照成品的比例配置好，然后再发送给生产商，这样就提高了生产商的生产效率。

3）VMI在正常实施的时候，不仅仅要求供应商与VMI HUB之间交换库存信息，还包括生产计划，需求计划，采购计划，历史消耗，补货计划，运输计划，库存情况等信息。

当发生需求突然变化时，比如由于生产商的销售突增，VMI HUB中的库存不能及时满足生产商的需求时，这时VMI的实施结构做出了相应的改变。VMI HUB直接把补货计划发给供应商的信息系统，这时供应商直接向生产商进行补货，从而节约了时间与成本。我们把供应商这种不经过VMI HUB而直接向生产商进行补货的行为称为越库直拨（Cross-Docking）。

② 供应商——零售商VMI运作模式

当零售商把销售等相关信息通过EDI传输给供应商后（通常是一个补货周期的数据，如3天，甚至1天），供应商根据接收到的信息进行对需求的预测，然后将预测的信息输入物料需求计划系统（MRP），并根据现有的企业内的库存量和零售商仓库的库存量，生产补货订单，安排生产计划，进行生产。生产出的成品经过仓储、分拣、包装、运送给零售商。

供应商一零售商VMI运行模式与供应商一制造商运作模式的区别如下：

1）在面对比较大的零售商时，当“接收货物”后，并不一定产生了应付账款。通常大的零售商（如：Wal-Mart）要求，只有当供应商的货物真正被销售以后才向供应商付款，否则不产生“应付账款”。

2）这种模式一般不需要建造VMI HUB这个中枢环节。因为对零售商来说，两个供应商所供应的产品是相互独立的，在同一段时间内它们不是同时需要的，不像生产商需要零部件或原材料对生成一个产品来说是必须同时获得的。

③ 第三方物流企业的参与模式

在实际实施过程中，有时需要第三方物流服务提供商的参与。原因如下：

1）在供应商一生产商模式中，不论对生产商还是供应商来说，它的核心竞争力主要是体现在其生产制造上，而不是物流配送上。显然，让供应商或者生产商去管理 VMI HUB 都是不经济的。

2）在供应商—零售商模式下，由于零售商的零售品范围比较广，供应商和零售商的地理位置相距较远，直接从供应商处向零售商补货的提前期较长，不利于进行准确的需求预测和应付突发状况。解决这一问题的折衷方案就是供应商在零售商附近租用或建造仓库，由这个仓库负责直接向零售商供货。

基于上述原因，让一家专业化程度较高的企业来管理这 VMI HUB 或仓库是最合适不过了，而这时最理想的对象就是“第三方物流企业”。况且供应链管理强调的是，供应链上的各个企业应该充分发挥自己的核心竞争力，对第三方物流企业来说正好适应这种库存运作模式的要求，充分发挥其特点与优势。

④ 核心企业—分销商模式

这种模式由核心企业充当 VMI 中的供应商角色，它的运作模式与前两种大致相同，由核心企业收集各个分销商的销售信息并进行预测，然后按照预测结果对分销商的库存统一管理与配送。由于这种模式下的供应商只有一个，所以不存在要在分销商附近建立仓库的问题。核心企业可以根据与各个分销商之间的实际情况，统一安排对各个分销商的配送问题，并且，可以保证每批次都是以经济批量的方式发货，每次配送的路线都可以调整为最佳配送路线。

（3）VMI 实施中的问题

① 信任问题。这种合作需要高度的信任，否则失败可能性较大。零售商要信任供应商，不要干预供应商对发货的监控，供应商也要多做工作，使零售商相信他们不仅能管好自己的库存，也能管好零售商的库存。只有相互信任，通过交流和合作才能解决存在的问题。

② 技术问题。只有采用先进的信息技术，才能保证数据传递的及时性和准确性，而这些技术往往价格昂贵。利用信息技术将销售点信息和配送信息分别传输给供应商和零售商，利用条码技术和扫描技术来确保数据的准确性，并且库存与产品的控制和计划系统都必须是在线的、准确的。

③ 存货所有权问题。确定由谁来进行补充库存的决策以前，零售商收到货物时，所有权也同时转移了，变为寄售关系，供应商拥有库存直到货物被售出。同时，由于供应商管理责任增大，成本增加了，双方要对条款进行洽谈，使零售商与供应商共享系统整体库存成本降低。

④ 资金支付问题。过去，零售商通常在收到货物一至三个月以后才支付货款，现在可能不得不在货物售出后就要支付货款，付款期限缩短了，零售商需要适应这种变化。

### 2.2.5　供应链合作伙伴的选择与评价

供应链依赖不同的合作伙伴共同协作实现市场需求的满足。根据波特的价值链理论，供应链上的每一个环节都应该实现增值，而选择最佳的合作伙伴应该是实现整条供应链上能力的均衡，使资源的投入产出消除瓶颈环节。

供应链合作关系依赖于信任机制的确立以及生产过程的模块化设计。只有在双方高度信任的条件下，供应链才能够进行共同的协商，实现付出和收益的均衡。在缺乏信任的条件下，供应链的合作仅能够维持在最基本的订单履行式的合作，难以充分发挥出各个合作伙伴的能力。信任是一种有效地降低成本的途径，其效果远远好于各种技术手段。因此，一个适合于建立信任的制度是经济低成本运行的必要条件。

实施供应链合作关系就意味着新产品/技术的共同开发、数据和信息的交换、市场机会共享和风险共担。在供应链合作关系环境下，上下游的合作不再是只考虑价格，而是更注重选择能在服务、技术创新、产品设计等方面进行良好合作的伙伴。供应商为下游企业的生产和经营供应各种生产要素（原材料、能源、机器设备、零部件、工具、技术和劳务服务等），所提供要素的数量、价格，直接影响到下游企业生产的好坏、成本的高低和产品质量的优劣。

供应链合作关系发展的主要特征就是从以产品/物流为核心转向以集成/合作为核心。在集成/合作逻辑思想指导下，上下游将相互的需求和技术集成在一起，以实现共同利益目标的最大化。因此，上下游的交换不仅仅是物质上的交换，还包括一系列可见和不可见的服务。

合作伙伴的选择是一种核心企业主导的过程，但是从供应链长期发展战略的角度来看，任何伙伴的选择都不应该仅仅着眼于短期利益的最大化。企业的短期化行为可能会让企业在较短时间内获得一种比较迅速的成功，但是长期积累下的危机会不断的膨胀，最终对企业的长期发展造成损害。

在市场经济发展较为成熟的国家与地区，长时间的发展经验使其建立起了较为完善的市场经济规则与制度，这一制度能够保障合作者长期利益的稳定。与追逐短期利益最大化的企业相比，这些企业更加具有可持续性的发展空间。

如前文所述，供应链上的合作关系并不是均衡的，在供应链的外围往往是松散型的合作，而供应链的核心往往是紧密的合作，例如有更多的设计、信息方面的交流与合作。但是随着竞争的加剧，供应链上的外围企业的数量也开始下降。效率型的供应链更加倾向于选择低冗余度的供应链合作关系，以此降低供应链成本。但这一选择带来的问题则是风险的不断增加。

### 2.2.6 供应链运作参考模型

1. SCOR 简介

SCOR (Supply Chain Operations Reference model) 是由国际供应链协会 (Supply Chain Council) 开发支持，适合于不同工业领域的供应链运作参考模型。1996 年春，两个位于美国波士顿的咨询公司——Pittiglio Rabin Todd & McGrath (PRTM) 和 AMR Research (AMR) 为了帮助企业更好地实施有效的供应链，实现从基于职能管理到基于流程管理的转变，牵头成立了供应链协会 (SCC)，并于当年底发布了供应链运作参考模型 (SCOR)。

运作参考模型就是将众所周知的一些概念如：业务流程重组 (BPR)、标杆设定 (Bench Marking) 及业务流程的管理集成为多功能一体化的模型结构。

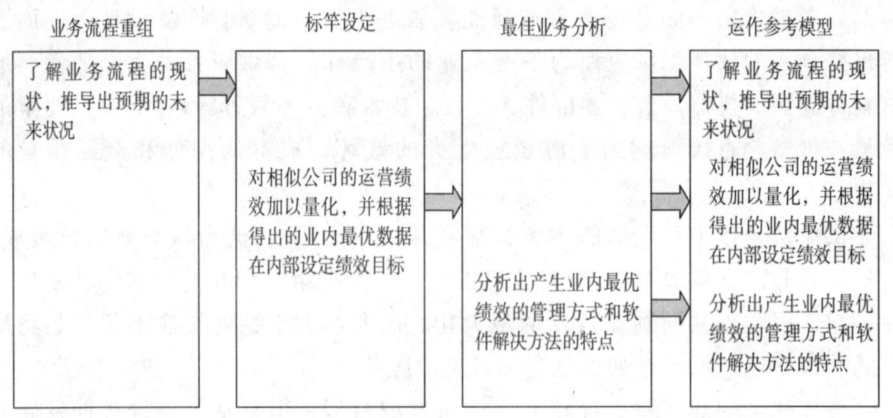


图 2-3 SCOR 模型的演化

2. SCOR 模型结构

SCOR 模型按流程定义可分为三个层次，每一层都可用于分析企业供应链的运作。在第三层以下还可以有第四、五、六等更详细的属于各企业所特有的流程描述层次，这些层次中的流程定义不包括在 SCOR 模型中。SCOR 模型的第一层描述了五个基本流程：计划 (Plan)、采购 (Source)、生产 (Make)、发运 (Deliver) 和退货 (Return)。它定义了供应链运作参考模型的范围和内容，并确定了企业竞争性能目标的基础。企业通过对第一层 SCOR 模型的分析，可根据下列供应链运作性能指标作出基本的战略决策。

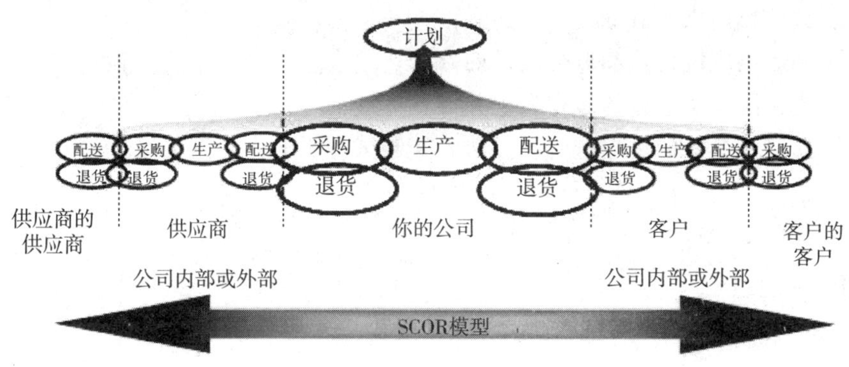


图 2-4　SCOR 模型的流程与结构

3. SCOR 的意义与用途

SCOR 模型中所有流程元素都有流程元素的综合定义：循环周期、成本、服务/质量和资金的性能属性，与这些性能属性相关的评测尺度，以及软件特性要求。值得注意的是，SCOR 不是软件指南，而是业务流程指南，但它也可作为供应链管理软件开发商的参考。在许多情况下，改变管理流程即可使企业获得最佳业绩而不需要开发软件。

SCOR 模型是一个崭新的基于流程管理的工具，国外许多公司已经开始重视、研究和应用 SCOR。大多数公司都是从 SCOR 模型的第二层开始构建他们的供应链，此时常常会暴露出现有流程的低效或无效，因此需要花时间对现有的供应链进行重组。典型的做法是减少供应商、工厂和配送中心的数量，有时公司也可以取消供应链中的一些环节。一旦供应链重组工作完成，就可以开始进行性能指标的评测和争取最佳业绩的工作。

企业在运营中自始至终必须努力提高其供应链管理的效率。在提高其自身运作效率的同时，企业可以开始同供应商和客户一道发展被称为“扩展企业”（Extended enterprise）的一种供应链成员间的战略伙伴关系。

SCOR 是第一个标准的供应链流程参考模型，是供应链的诊断工具，涵盖所有行业。SCOR 使企业间能够准确地交流供应链问题，客观地评测其性能，确定性能改进的目标，并影响今后供应链管理软件的开发。国外许多公司在中国的分公司已经开始依照其在国外应用 SCOR 的经验在中国应用 SCOR。在中国，SCOR 也开始越来越受到本土大型企业的关注。

目前 SCOR 模型主要可以应用在如下领域：

① 分析目前供应链的过程；
② 确立供应链再造和取得改进的方法；
③ 量化同类型企业的运作表现并设置标杆；
④ 总结出最好的供应链管理方法，并尝试将明晰化与流程化。

## 2.3 习题

### 2.3.1 客观题

一、判断题

1. 供应链思想的出现源自于企业竞争的加剧。（ ）
2. 供应链管理是企业获得竞争优势的有效手段。（ ）
3. 供应链也被称之为价值链或者需求链，其描述的均为实现从资源到终端消费者的完整网链结构。（ ）
4. 供应链上合作的企业利润分配是平均的。（ ）
5. 与纵向一体化企业相比，供应链模式能够更好地适应需求多变的环境。（ ）
6. 物流是供应链的组成部分，通过物流将供应链上的企业衔接了起来。（ ）
7. 供应链管理强调核心企业与世界上最杰出的企业建立战略合作关系，委托这些企业完成一部分业务工作，自己则集中精力和各种资源，做好本企业的工作。（ ）
8. 供应链管理与物流管理在内容上不同，因此无直接关系。（ ）
9. QR 是指上下游企业建立合作伙伴关系，利用 EDI 等信息技术，进行销售时点信息交换以及补货等行为，实现产品连续补充。（ ）
10. ECR 旨在消除供应链中的不增值环节，减少成本，提高整个供应链的运行效率，最有效地满足客户的需求。（ ）
11. ECR 是否能够成功取决于双方或多方以开放的心态进行合作的意愿。（ ）
12. 连续补货成功的关键在于供应商与零售商通过库存报表、销售预测报告和订购单等商务信息交换数据，实现主动补充库存的能力。（ ）
13. 供应商管理库存是将库存责任全部转移给上游，下游企业完全不需要承担风险。（ ）
14. CMI 是在 VMI 的基础上的发展，库存风险从上游转移至下游。（ ）

15. 供应链管理的框架包括供应链的结构、组成以及业务流程三个要素。(　　)
16. 供应商管理库存是一种分担风险的手段，上游企业承担了更多的职责。(　　)
17. 生产推动型供应链适应于供给不足条件下，以降低成本为主要目标。(　　)
18. 需求拉动型供应链适应了竞争较为激烈的环境，通过有效地满足消费者的需求实现整条供应链的盈利。(　　)
19. 供应链上企业之间合作机制体现了战略伙伴关系以及内外部资源的集成与优化。(　　)
20. 在SCOR模型中认为，任何企业都由如下流程构成：采购、生产、配送、退货。(　　)
21. SCOR模型可用于对企业的供应链管理流程再造。(　　)
22. 在合作伙伴选择过程中，首要的任务是分析市场的竞争环境。(　　)

二、选择题

23. 供应链由所有加盟的节点企业组成，其中一般有一个(　　)，节点企业在需求信息的驱动下，通过供应链的职能分工与合作，以资金流、物流和服务流为媒介实现整个供应链的不断增值。
    A. 大型企业　　B. 外资企业
    C. 联合企业　　D. 核心企业
24. 在供应链中，企业之间形成一种(　　)，这实际上也是体现出核心竞争力的互补效应。
    A. 合作性竞争　　B. 互利互惠的关系
    C. 相互配合的关系　　D. 对抗性竞争
25. 供应链诞生源自于如下背景条件(　　)。
    A. 全球化　　B. 竞争环境加剧
    C. 企业管理方式变革　　D. 消费者要求提升
26. 供应链的特点有(　　)。
    A. 复杂性　B. 动态性　C. 需求拉动性　D. 交叉性
27. 供应链管理涉及上下游企业关键业务流程的集成，其中包括(　　)。
    A. 客户关系管理　　B. 需求管理
    C. 订单履行　　D. 采购　　E. 制造流程管理
28. 供应链上存在着多种不同的流，其中包括(　　)。
    A. 商流　B. 物流　C. 资金流　D. 人才流　E. 信息流

29. ECR的特征表现在(　　)。

A. 管理意识创新　　B. 供应链整体协调

C. 涉及面广泛　　D. 反应速度快

30. 供应链管理涉及的领域包括(　　)。

A. 供应　B. 生产作业　C. 物流　D. 需求

31. 供应链中具有较强竞争力的，但是增值率较低的合作伙伴称之为(　　)。

A. 有影响力合作伙伴　　B. 普通合作伙伴

C. 竞争性/技术性合作伙伴　D. 战略合作伙伴

32. 供应链上满意度的衡量源自于如下(　　)要素。

A. 供应商准时交货率　　B. 供应商成本利润率

C. 供应商产品质量合格率　D. 双方合作关系水平

### 2.3.2　主观题

1. 供应链究竟是不是“链”？选择一个较为熟悉的产品，从顾客端出发，尽可能详细地绘制出其供应结构。

2. 你更倾向于平等的供应链还是由核心企业主导的供应链？供应链核心地位是由什么决定的？

3. 供应链与传统企业模式相比，在更大程度上实现了集成与分工，为什么分工产生了价值增值，请从经济学的角度加以分析。

4. 在供应链上企业的规模是如何确定的？是不是“大就是美”？

5. 供应链上为什么会出现“需求放大效应”？为什么理性的个体在合作过程中所表现出来的却是整体的非理性？

6. 阅读SCOR框架，为什么把供应链的模型全部浓缩成计划、采购、生产运作、配送、退货这五个环节？

7. 在一个合作创造价值的时代，对于企业的合作与“被合作”，你有何观点？

8. 如何利用供应链的工具，在最小资本投入的条件下实现对产业的控制？核心企业控制产业链的根源在哪里？

### 2.3.3　案例分析

**沃尔玛和家乐福，当暴雪切断了供应链**[①]

发生在十几天前的这一幕，令沃尔玛、家乐福印象深刻。

突如其来的暴雪切断了零售商的供应链。沃尔玛深圳总仓（配销中心）的货都堆着，运不出去。装满了家乐福货柜的车子被堵在了去武汉、昆明、成都的路上。门店出现大面积缺货，纷纷告急。

这样的景象对沃尔玛、家乐福是难以想象的，它们平时被大量供应商围绕，缺货是个新命题。在接下来的十几天，创造性的自救开始了。

(1) 沃尔玛：总仓的货运不出去

从1月28日开始，沃尔玛深圳总仓的配送压力陡然增加。

"关键是在受灾严重的湖南、湖北、江西等中部地区，公路被冰雪覆盖走不了车，北上、西去的货物受阻。有些货车堵在路上好几天都过不去，造成几百个货柜箱困在了路上。"沃尔玛中国区公关总监董玉国告诉记者。

在沃尔玛深圳总仓，很多货都堆着，运不出去。与此同时，在全国各地的门店已经出现缺货，各店纷纷打电话要货。

而总仓在沃尔玛供应链上的角色至关重要。一般情况下，沃尔玛的配送分为两部分，供应商接到订单后，先把货物运到总仓，然后再从总仓配送到各地门店。"沃尔玛所有商品中50%是通过总仓配送的，只有蔬菜、鲜食等商品由地区配送。"董玉国表示。

一位沃尔玛员工告诉记者，目前沃尔玛在深圳、天津各有一个总仓。受雪灾影响，深圳的总仓仅可以供应广东省内的门店，但是湖南、江西、云南、贵州、广西等地的门店配送就困难了；而天津的总仓可以正常供应河北、北京以及东北地区，但湖北、河南的门店就无法保证了。

情况紧急，沃尔玛物流部门每天忙得跟打仗似的。"物流部门每天都在监测天气、路况，每天开会、汇报情况并根据情况制订下一步的配送计划。"一位知情人士说。

"一切能想的办法都想了，要保证门店不断货。"董玉国表示，在公路运输受阻的情况下，沃尔玛想用空运，但是机场也关闭了，后来有些地方采取了海运。

对此，沃尔玛员工告诉记者："实际上并没有什么办法。在外部配送中断

---

① 资料来源：雪灾应急管理：当暴雪切断了沃尔玛、家乐福供应链．徐春梅，中国经营报，2008-02-28。

的情况下，要么通过本地供应商直送商场，要么向周边兄弟店调货，但是区域供应商、兄弟店可能也面临缺货的窘境。”不过，由于沃尔玛的门店为春节销售旺季准备了一些应急库存，各门店出现单品断货的情况还不是很严重。

(2) 家乐福：货柜堵在了路上

直到2月4日晚上8点，上海成协物流配送有限公司还有6台货车堵在路上。这家民营物流公司供应家乐福、大润发、欧尚等超市门店，其中家乐福上海供应商70%～80%的货是由其配送的。

“到现在，武汉还有两台货车在路上，正常情况下一天一夜就到了，现在已经发车10天了还没有到；成都也有两台出发10天的货车没有到，昆明也有两台。”上海成协物流配送有限公司董事长杨文华告诉记者，而在雪灾最严重的时候，单从上海到武汉一条线上就有8台货车堵在路上。

在这次受灾严重的湖南、湖北、安徽、江苏等省份，家乐福、大润发等零售商的门店布局很多。

如目前家乐福在湖南株洲有1家店、长沙有2家店，湖北武汉有5家店，而装满了家乐福货柜的车子大多被堵在了路上。还有大润发在湖南常德地区门店受灾严重，由于从长沙到常德的公路运不过去，杨文华连货车都没有发，“与其把货堆在长沙的仓库，不如就放在上海的仓库。”

物流中断，家乐福门店供应受到影响。家乐福门店订货的原则是“小批量，多频次”，正常情况下一个星期下2～3次订单，从而尽量减少门店库存，达到少占用资金的目的。而这次的货柜延迟达到了近半个月。

家乐福为此专门开辟出了应急通道，以前家乐福为了保证准时到货率是过期不收货，这次可以通过订单号的查询，接收延迟的货柜。

家乐福中国区总裁兼CEO罗国伟选择了在上海过年。2月5日上午，罗国伟与家乐福商品部的老总一起巡视了上海门店，了解各门店的供货情况。而在此之前，罗国伟亲自坐镇上海，负责指挥门店与供应商之间的协调工作。

“天灾是一点办法也没有。”杨文华感叹道。在这次雪灾期间，上海成协公司的运营成本上涨了20%～30%，如去南京的货车，平时5吨车的花销是1500元左右，现在最高达3500元。

(3) 基地采购发挥作用

一旦供应链中断，超市门店的生鲜供应问题就最先凸显出来。而如果出现大面积断货，消费者恐慌的感觉就来了。

家乐福中国区公关经理陈波告诉记者，“家乐福生鲜CCU（城市采购中心）采购达到90%，基本上是本地采购，这次受雪灾影响不大。”而沃尔玛的蔬菜、鲜食也是地区配送。在一定程度上，本地采购解了零售商的燃眉之急。

但是资深生鲜供应链专家告诉记者："本地采购并不一定管用。现在超市一般都不是直接面向农业基地采购，而是在当地找供应商，供应商的货是从批发市场来的，而地区大批发市场的货又是跨地区调入的，所以一旦遇到物流中断也没有用。现在家乐福不少本地采购就是这种模式。"

因此，这次零售商应对雪灾的方案显得捉襟见肘。最常用的是零售商紧急与供应商协调，供应商再往上游要货，如有零售商向供应商要 500 公斤蔬菜，结果送来的只有几十公斤。还有的超市带着现金去一级批发市场，自己现场高价买货，但无法从根本上解决问题。

基地采购在这次危机中发挥了作用。武汉中商平价连锁公司的总经理朱定志告诉记者，由于公司与当地一些农产品基地签订了长期采购协议，"在市场供应最紧张的时候，中商超市的叶菜也有 8 个品种，没有出现断货与脱销"，而沃尔玛、家乐福等超市的叶菜品种则少很多。

据记者了解，家乐福也已经开始尝试基地采购，与个体农民种植户（种植基地）直接签订采购协议。如家乐福在湖北孝感云梦县、宜昌长阳县有无公害蔬菜基地，在武汉九峰山有蘑菇种植基地。2008 年，家乐福将大力推动基地采购项目，或许到时家乐福供应链的应急能力将提高不少。

此外，不少零售商也都在有计划地建立基地采购，补充区域资源，从而完善整个供应链。"在竞争中，商品品种基本保证，有助于提升零售商在消费者心中的地位。"一位业内人士如是说。

（4）雪灾应急管理

经历过灾难的优秀企业对危机管理的思考方式会发生变化，一些美国 500 强企业的 CEO 在经历了"卡特里娜"飓风后，给出的答案是：关心你的员工，保证沟通渠道的畅通，为下一次灾难做准备。身处雪灾中的中国企业，你这次的收获又是什么？

**思考题：**

（1）如何有效应对供应链上突发问题对供应连续性造成的影响？在高效的供应链与具有冗余的供应链方面应如何权衡？

**参考答案：**

（1）供应链上的突发问题出现的概率随着供应链效率的提升而不断增大。因此对于这一种突发性问题的做法更多的是疏而不是堵。被动的应对供应链上的突发问题会导致企业疲于应对难以预料的问题，导致企业经营的难以顺利进行。因此，考虑供应链的安全余量是一个必要的因素，当供应链追逐高效到极致时，危机与风险则随时会爆发。

当前，当面对来自于内部的以及系统中的风险时，首先应保持供应链的柔性和适应性，及时地对故障做出响应，区分这是一个可恢复故障还是不可恢复故障，前者则可以利用现有的缓冲余量进行权衡处理，而后者则需要及时地切断故障源，使故障源与系统整体断开，以保障系统整体不会受到故障的波及与放大。

其次，应从供应链系统的结构上寻找问题，针对文中所提到的暴雪导致的供应问题，企业是否应该考虑供应商距离过远导致的提前期过长以及途中风险增加等问题？本地化采购有可能在价格上不是最经济的，但是从综合成本来说则是具有优势的。针对同质化的商品上是否需要能够降低产品的种类数，尽可能选择从本地进行采购？在产品组合上，不再单纯地认为大就是美、多就是好，适当的精简，满足主体客户的需求并降低成本能够帮助企业有效的简化供应链，降低复杂度，从而实现更好的供应链可控。在零售业中，Costco公司的模式非常值得借鉴与学习。

在供应链的高效与冗余问题上，我们需要有一个平衡的大局观，而不是片面的追求股东利益的最大化。在企业发展的初期，或者某一行业发展的初期，追求高效来降低系统中的浪费是合理的，但是当系统逐渐趋向于成熟，或者系统的效率已经上升到资源的边界时，则应该有清醒的认识，评估系统的安全边界，适当的放缓速度以面对可能出现的风险。这一点对于当前短期利润导向型战略来说显得尤其困难。供应链风险往往由一些人为不可控因素所引发，如火山喷发、地震、暴雪等等，这使得人们将问题全部归咎于外部因素，忽视了对自身结构适应性的考虑。这在疲于应对风险的时候，仍然会不断的遭遇到新的风险。因此，必须思考一个企业或者供应链应该如何不断的调适自身以获得环境的适应性。

# 第三章 物流战略

## 3.1 教学要求

通过本章的学习，要求学生能够：

(1) 理解物流战略的含义；

(2) 理解物流战略规划的基本层次；

(3) 理解物流规划所涉及的范围；

(4) 理解物流战略的环境分析；

(5) 掌握物流战略的两种基本模式；

(6) 理解物流战略制定中的能力约束；

(7) 理解三种不同的物流类型；

(8) 掌握延迟战略与运输集中战略的应用；

(9) 理解物流战略制定的方法。

## 3.2 本章解读

### 3.2.1 物流战略概述

企业的发展过程离不开战略的支持。战略是为了实现企业的长期发展目标而提出的一种长期性规划，主要为了应对环境变化以及竞争对手策略所提出的。企业战略，可以认为是一种获得竞争优势的过程。因此在企业运营的各个层面，都应该考虑如何实现企业的竞争优势地位这一核心目标。企业战略由多个不同子战略所组成，从企业的基本功能出发，包括了生产战略、营销战略、财务战略、研发战略以及物流战略。

物流战略是企业战略的重要组成部分。在国家物流术语中，物流战略的定义为：为寻求物流的可持续发展，就物流发展目标以及达成目标的途径与手段而制定的长远性、全局性的规划与谋略。

对于物流战略而言，其主要目的是为了能够帮助企业有效获取资源，实现企业所生产的产品低成本、高效率的进入流通环节，实现快速的投入产出转化，实现产品销售的战略性保障，支持企业目标的实现。

对于企业的物流战略，其根本目标在于加快企业的物资流动性，降低成本以及提升服务水平。企业可以简化为一个投入—处理—产出的系统模型，提高资源的流动性目的就在于加快资产的利用效率，实现企业更好的盈利水平。企业在运营过程中经常采用资金周转率以及库存周转率等指标来描述企业的流动性水平。

低成本目标是针对企业的竞争位置而言的。在同样的质量水平下，成本优势是企业最容易执行，也是竞争最为激烈的领域。对于成本优势，不能仅仅将其简单等同于低价格。成本是一个综合性概念，包含了价格在内的多种因素。企业在考虑成本优势时，需要考虑自身的业务量水平以及未来的发展空间，以此决定物流是否能够成为企业的竞争优势之一。如果物流仅是企业所需要的一项功能，而并非企业的核心优势的时候，企业必须考虑通过外包等形式将物流的固定成本加可变成本的模式全部转化为可变成本，以此实现物流功能的满足和系统的柔性。虽然对于企业来说，支出的物流成本高于企业自营物流的变动成本，但是考虑到物流总量和波动性等因素时，这样的选择可能是一种更优的方案。因此在这一方面，战略制定者需要对成本问题有更为全面的审视，将固定成本与可变成本、短期成本与长期成本、企业未来发展趋势等方面进行综合考虑，才能够制定较为科学合理的战略选择。

物流是处于流通领域内的服务。无论是作为物流需求方的企业或者物流提供方的3PL，抑或是企业内部的一项职能，提升物流服务水平对于提高企业的竞争优势来说，都具有重大的意义。服务水平的提升实际上是综合性专业化能力的提高，因此物流战略的关注点应该在如何能够有效地提升企业满足客户需求的能力。对于企业来说，需要根据自身的现状来决定物流战略的选择。

物流战略包括了企业物流设施的选址决策、战略布局以及未来发展规划。

只有当我们认识到企业物流的重要性时，才会真正把物流战略提到一个议事日程上来。传统企业对生产和营销的重视远远超过了物流，这是和企业发展所处的阶段密切不可分的。当企业从资源丰富的环境逐渐进入到一个资源相对稀缺的环境时，不得不面对的一个问题就是如何有效地缩减企业成本，而物流就成为了一个非常重要的成本压缩的来源。因为企业利润等于收入减去成本，从价值链的角度来分析成本，我们又可将其分为生产部分成本和流通环节成本。对于企业日益深化的分工和需要满足逐渐扩大的市场，以及面对激烈的市场竞争，这导致企业必须支出更高的流通环节成本，而如何有效地压缩成本的支出，成为一个重要的战略考量。压缩成本的方法不是简单的削减开支，而是需要通过优化物流的环节，实现成本有效性，即让支出的成本能够产生更大的效益。这是企业所追求的目标。

在制定物流战略规划时，定义企业的长期目标是首先需要解决的问题。对不同类型的企业，其目标差异性很大。例如对于生产制造型企业来说，物流是企业所需要的功能，但是并不能构成企业的核心竞争能力，因此，在这一方面，企业所需要采取的策略更多的应偏向于采取社会化的物流资源来满足企业的需求。从而实现战略性资源的集中化，这有利于企业在核心能力方面的发展。

对于销售企业来说，情况则有较大的不同，物流是满足市场需求的重要手段，所以，以合理的成本为客户提供更好的物流服务成为企业追求的目标。根据企业业务量的不同，通过比较固定成本和可变成本方面的差异，可在自营物流和外包物流方面进行权衡和选择。

对日益发展的 B2C 电子商务模式而言，物流瓶颈变得越来越突出，能够提供更加低廉成本的高水平服务成为企业重要的竞争力。例如京东、新蛋、易讯等 B2C 网站，在为客户提供产品的时候，一个重要的法宝就是价格上的竞争优势，而这一竞争优势是通过削减传统渠道店面开支的方式来获得的，但是与传统渠道相比，其劣势在于难以拥有一个较为直接的客户可接触的渠道，对于那些难以采用标准化规格进行判断的商品而言，销售上具有较大的劣势。因此 B2C 网站所面临的困境就必须通过快速地响应消费者来满足需求，以及便捷的退换货渠道，实现比传统商业渠道更为优秀的销售模式，这样才具有更强的竞争力。

例如京东商城开始大力建设区域物流中心，以更好地满足各个地方市场的需求，目前，从客户下达订单，到订单处理，拣货、配装、运输、配送等环节都在加快运作的速度，以实现客户体验的提升。与传统模式相比，客户在购物上支出更少的时间和金钱，同时基于 B2C 企业所提供的购物平台，能够给消费者提供一个更好的信息交流与沟通的空间，双方信息的对称更加刺激了企业加强内部能力，为客户提供更好的价值增值，降低不必要的成本消耗。从发展的角度看，这一新的商业模式必然会逐渐淘汰传统模式，成为一种商业的常态，其中物流作为重要的保障功能，与传统的仓储运输功能相比，需要拥有更多的增值性服务以及降低信息传递的成本与时间，从而适应电子商务时代的物流需求。

从战略布局上来看，物流的战略布局首先是数量和选址的问题，其次才是内部设施设备规划的问题。

一个重要的选择就是，企业应该自行组织物流能力还是将物流职能外包给专业化的企业来完成。这一点由企业产品的数量、价值大小、客户对物流的感知等方面共同决定。

对于大量的物流企业来说，为了实现区域的配送能力，需要选择合适的中转场所，而在选择上，考虑的是吞吐量的大小、周边配套以及综合成本优势。这一系列的考虑导致了企业在区域中转场所的选择上带有一种趋同性，从而形成了某一地区物流的产业集聚，这是企业主动选择的结果，也是受环境影响的必然。

在物流设施与设备的规划战略上，设备的选择必须考虑的是当前的需求因素，但是也需要考虑到未来的需求，并合理调整设备的配置，既需要满足当前的需求，同时又要有足够的扩展能力，以保障企业投资的价值，避免短期化考虑导致设备资源的浪费等问题。这些都需要企业的物流规划者有着丰富的物流规划经验，能够建立在对企业实事求是的客观分析的基础上作出正确的战略选择。

反观当前许多企业乃至于政府层面的规划，其出发点应该是好的，但是由于经验缺乏以及其他利益干扰等问题，导致在投资决策上存在着投入不足或者是投入过剩等现象，未能很好地实现企业战略目标。

因此，掌握必要的战略规划知识，分析大量规划案例以及物流实践经验的积累，才是作出战略规划的必然途径。

在企业物流路径的规划战略中，需要明确的是，企业需要将哪些变量纳入到考虑的范畴，以及如何实现总体目标的最大化。企业战略制定时，总会面临资源稀缺的问题，企业的各个部门都希望能够更好地实现本部门利益目标的最大化，但是，是不是各个部门利益目标的最大化就一定等于企业目标的最大化？绝大多数情况下，这一答案是否定的。企业需要追求的是一种均衡的发展模式，仅仅依靠某一个或者某几个方面能力的最优是不够的。企业面临一个合理资源配置的问题，物流环节作为重要的辅助性与配套性环节，企业既要重视到它的价值，同样也不能影响到其他环节的发展，这是企业发展中的平衡术。因此，制定战略时，也需要思考对部门的考核体系是否具有合理性。仅仅制定目标的下限而不设上限也是不合理的，这会导致部门为了自身利益最大化而影响到企业目标的实现。这一问题最终会演变成企业内部之间的矛盾与冲突。

通常，企业通过最小成本原则来决定物流的规划，其实物流规划与战略是和企业的供应链战略相一致的，只有当企业决定了其在供应链中的位置与身份，确定了上下游的关系时，物流战略的保障作用才能够得到充分的体现。

### 3.2.2 物流战略的目标

物流战略制定时需要全面考虑企业需要达到的目标，即提供何种程度的物流服务。对于服务而言，首先需要权衡的是成本与服务水平之间的关系，根据客户的需求以及竞争者的状况合理确定所应该提供的服务，使企业落在利润最大化的区间内。

需注意的是，企业的服务水平是一个动态性的指标，当市场的竞争者和客户的需求发生变化的时候，企业需要即时抓住市场的变化，结合战略定位进行调整。

### 3.2.3　物流战略分析工具

1. 五种力量模型

迈克尔·波特在战略分析中提出了一个五种力量模型，这是一种有效的竞争战略分析模型。这五种力量分别是：供应商的讨价还价能力、购买者的讨价还价能力、潜在竞争者进入的能力、替代品的替代能力、行业内竞争者现在的竞争能力。如图 3－1 所示。

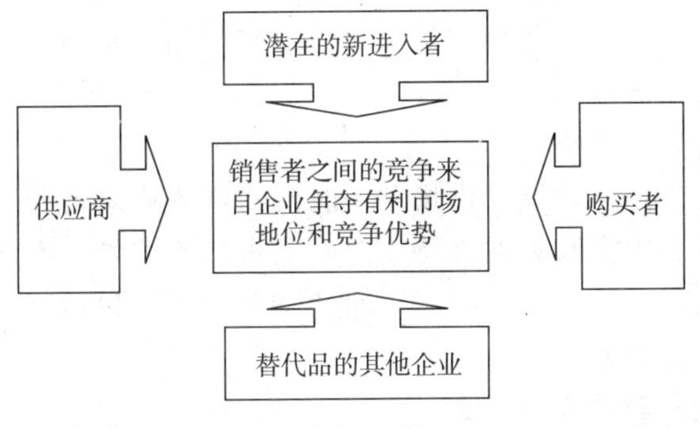


图 3－1　波特五力模型

在物流战略中，我们同样需要用到这一工具对其进行分析。特别是针对第三方物流企业，这一分析显得尤为重要。以第三方企业为例，我们可以用这一模型对其竞争战略进行分析。

（1）物流供应商议价能力

物流快递企业的供应商主要是物流资源提供者以及必备的人力资源。

① 运输是物流最基本的内容。快递业需要与铁道部门和航空部分密切合作。而这些企业有垄断性质，议价能力非常高。如果公司自己购买飞机等设备，成本相当高，对小的企业来说是不现实的。

② 软件技术提供对整个物流数据的录入，跟踪，查找和处理，通过必要的硬件技术和软件平台，实现对物流信息的集成式共享，优化物流配送以及质量评价环节。软件的开发成本非常高，可能给快递公司造成沉重的财政负担。

③ 随着中国经济的发展，人民生活水平的提高，员工的工资水平也越来越高，这就增加了快递公司的成本。

(2) 物流顾客的议价能力

物流服务对象所关心的问题为成本和风险的权衡，因此对物流企业而言，需要在这两个变量之间取得平衡，实现规模竞争优势，否则，将会面临来自于客户自营和外包的决策，一旦客户决定采取自行组织物流的方式，这将会直接导致客户资源的流失。其次，随着客户业务量的增加，其议价能力也得到了增强。

(3) 替代品的威胁

物流业作为一项新兴的服务产业，目前是逐渐取代传统自营物流的模式，实现物流的专业化分工，当前所面临的最大威胁不是出现新的竞争性产品和服务，而是由于外部环境以及第三方物流业自身的局限，导致客户企业不得不选择自行组织物流活动，以降低生产经营活动中的风险。这对于大多数生产型企业来说，不是一个较好的选择，但是在信用机制不健全的条件下，这的确是一个不得已的选择。

(4) 新进入者的威胁

物流行业进入门槛较低，市场上一时间物流企业遍地开花，主要原因在于其进入门槛低、国家政策性支持以及有利可图等因素，因此为了能够抵御新进入者的威胁，企业需要培养起一批忠诚的员工，以价格、网络、服务等方面击退潜在的竞争者。

(5) 同业竞争者的竞争程度

由于行业跨度较大、参与者众多，因此，面对着来自于国内和国外的竞争者，对于当前发展水平较低的物流企业而言，由于进入门槛低，导致企业数量众多，能力普遍较低，市场高度透明。因此，由于缺乏增值性服务，导致基本上采用了基于成本的价格制定方法，这不利于物流企业长期战略目标的实现。

2. SWOT 分析

SWOT 分析方法在 20 世纪 80 年代提出，可用于企业战略制定以及竞争对手分析等领域。SWOT 分析代表分析企业优势（strength）、劣势（weakness）、机会（opportunity）和威胁（threats）。因此，SWOT 分析实际上是将企业内外部条件各方面内容进行综合和概括，进而分析组织的优劣势、面临的机会和威胁的一种方法。

优劣势分析主要是着眼于企业自身的实力及其与竞争对手的比较，而机会和威胁分析将注意力放在外部环境的变化及对企业的可能影响上。在分析时，应把所有的内部因素（即优劣势）集中在一起，然后用外部力量来对这些因素进行评估。

SWOT 分析工具在战略制定中有着广泛的应用，能够帮助企业进行结构化的战略分析，客观评估企业的状况和竞争态势，提出合理的应对战略。

在物流战略分析中，我们可以利用 SWOT 工具分别分析当前企业所面临的四个方面的特征，把握自身所具有的优势、劣势，所面临的机会和威胁。并且根据分析的结果制定合理的战略安排。

3. SWOT 分析四种不同类型的组合

SWOT 分析有四种不同类型的组合：优势——机会（SO）组合、弱点——机会（WO）组合、优势——威胁（ST）组合和弱点——威胁（WT）组合。

（1）优势——机会（SO）战略是一种发展企业内部优势与利用外部机会的战略，是一种理想的战略模式。当企业具有特定方面的优势，而外部环境又为发挥这种优势提供有利机会时，可以采取该战略。例如良好的产品市场前景、供应商规模扩大和竞争对手有财务危机等外部条件，配以企业市场份额提高等内在优势可成为企业收购竞争对手、扩大生产规模的有利条件。

（2）弱点——机会（WO）战略是利用外部机会来弥补内部弱点，使企业克服劣势而获取优势的战略。存在外部机会，但由于企业存在一些内部弱点而妨碍其利用机会，可采取措施先克服这些弱点。例如，若企业弱点是原材料供应不足和生产能力不够，从成本角度看，前者会导致开工不足、生产能力闲置、单位成本上升，而加班加点会导致一些附加费用。在产品市场前景看好的前提下，企业可利用供应商扩大规模、新技术设备降价、竞争对手财务危机等机会，实现纵向整合战略，重构企业价值链，以保证原材料供应，同时可考虑购置生产线来克服生产能力不足及设备老化等缺点。通过克服这些弱点，企业可能进一步利用各种外部机会，降低成本，取得成本优势，最终赢得竞争优势。

（3）优势——威胁（ST）战略是指企业利用自身优势，回避或减轻外部威胁所造成的影响。如竞争对手利用新技术大幅度降低成本，给企业很大成本压力；材料供应紧张，其价格可能上涨；消费者要求大幅度提高产品质量；企业还要支付高额环保成本等，这些都会导致企业成本状况进一步恶化，使之在竞争中处于非常不利的地位，但若企业拥有充足的现金、熟练的技术工人和较强的产品开发能力，便可利用这些优势开发新工艺，简化生产工艺过程，提高原材料利用率，从而降低材料消耗和生产成本。另外，开发新技术产品也是企业可选择的战略。新技术、新材料和新工艺的开发与应用是最具潜力的成本降低措施，同时它可提高产品质量，从而回避外部威胁影响。

(4) 弱点——威胁（WT）战略是一种旨在减少内部弱点，回避外部环境威胁的防御性技术。当企业存在内忧外患时，往往面临生存危机，降低成本也许成为改变劣势的主要措施。当企业成本状况恶化，原材料供应不足，生产能力不够，无法实现规模效益，且设备老化，使企业在成本方面难以有大作为，这时将迫使企业采取目标聚集战略或差异化战略，以回避成本方面的劣势，并回避成本原因带来的威胁。

### 3.2.4 物流战略的外部环境分析

物流战略不同于其他战略要素，它必须和外部环境之间发生密切的联系和沟通。因此，对外部环境的分析和掌握是必需的。物流战略所面临的外部环境主要包括：

(1) 行业竞争性评价

在一个高度竞争的行业中，需要研究对手的竞争力水平，进行有针对性的调整自身的战略。

(2) 地区市场特征

不同的地区在市场结构上具有较大的差异性，只有先在地理及人口统计因素的调查分析基础上才能够制定如何进行有效的选址战略。前期的市场调研工作是制定战略的必要过程。

(3) 技术评价

技术发展水平会影响到战略的制定和调整。当技术水平发生了变化，信息化条件下的物流系统可以实现实时化的物资追踪与控制，这对于提高物流效率和服务水平具有重要的意义。

(4) 渠道结构

对于企业当前的上下游合作伙伴所组成的渠道需要进行动态的分析与控制，以市场作为评判的标准，使企业适应环境的变化，不断优化现有的渠道结构，同时考虑到可能出现的风险，并备有一定的冗余量。

(5) 社会经济发展趋势

经济活动的水平及其变化以及社会变化对物流都有重要的影响。比如，运输的总需求是直接与国内生产总值相关的。利率的改变直接影响到存货战略。当利率增加，在所有营销渠道中减少库存的压力就会增大。减少库存成本也许会反过来被认为在能得到提高库存周转速度的情况下同时增加额外的运输费用来维持服务。社会发展趋势、生活方式等都会影响物流需求。

（6）物流服务产业趋势

与物流特别有关的服务是运输、仓储、订单处理以及存货要求，还有电脑信息系统，这些相关服务在重组物流系统设计时可外包得到。提供物流服务的企业可以是当地的公司，也可以是国内外的大企业。选择将物流全包给第三方物流企业的比重不断在增加。从物流系统设计的角度看，这种服务具有增加灵活性和减少固定成本的潜力。

（7）法规

环境变化也包括在运输、金融与通信等行业的法规变化。物流经理面临着国家及地方各级政府的法规变化。例如，我国最近的十几年对公路运输的放开，使整个公路运输格局发生了深刻的变化。一些民营的运输企业得到了迅速发展，公路运输的运力得到了创纪录的增长。

### 3.2.5 对企业物流系统推动和拉动模式的分析

根据市场环境的不同，企业会权衡是选择以计划的模式满足市场的需求还是通过市场订单的拉动来组织生产。这实际上就决定了两种物流模式的选择：（1）推动模式；（2）拉动模式。

在推动模式下，企业遇到的外部环境假设是，市场上的需求量旺盛，企业面对的是一个供给不足的市场。企业此时主要任务是如何加大生产量来满足市场需求，这一条件下，企业需要优化自身的生产策略安排，以最优化的生产模型在一定的时间内最大化产出以及不断降低成本的支出。为了解决这一问题，企业需要考虑的是如何有效地进行内部生产计划安排，通过物料的合理投放，安排准时制生产等方法实现低成本的需求满足。在供小于求的市场条件下，这一模式得到了广泛的应用。

这一模式的优点还在于，能够及时响应市场需求，利用库存满足随机产生的需求，而无需等待，这对于时间较为敏感的客户来说，是一个非常有利的特点。

但是这一模式仅能够存在于产品种类数较少的条件下，而随着竞争的加剧，越来越多的产品出现，实现了差异化，导致了企业很难预测消费者的潜在需求，这一推动模式带来了巨大的预测不准性，在供过于求的市场上表现的尤其明显。

因此，新的面向客户实际需求的订单拉动模式开始得到了企业的关注和应用。客户的订单可以视作真实需求，企业所需要做的就是如何能够尽可能快地满足客户的订单，在客户能够容忍的时间内满足客户的需求。这一种模式适应了当前客户需求多样化、需求不稳定的特点。对于企业来说，这样的一种定制化生产需要多个方面的配合，例如生产部件的模块化、物流的准时化、订单信息处理的快速化等等。特别是面对大型的生产设备，由于造价高昂，难以事前生产大量的产品供客户选购，那么如何快速响应客户的订单，成为大型设备生产企业的核心能力之一。

## 3.3 习题

### 3.3.1 客观题

一、判断题

1. 物流的发展已经从操作层面发展至企业战略层面，适合的战略定位是企业获得长期竞争力的根本。（　　）
2. 物流设施的布局与设计属于战略层次规划的内容。（　　）
3. 物流战略制定时，应选择最优的客户服务水平。（　　）
4. 存储点和供货点的地理分布构成了物流设施规划的基本框架。（　　）
5. 物流网络规划大多数情况是在现有网络基础上进行的更新和优化，因此只能采取局部优化的策略。（　　）
6. 需求水平直接决定了物流网络的选址以及规模，如果企业的销售发生异常变化，则需要考虑进行物流网络的重新规划。（　　）
7. 物流战略是企业战略的重要组成之一，因此物流战略的制定必须与企业战略相容。（　　）
8. 物流战略的定位必须以成本和质量为主要出发点，并依此决定战略位置。（　　）
9. 基准化可以包含两个方面的内容，一是行业水平，另一个则是企业自身发展水平。（　　）
10. 在物流设施的选址问题上，进行线路选择、发货、派车等任务属于战术层次。（　　）
11. 物流技术质量是物流服务的结果，这对于客户评价企业的物流服务质量影响最大。（　　）
12. 供给推动的主要控制技术为物料需求计划，通过精准的库存控制技术来满足生产及订单的要求。（　　）
13. 将零散的客户需求在一定的时间内进行集中发运，可有效地降低运输成本，这称之为运输集中战略。（　　）
14. 物流战略制定时需要考虑到各个主要要素所带来的成本因素，并在多个相互矛盾的目标中取得权衡。（　　）

15. 在市场供给大于需求时，为更好地响应客户的独立需求，可以考虑采用需求拉动模式来实现低成本和高满足率。(　　)
16. 准时制生产是一种集中化的生产逻辑，为了实现零库存的生产方式，实现成本的降低和精准化的客户满足。(　　)
17. 准时补货是对快速补货的修正，可以保证零售商的库存得到不断的补充，满足正常销售的需求。(　　)
18. 约束理论认为，企业是一个完整的系统，至少存在一个约束因素，因此，最薄弱的环节成为限制企业产出的重要瓶颈。(　　)
19. 寻找企业瓶颈的过程是一个持续改进与修正的过程，在不断发现和解决瓶颈的过程中实现企业的不断发展。(　　)
20. 基于时间的物流战略的核心是出于加速周转与流动性的角度出发的。(　　)
21. 物流战略中的延迟战略和拖延是同一含义。(　　)
22. 延迟战略可以降低物流预测的风险，与其测不准不如不预测，而采取快速的响应来达到目标。(　　)
23. 生产延迟的目标在于尽可能地使产品保持在中性状态，在最接近客户的节点上实现定制化。(　　)
24. 延迟战略的有效实施实现了大规模定制化这一目标。(　　)
25. 模块化的产品设计是指将产品设计成许多相互独立的，低耦合度的模块，可以很容易地装配成不同形式的产品。(　　)
26. 造船企业属于典型的A型物流结构。(　　)
27. 采取库存的储备和零库存两种不同的策略取决于产品满足需求属性的不同。(　　)

二、选择题

28. 物流战略的目标包括(　　)。
    A. 降低成本　　B. 减少资本占用
    C. 改进服务水平　　D. 扩大市场占有量
29. 物流规划的作业层次包括(　　)。
    A. 作业政策与规范　　B. 作业控制规划
    C. 作业程序与流程　　D. 作业手册
30. 物流规划领域集中说明了应解决的主要问题是(　　)。
    A. 客户服务目标　　B. 设施选址战略
    C. 库存决策战略　　D. 运输战略

31. 进货运输、装卸搬运属于企业物流(　　)的内容。

A. 管理层　　B. 控制层

C. 作业层　　D. 操作层

32. 合理的运输策略包括(　　)。

A. 运输方式选择　　B. 运输批量决策

C. 运输时间决策　　D. 运输路线选择

33. 物流战略的环境包括(　　)。

A. 行业竞争性评价　　B. 地区市场特征

C. 技术评价　　D. 渠道结构　E. 经济与社会预测

34. (　　)物流类型企业的瓶颈识别较为容易。

A. A 型企业　B. T 型企业　C. V 型企业

35. 模块化设计的主要内容包括(　　)。

A. 零部件标准化　　B. 模组化设计

C. 业务流程再造　　D. 客户定制化

### 3.3.2 主观题

1. 物流战略包含哪些方面的内容？如果你是一个公司的物流经理，在面对企业需要发展与扩张的大环境背景下，应从哪些方面考虑物流的战略实施？

2. 研究沃尔玛的案例，这家公司在全球化扩张的时候，你认为采用了一种什么样的战略途径来实现其盈利？具体到物流领域，如何来支撑其公司层面战略目标的实现的？

3. 物流系统设计时会根据产品、客户等不同属性来决定采用推动式、拉动式或者混合式战略，尝试分析与比较不同战略的优缺点，并尽可能多的写出适合于这三种不同模式的产品。除此之外，你还能想出哪些物流战略模式？请给出一个展望。

4. 在基于时间的物流战略中，你是如何理解延迟的？“延迟是化解不确定性的一种有效手段”，这句话你如何理解？

5. 总成本最小化是很多系统设计中提出的战略目标。在物流系统中，面临着服务水平和成本支出间的交替损益，成本支出是可定量衡量的，如何衡量服务水平带来的利益损失？提出几条可行的途径。

### 3.3.3　案例分析

#### 电子商务企业的物流难题：稀缺的土地①

物流仓储，现在正成为京东商城董事局主席兼CEO刘强东头痛的问题。他坦言，京东需要大仓库，但现在土地非常难拿且成本太高。

有同样苦恼的不止刘强东。电子商务的爆发，带火了整个物流行业。然而，成倍激增的网购订单也让物流业的短板暴露无遗，其中仓储环节正是目前物流体系的最大瓶颈。

随着京东商城宣布，其第三轮融资获得的15亿美元资金大部分将投向自建物流，以及阿里巴巴要斥资千亿元大规模建设物流体系，几乎所有热点城市均出现了一库难求、租金跳涨等库荒现象。

偶现市场的物流用地，更是引发各路诸侯的“疯抢”。包括普洛斯在内的诸多物流地产开发商、顺丰等速递企业、苏宁、国美等传统零售巨头，以及中粮、华润等央企都在试图发力仓储。

但是，携金而来的各路诸侯很快发现，土地涨价了，而且不一定拿得到。一位参与阿里巴巴建库的业内资深人士说，这一年间，工业用地的价格涨了差不多一倍。

“物流仓储设施占地面积大、税收低，一些地方政府在这类用地上没有太大的推动动力。”世邦魏理仕北京公司工业与物流服务部副董事胡晓睿告诉财新《新世纪》。他认为，要解决物流仓储的库荒问题，仍需政府从行业政策、土地政策上做出改变。

**一库难求**

8月初的几天，邓代广一直在北京的大鲁店、通州马驹桥等区域转悠，每天要看三四个库房。邓是走秀网分管物流业务的副总裁，此行目的是希望能在北京找到合适的仓储库房。

“现在找库实在是太难了。”邓代广向财新《新世纪》记者感慨，“合适一点的基本都被租出去了。”

走秀网是一家时尚百货类电子商务企业，2008年上线，总部位于深圳。2011年3月，走秀网获得凯鹏华盈2000万美元投资。按照其发展规划，2011年的销售额将达到10亿元。

为此，走秀网计划在深圳、上海、北京三地租下超过3万平方米的仓储

---

①　电商火爆物流抢库忙　京东商城面临拿地难题．http：//www.chinawuliu.com.cn/cflp/newss/content/201108/647＿133636.html。

库房。

邓代广透露，除了深圳的1.4万平方米仓库，走秀网计划今年年底前在北京、上海各自发展1万平方米的库房。截至目前，这2万平方米的仓库依然没有确定。

中国的仓库整体已供不应求，很多货物只能储备在露天货场，或是不合格的简易库房之中。中国仓储协会公布的《全国仓储业发展指数》显示，2010年，全国通用仓库需求总面积为7.01亿平方米，实有仓库面积为5.5亿平方米。

在北京百利威物流公司总经理霍振禄看来，从2009年底开始的这一轮物流仓储需求热潮，主要是由B2C电子商务企业推动。

百利威的一个仓库曾经先后被当当网、京东商城、乐淘网等多家电子商务企业租用过。但是，因为面积较小，几家网站在规模变大之后都相继搬出。

罗兰贝格管理咨询公司的一份报告则指出，在过去的三年中，中国电子商务市场实现了年均90%的增长，其中B2C市场（企业对个人）的规模更是由93亿元上升到1083亿元，年均增长率高达242%。而且，未来三四年电子商务市场还将保持强劲爆发的态势。

邓代广告诉财新《新世纪》记者，所需要的仓储面积与每日的订单量成正比，“依据B2C电子商务行业的经验，大概是1平方米出1个订单。”他分析，未来几年，随着销售额、订单量的爆发式增长，B2C电商企业在仓储面积的需求上，也将继续呈现爆发式增长的态势。邓在加盟走秀网之前，曾负责京东商城的仓储业务。

而未来两年至三年内，可预计的仓储设施面积的增长也远远跟不上需求的增长。胡晓睿曾驱车考察过北京的空港、马驹桥、京南、良乡等四大物流仓储集中地，这几乎涵盖了北京主要的仓储库房。他告诉财新《新世纪》记者，最近两年新出的供应量，基本都被B2C电子商务企业抢光。一号店、凡客等企业在京南租下了5～6万平方米的库房。

“这些B2C企业胃口都很大，开口动辄3～5万平方米，有的甚至在10万平方米以上。”但是，据胡晓睿的测算，未来24个月，北京可能形成的新供应规模大致在30万平方米，“根本无法满足需求，而且现在在建的项目有些已经被预订了”。

这种情况下，物流仓储的租金水平出现跳涨。仲量联行的报告称，北京的物流仓储市场空置率在2011年二季度末下降至1.7%，相应地，平均净有效租金增加至每平方米每天0.92元，同比增长15.1%。

胡晓睿透露，目前北京市的物流仓储业主的租金报价已从此前的“最高1

元”普涨到1.2元。他预计，未来两年，可能还会有30%的涨幅。

**群雄逐鹿**

仓储环节“僧多粥少”、租金上涨，给电商企业带来竞争、成本等多方面的压力。一些企业在资本市场获得资金注入之后，开始考虑自建物流和仓储体系。

较早开始布局的是京东商城，公司计划在北京、上海、广州、成都、武汉、西安、沈阳建立七个一级物流中心。2009年12月京东商城与上海嘉定工业区正式签署投资协议，要在当地建设占地260亩的京东商城华东大区总部，以及一座面积达26万平方米的五层单体仓库“亚洲一号”仓储中心。

2010年京东商城在北京亦庄经济开发区购置了200亩土地，新建一个占地超过30万平方米、亚洲最大的电子商务物流中心，其中包括一个15万平方米的单体库。

2010年3月，京东商城成都西部物流中心正式运营，并计划将用于库房的面积从96亩扩大到400亩。去年底，京东与武汉市东西湖保税物流中心签约，购置250亩土地，计划投资5亿元建设总面积达19.7万平方米的华中电子商务港，预计2014年完工。

阿里巴巴在2011年也公布了其物流战略：自筹100亿元，并与其金融合作伙伴共同筹资近1000亿元，逐渐在全国建立一个立体式的仓储网络体系，以解决制约中国电子商务的物流问题。阿里巴巴将主要针对华北、东北、华东、华南等七大区域选择中心位置进行仓储设施投资，其中京津地区、长三角地区和深广珠地区将分别开发100万平方米左右的仓储用地。

卓越网、当当网、凡客诚品等电子商务企业也都在寻找合适土地自建仓储物流网络。其中，当当网已与无锡签署协议，计划在无锡空港产业园区投资设立华东区总部，用地160亩，建设8万平方米的仓储物流中心。

不过，新加入的电子商务企业还算不得行业里真正的“大玩家”。据中国仓储协会发布的《2011年中国仓储业发展综合报告》显示，在仓储业的固定资产投资中，“物流园区”、仓储地产商、仓储物流企业与各类流通企业依次是仓储设施的投资建设主体。它们也在发力。

各类物流园区、物流基地仍是仓储建设的最主要部分，有各种类型的参与者。在一些保税物流园区、物流基地，其仓储设施的开发多以园区管委会及国有企业为主体。

有些物流园区的开发建设，则引入了专业的仓储地产商与仓储物流企业。普洛斯最为典型。普洛斯被新加坡政府投资基金（GIC）收购之后，通过重组并购，正在规模化和网络化。截至2010年底，普洛斯运营和在建的仓库有

680 万平方米，其中运营仓库面积 400 万平方米，分布在全国 19 个城市，仓库总面积首次超过中外运，成为中国仓库面积最多的公司，是名副其实的仓储地产“老大”。

嘉民集团和安博置业这两家国际著名的物流和工业地产商，也在发力中国的仓储物流地产。

嘉民集团今年在北京以 6250 万元的价格收购空港的一处仓储项目，包括一幢 1.654 万平方米的现有仓库以及一幅 4.8 万平方米的可供开发土地。而在 2010 年，嘉民集团就已经与廊坊市政府签署合作备忘录，参与开发大北京区和天津地区的商务及物流枢纽，总面积达 5 平方公里。

值得注意的是，几乎在仓储物流地产概念热起来的同时，国内一些知名房地产开发商也介入其中。

2010 年 3 月，地处广州花都空港经济圈内、与广州白云国际机场货站毗邻的富力空港物流园公用型保税仓、出口监管仓正式挂牌，项目占地面积超过 2200 多亩，计划投资额高达 30 亿元，标志着富力地产正式进军仓储物流地产。与其一道的，还有金地集团、中粮地产、绿地集团、上海复地、恒大地产、珠江投资等诸多房地产开发企业。

上海五合智库总经理邹毅分析，投资物流地产是一些大型房地产商多元化拓展业务的一个方向，相比较而言，物流仓储的投资比商场、酒店的投资成本低，且资金回报也较为稳定，可以分散企业经营的风险。另外，拓展物流地产业务，提高综合开发能力，也有助于在一些工业园区项目上拿地。

另外，快递行业与零售行业的龙头企业，也在进入仓储地产领域。与电子商务企业类似，这些企业的刚性租赁需求无法得到有效满足，并且视完善的物流体系为核心竞争力。“四通一达”、顺丰等快递公司，都投资上亿元资金购置土地、建设仓储。而对苏宁、国美等传统零售巨头，一方面自身线下业务的扩张需要扩充仓储面积，另一方面，开通线上业务之后，也需要进一步完善适合线上业务模式的物流仓储体系。

### “拍飞了”

或是迫不得已，或是有利可图，各路诸侯集中涌进仓储物流领域。但无论背景与来历如何，目前都面临一个共同的难题——拿地极难。

中国仓储协会会长沈绍基透露，早在 15 年前中国仓储面积就是 5 亿平方米，现在还是这么多。一方面是很多城区的仓库随城市化进程被拆迁，另外一个重要原因，则是用于仓储用途的土地数量供应太少。

世邦魏理仕的一份工业地产研究报告也指出，目前工业地产的整体推地量相当有限，其中物流用地更是供应短缺。

胡晓睿告诉财新《新世纪》记者，大多数热点城市的政府，并不愿意将土地规划为物流用地，因为物流仓储通常占地大而税收少。这样一来，在地方新增建设用地的供应计划安排中，仓储用地就竞争不过其他用地类型，如住宅、商业等。而且，相比较而言，仓储用地的出让成交价格也远不及住宅、商业用地等。所以，在热点城市中，直接规划用于物流仓储的地块少之又少，即使有也是作为商务园区或工业园区的配套。

“现在不管什么企业，在一线城市已经基本不可能拿到物流仓储用地。”胡晓睿说，除非营业额非常高的企业愿意将结算中心或注册地放到当地，能对当地税收形成显著贡献。

另外，交通环境的客观因素，也注定了适合用于物流仓储的土地有限。例如，北京开通六环之后，大型货车进入五环就会受到限制。因而，六环周边的几个进京要道的附近区域，才适合作为物流仓储用地，这也是物流用地供应较少的另一个客观原因。北京市的四大物流基地顺义空港、通州马驹桥、大兴京南、房山良乡等便是沿着六环布局。

物流仓储用地稀少，再加上需求强劲，造成了租金飙升、地价大涨。在北京市工业土地价格统计图上，2011 年一季度的物流用地拉出了一根极陡的上升曲线。其主要原因就是 1 月份通州区马驹桥五幅物流用地的拍卖，天津开发区路丰投资有限公司以 3.856 亿元的总价将其中四幅全部收入囊中，平均地价超过 170 万元/亩，其中最高的一块地拍出 1.88 亿元，高出起拍价 3 倍多。

**思考题：**

（1）物流业成为电子商务发展的重大瓶颈，你认为如何才能有效缓解这一局面？

（2）雨后春笋般发展的众多电子商务企业都选择自营仓储，原因是什么？

（3）公共仓储企业在这一轮物流发展中应如何参与？

**参考答案：**

（1）物流业的滞后发展实际上是所有经济体都会面临的问题，物流是在经济需求的拉动下不断发展起来的，只有当经济发展遇到物流瓶颈的时候，才会引起足够的重视，并快速地展。缓解当前物流瓶颈局面的方法有：①加大公共投入水平，将物流基础设施建设作为经济拉动的一个重要增长点；②将新技术引入物流业，利用信息驱动物流的优化，降低不合理物流量；③加快物流行业的扶持度，鼓励行业的市场化运行，放开物流市场；④创造良好的政策环境，以税收取代收费，降低物流成本，推动物流业的发展；⑤地产是一个相对暴利行业，引起了对物流地产的追捧。

(2) 自营仓储是一个不得已的选择，在当前的市场环境中，这也是一个发展的必然。与传统的零售企业相比，电子商务企业的发展起点较高，较少的对外部资源产生依赖，因此，也构成了实体发展过程中的重大局限。按照分工理论，电子商务企业的核心优势在于商务流程的优化，促进低成本交易的达成，但是由于缺乏良好的外部条件，导致企业难以有效地实现电子商务的落地，为了能够获得发展的机会，则需要通过加大硬件设施建设与投入，来保障企业的电子商务战略能够顺利执行。特别是在3PL缺乏的条件下，完全将物流业务外包是一个具有较高风险的选择，在风险和收益的权衡中，电子商务企业必须要考虑如何保障实体环节的运行安全，以保障电子商务的优势。对于物流的众多环节，进行节点监控是最为有效的方案，所以选择自营仓库，一个方面能够有效地管理好企业的库存，另一方面则是实现了对下游配送环节的有效监控，是一个比较妥当的中间解决方案。针对快速发展的电子商务行业，在仓库的供给和需求之间也存在着结构性失衡的问题，这需要市场进一步地完善。

(3) 公共仓储业在我国的发展尚且处于一个比较落后的状态，缺乏有效的服务意识以及先进的技术管理手段，难以适应当前电子商务企业的要求。因此针对这一现状，所需要考虑的问题有：①获得有利的仓库选址以及仓储用地；②政府支持下的低回报率投资（仓储行业难以实现较高的投资回报率，投资回收期普遍较长，因此从降低物流成本的角度，政府应给予仓储行业以较为优惠的发展条件）。③推动新技术手段在公共仓库中的应用，增加仓库的作业效率，实现更多的增值性服务。④建立与电子商务企业的良好关系，以专业化的服务获得市场的认可。

### 民生的物流战略①

民生公司由爱国实业家卢孚生于1925年11月创立。自从航行嘉陵江上的一艘70吨的“民生”小客轮创立开始，有近80年的历史。到1949年，民生公司已经拥有江、海船舶148艘；航线及业务已经遍及长江航线和中国沿海各港口，并在台湾、香港地区，东南亚各国及美国、加拿大等国家设立分支机构，同时拥有造船厂、发电厂和许多港口、码头、仓库，公司广泛投资于银行、保险、钢铁、机械、纺织、煤矿、水泥等60余项实业，成为当时中国最大和最有影响的民营企业集团。1952年，实行公私合营。1984年2月，

① 资料来源：www.liantong56.com/news/169.html。

卢作孚先生之子卢国纪申请重建民生公司，1984 年 10 月 1 日，民生公司在重庆港务局大楼正式重新成立。2003 年初，公司由民生实业有限公司更名为民生实业集团有限公司。

作为一个以江海航运为主的航运公司，公司以“面向长江流域和东部沿海，以提高企业的核心竞争力和市场占有率为目标，围绕着完善国际物流服务功能、优化国际物流流程和提高物流服务能力等核心工作，开辟国际航线从事国际运输，发展进出口业务和建立企业出口生产基地，开发集装箱运输和国际货代船代，建立稳定的客户关系”。经过近 15 年的艰苦努力，公司取得了显著成效和辉煌业绩。到目前为止，公司拥有江海船舶 100 多艘，集装箱拖车和商品车专用运输车 100 多辆，在长江沿线建有 3 个大型商品车中转库，在中国沿海及长江沿线各主要城市和港口建立了 30 多家子公司和分支机构，已发展成为中国最大的民营航运企业集团。并形成了江海一体、全程一体化物流服务网络体系。在香港、新加坡公司设有总代理；在日本设有船务代理。

民生实业公司立足主业航运的同时，公司还实行多元化经营，拓宽业务领域，与世界各地许多航运、贸易和经济企业建立了广泛的业务合作关系，其商业网络遍及东南亚各国、欧洲、大洋洲和南北美洲。另外，对于公司的重点业务商品车的运输，公司专门在湖北武汉、湖南岳阳、江苏南京建立了 3 个大型汽车中转库，形成了以重庆为中心，辐射西南、西北地区，以武汉、岳阳、南京、上海为中心，辐射华南、华中、华东、华北和东北各地的整车物流网络，这为民生公司的长远发展奠定了基础，为公司全面拓展物流业务提供了保障。

民生公司是长江上游最早开展多式联运的航运企业，自 20 世纪 80 年代中后期开展全程运输以来，为拓展多式联运业务，公司在开展江海联运、货运代理、船舶代理、集装箱运输、班轮运输也采取了一系列措施，经过 10 余年的努力，如今，集装箱多式联运已经成为民生公司最重要和最具竞争力的业务。目前，公司拥有的江海集装箱运力超过 2000TEU，集装箱运输收入占公司年运输总收入的 60%以上。

为了开展水陆联运，进一步拓展多式联运市场，实现一票到底的门到门全程运输，1994 年，民生公司开始涉足公路货物运输。2001 年，为满足客户需要，公司进一步扩大了公路货运运力。到目前为止，公司已经累计投资 1000 多万元，以国际集装箱运输、商品车运输和大件设备运输为主，购置各型货运车辆 100 余辆，全面支持公司多式联运业务的发展。

作为一个国际化的航运企业，公司业务特点决定了公司主要客户大多为区域性生产、流通、贸易大户和国际贸易大户，在区域经济和行业中具有很大的影响力，物流需求大。这些客户不易获得，一旦获得，对公司的生存发展影响很大。一个大客户的流失足以给公司带来严重的经营危机。因此，客户管理和客户服务对民生公司尤为重要。公司在大客户实行个别管理，小客户实行分类管理的同时，公司还适时提高物流服务能力，以实现客户价值，提高对客户的吸引力和市场占有率。近年来，公司在业务网点建设、滚装船队和集装箱船队建设、公路集装箱车队建设、船舶运行 GPS 监控系统建设、内容协作和信息传递方面做了大量投入。这些工作极大地提高了公司的物流服务能力，增强了客户的信心，为稳定老客户和争取新客户提供了坚实的保障。

近几年，随着互联网技术的飞速发展，民生公司领导层十分重视信息技术在物流作业、物流组织和管理中的应用，积极建立和完善物流公司内部的信息系统，适时进行系统的升级换代。20 世纪 80 年代后期以来，公司的信息化建设获得了长足的发展。公司建立了总部和各分公司及各分公司之间联系的信息网络平台。另根据公司业务特点，公司还开发了适合自己公司管理的海运管理信息系统和长江航行船只管理信息系统。建成后的网络管理信息系统借助于 EDI 数据交换技术，不仅使分公司与总部之间的业务报表、报告能及时传递，而且相关部门和人员可以通过授权的方式查看公司运行的信息和报表，大大节约了业务工作时间，提高了效率，方便了客户。

船队和车队是公司最重要的硬件资源，但是船队和车队长期在外，母公司很难实时了解船队和车队的运行并加以控制。为了解决这个问题，2000 年，公司投资 1000 多万元，建立了基于 GPS 技术的车船运行跟踪监控和调度管理系统。该系统能对车船进行全方位实时导航与定位，对车船运行情况进行实时监控和调度，把车船空驶和违规情况减少到最低限度，改善了船舶航行安全，实现了在公司总部，足不出户就可以对船队和车队进行动态的管理。

目前，重建后的民生公司，秉承卢作孚先生倡导的以爱国主义为主旨的民生精神，继承和发扬老民生公司的优良传统和先进管理经验，公司船队规模不断扩大，业务领域不断拓展，业务网点不断增大。公司将以国际化、大规模和一体化物流为目标，以长江流域和沿海经济带为核心市场，以集装箱多式联运为核心业务，从创造客户价值和满足客户个性化需要出发，运用现代信息技术，创新物流组织方式，合理配置资源，提高物流效率，共享成果，稳定和不断拓展市场，实现可持续发展。

**思考题：**

(1) 简述物流战略的含义及其内涵？

(2) 简述民生公司的物流发展的战略思路？为什么民生公司物流业务要以江海航运为核心？

(3) 为实现公司的物流战略目标，民生公司采取了哪些措施与办法？

**参考答案：**

(1) 物流战略是企业职能战略的一部分，是企业在充分了解市场环境和物流环境及分析自身物流条件的基础上，为适应未来环境的变化，以求得长期生存和不断发展，对企业物流发展目标、实现物流发展目标的途径和手段所进行的总体谋划。

(2) 物流战略一般包括：战略思想，战略目标方针，战略态势与优势，战略重点，战略阶段步骤，战略手段及措施。

以长江流域和沿海经济带为核心市场，以集装箱多式联运为核心业务，从创造客户价值和满足客户个性化需要出发，实现企业物流业务可持续发展。

原因：优良传统和先进管理经验；有近80年的历史；长期实施以集装箱水陆——江海多式联运为核心的物流战略，有物流运作基础和经验。

(3) 运用现代信息技术；创新物流组织方式；开展多式联运；合理物流配置资源；合理布局物流业务网络；提高物流效率；稳定和不断拓展业务市场，完善国际物流服务功能；健全国际物流流程；提高物流服务能力；开辟国际航线，发展国际运输；开发集装箱运输和国际货代船代；稳定客户关系等。

# 第四章　物流系统分析与设计

## 4.1　教学要求

通过本章的学习，要求学生能够：

(1) 理解系统的含义与构成；

(2) 理解物流系统的构成；

(3) 掌握物流系统间的制约关系；

(4) 理解物流系统化的目标；

(5) 理解系统分析的一般过程与方法；

(6) 掌握重心法的应用；

(7) 理解仿真技术在物流系统分析中的作用；

(8) 理解基于最小总成本的物流设施评估方法；

(9) 理解物流系统分析的评价方法；

(10) 理解生产物流系统布置设计的方法。

## 4.2　本章解读

### 4.2.1　物流系统

系统是一个描述实体构成的方法。一般认为，系统由多个不同的单元有机组合而成，具有一定的功能，能够维持自身的稳定性，有明确的输入输出及处理环节的划分。

对物流来说，也构成了一个完整的系统。首先需要明确的是物流是一种综合性服务。通过物流的处理与转化，将待转移的物作为对象，实现物体的空间及时间转移。作为物流系统来说，通过运输、仓储、配送、流通加工、装卸搬运、包装、物流信息处理等环节构成了物流系统的整体。这是一个复杂的大系统，在其中又包含了各个子系统，每一部分又履行着自身的功能。为了系统能够和谐高效的运作，在系统构建中的一些基本原则包括：(1) 子系统内的高度聚合；(2) 子系统间的低耦合。但是在实际过程中，各个子系统之间的冲突会表现得较为激烈，可称之为“交替损益”。而一个优化的系统应该是在多个子系统利益目标兼顾的基础上进行的权衡。

长期以来，我国的经济发展显现出重视生产、忽视流通的状态，而随着经济发展速度的加快，流通的重要性程度凸显，而传统计划经济体制下所遗留下的管理机制却难以满足物流业的发展，导致了物流业发展严重受限。目前对物流的管理依然难以实现市场对资源的配置，这一局限演化为物流业发展的重要瓶颈。

对物流系统来说，其目标是提供良好的服务，即按照客户的要求，实现物资的低成本高可靠性转移，以物流为手段实现经济的流动。基于这一目标，我们在设计物流系统时，需要从物流对象的种类、数量、流向、服务水平、时间以及成本几个方面进行综合考虑，实现物流的目标。

物流所追求的目标包括了服务水平的最优化，包括货物无损、供应及时、费用低廉等。

### 4.2.2 物流系统分析

为了能够设计出符合需求的物流系统，需要对系统进行周密详细的分析，从而发现问题，提出可行的方案。对整个物流系统进行分析是一件非常复杂的事情，为了能够实现系统分析的目标，我们需要首先对系统进行界定，将系统分割成若干个小模块，通过对系统各个模块的了解发现系统中最迫切需要解决的瓶颈问题，之后才能进行系统的设计与优化。

系统分析是一条从发现问题到提出解决方案的必经之路。整体性优化是物流系统最终需要达到的目的，但是并没有办法能够从一开始就实现系统的全局优化，受制于外部环境以及资源的局限，企业只能根据约束理论，逐个的发现最关键的问题加以解决，通过不断的动态调整使整个系统能够适应外部环境的变化和要求。

物流系统分析具有系统分析的一般性特点，都是从系统的可行性分析开始入手，对问题进行清晰的界定，对概念逻辑进行分析，为后期的分析奠定基础。

1. 物流系统分析的要素

物流系统分析首先应该明确系统分析的目标，然后经过研究提出实现目标的各种备选方案，再通过建立模型，并借助模型进行效益——费用分析，之后根据评价标准对备选方案进行综合评价，确定出备选方案的优先顺序，最后以报告、意见或建议的形式向领导者提出系统分析的结论。所以，物流系统分析的要素是指物流系统分析的项目，具体有目标、备选方案、费用、效益、模型、评价标准和结论等。

（1）目标

目标就是指系统所希望达到的效果和结果。系统分析人员最初的也是最重要的任务就是要了解领导者的意图，明确存在的问题，确定系统的目的。目标的确定是系统分析的出发点和基础，全面、正确地理解和掌握所建系统的目标和要求，是系统分析重要的第一步，没有目标的系统分析是没有意义的。

（2）备选方案

备选方案是指为达到目标可采取的各种途径、手段和措施。一般说来，不同方案各有利弊，当多种方案各有利弊时，究竟采用哪种方案，这就要对这些方案进行分析和比较，这正是系统分析所要解决的问题。

（3）费用和效益

各备选方案实现系统目的所需投入或消耗的全部资源折算成货币形式，就是费用。简单地说，费用就是实施方案的实际支出，而效益是指方案实施后获得的成效，可统一折算成货币尺度。建立一个系统要有投资，系统建成后要有效益。费用和效益是对方案的约束条件，只有效益大于费用的设计才是可取的，反之是不可取的。不同的方案必须采用同样的方法估计费用与效益，才能进行有意义的比较。

（4）模型

模型是对客观事物的一种抽象描述，是对事物的本质属性的反映，是方案的表达形式。凭借模型，可以对不同方案进行分析、计算和模拟，以获得各种方案的性能、费用、效益等数据、信息。常用的有实物模型、图式模型、模拟模型、数学模型。对复杂问题模型化便于对问题进行处理，也可在决策前预测出问题的结果，因此模型是系统分析的主要工具。

（5）评价标准

评价标准是系统目的的具体化，不同的系统应建立不同的评价标准，来对各种备选方案进行综合评价，从而确定出方案的优劣顺序。准则必须定得恰当，而且要便于度量才行。常见的评价标准是由一组评价指标组成的。

（6）结论

结论就是系统分析得到的结果，具体形式有报告、建议或意见等。结论的作用只是阐明问题与提出处理问题的意见和建议，而不是进行决策。只有经过领导者决策以后，才能付诸行动，发挥它的社会效益和经济效益。所以，结论一定要采用让领导者容易理解和使用的术语和表达方式。

2. 物流系统分析的步骤

物流系统分析的一般步骤是：在通过对系统所处的现状进行分析之后，

明确系统所要解决的问题，根据问题确立要达到的目标，然后寻找能达到目标的不同备选方案，再建立系统的模型，通过模型对备选方案进行评价，优选出最优或次优的可行方案。

(1) 现状分析

在实际的物流系统分析中，只有通过准确的现状分析才能够反映出存在的主要问题，随后才能提出恰当的解决方案。开始分析一个物流系统时，常常会觉得它非常复杂。因为它可能包含很多子系统，每个子系统又由许多元素组成，元素之间的关系也是错综复杂。但是，不管多复杂的物流系统，总是可以从以下 3 个大的方面入手来分析：

①物质实体的实际流动；

②支撑物质实体移动的信息流和信息系统；

③控制整个物流系统的组织和管理结构。

物质实体的实际流动是物流系统中最明显的一个方面。在分析绝大多数物流系统时，绘制物流实体从起始点到终点流动的示意图是一个很好的分析起点。信息流是伴随着物流实体的实际移动而经过整个系统的，它也是现状分析中应该考虑的一个重要内容。物流运作由不同的功能部门分别管理的现象也是非常普遍的。例如，原材料仓储和厂内运输可能是由生产部门负责，成品仓储和出厂运输往往是由配送部门负责。而且整个物流系统中各个功能部门之间的关系也十分复杂，所以对这些功能部门进行很好的组织和管理就显得十分重要，因而，整个物流系统的组织和管理结构也就成为一个重要的分析内容。

同样重要的是，要确定高层领导对整个物流系统的态度。各种各样的研究结果显示，高层领导对改善物流系统的理解和支持是成功的必要因素。因此，分析对今后计划起决定性作用的高层领导的态度是必不可少的。

(2) 明确问题，确立目标

找出问题不仅仅是物流系统中十分困难的部分，也是至关重要的部分。因此，在方法上应当给予足够的重视。系统分析，首先要明确所要解决的问题，以及问题的性质、重点和关键所在，恰当地划分问题的范围和边界，了解该问题的历史、现状和发展趋势，在此基础上确定系统的目标。本阶段的任务包括阐明问题、划分系统和环境、提出问题的边界和约束条件、确定问题的目标。

(3) 分析问题，寻找备选方案

在明确问题、确立目标之后，应广泛搜集与所要解决的问题相关的一切资料，包括历史的和现实的资料和数据。在分析和整理资料时，尤其要重视反映各种要素相互联系和相互作用的资料，尽量搞清楚那些占主要地位的内部和外部的要素，其各自的特点和规律是什么，它们之间的联系是怎样的。在分析问题之后，就要决定系统分析的方法，寻找解决问题的各种可行方案，并进行初步筛选。良好的备选方案是进行良好系统分析的基础。

（4）建立模型

模型是实现系统的抽象描述，是由一些与所分析问题有关的主要因素构成并标明这些因素之间关系的表达形式。所以，通过模型的建立，可以确认影响系统功能和目标的主要因素以及其影响程度，确认这些因素的关联程度、总目标和分目标的达成途径及其约束条件。凭借模型，可以对不同方案进行分析、计算和模拟，从而获得各种方案的费用和效益等数据，为选择最优方案提供依据。

实际上，系统分析的每一阶段都要建立模型。值得注意的是，系统工程的模型常常是推测式的，模型的精度不能与具有严密理论基础的数学模型相提并论。另外，模型也难以实验。

（5）备选方案的评价

备选方案的评价就是根据建立的模型，在定量预计各种方案在不同环境下所产生的后果的基础上，考虑各种有关的定性因素，并运用已经确定好的评价准则，将各种备选方案进行比较和评价，显示出每一方案的利弊得失和效益成本，从而获得对所有可行方案的综合评价结论。

在评价备选方案中，一个极其重要的方面是实施该方案的可行程度和有关单位接受该方案的可能性。评价方案实施的现实性、难度和成本构成了选择方案的重要部分。对方案实施条件进行严格而且现实的评价应当是选择方案的第一标准，原因就是，除非方案具有实施的现实可能性，否则它将没有任何价值。

因此，对方案实施可行性的说明应当是所有案例分析报告中重要的部分。

系统分析的工作并非一蹴而就，每个步骤环节一次顺利完成的可能性很小，往往由于在某一步骤出现问题，要返回到前面的步骤，甚至返回到确定目标阶段重新开始。只有这样，才能保证为决策提供完全、准确的信息。所以，物流系统分析是一个需要在信息反馈的基础上不断反复、不断调整的过程。这个过程如图 4－1 所示。

### 4.2.3 重心法的应用

重心法是解决物流设施选址中的一个常用方法，具有直观、操作简便的特点。它将物流系统中的需求点和资源点看成是分布在某一平面范围内的物流系统，各点的需求量和资源量分别看成是物体的重量，物体系统的重心作为物流网点的最佳设置点，利用求物体系统重心的方法来确定物流网点的位置。

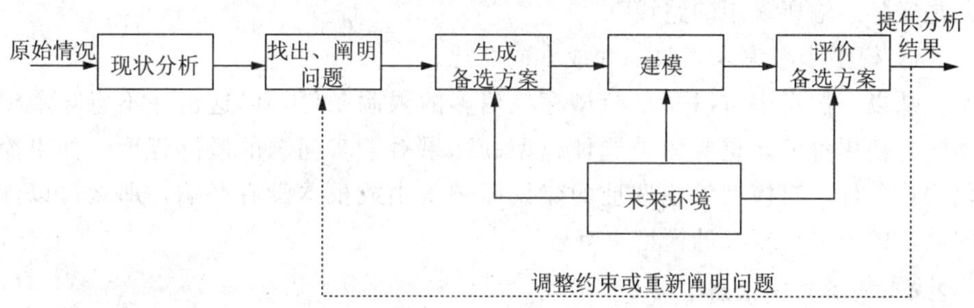


图 4－1 物流系统分析的步骤

(1) 重心法的计算公式

重心法首先要在坐标系中标出各个地点的位置，目的在于确定各点的相对距离。坐标系可以根据需要建立。在宏观选址中，经常采用经度和纬度建立坐标。然后，根据各点在坐标系中的横纵坐标值求出成本运输最低的位置坐标 X 和 Y，重心法使用的公式是：

$$C_x = \frac{\sum D_{ix} V_i}{\sum V_i} \qquad C_y = \frac{\sum D_{iy} V_i}{\sum V_i}$$

公式中：

$C_x$—— 重心的 $x$ 坐标；

$C_y$—— 重心的 $y$ 坐标；

$D_{ix}$—— 第 $i$ 个地点的 $x$ 坐标；

$D_{iy}$—— 第 $i$ 个地点的 $y$ 坐标；

$V_i$—— 运到第 $i$ 个地点或从第 $i$ 个地点运出的货物量。

最后，选择求出的重心点坐标值对应的地点作为要布置设施的地点。

(2) 重心法的假设条件

重心法是在理想条件下求出的仓库位置，但模型中的假设条件在实际会受到一定的限制。重心法计算中简化的假设条件包括以下几方面：

① 模型常常假设需求量集中于某一点，而实际上需求来自分散于广阔区域内的多个消费点。

② 模型没有区分在不同地点建设仓库所需的资金成本，以及与在不同地点经营有关的其他成本的差别，而只计算运输成本。

③ 运输成本在公式中是以线性比例随距离增加的，而运费应由不随运距变化的固定的部分和随运距变化的可变部分组成。

④ 模型中仓库与其他网络节点之间的路线通常假定为直线。而应该选用的是实际运输所采用的路线。

⑤ 模型未考虑未来收入和成本的变化。

从以上假设中可以看出模型存在诸多的限制条件，但这也并不意味着模型没有使用价值。重要的是选址模型的结果对事实问题的敏感程度。如果简化假设条件，对模型设施选址的建议影响很小或根本没有影响，那么可以证明简单的模型比复杂的模型更有效。

### 4.2.4 物流系统仿真①

1. 系统仿真的概念

系统仿真是利用系统模型在仿真环境和条件下，对系统进行研究、分析和试验的方法。现代系统仿真是这样一个过程，它为了分析与研究已经存在的或者尚未建成的系统，先建立系统的模型，再将其在计算机上进行试验，包括了建模和优化两个方面。

系统仿真科技将复杂的问题进行简化，将模型进行抽象研究。同时还能够利用计算机高速计算的特点，预先在计算机系统中进行模拟。通过一定时间的仿真，能够发现系统运行过程中出现的瓶颈并事前加以优化。

物流系统仿真就是借助计算机仿真技术，对物流系统建模并进行实验，得到各种动态活动及其过程的瞬间仿真记录，进而研究物流系统性能的方法。对于物流系统这类复杂系统，由于难以单纯用数学方程式来表达，因此很难用传统的解析法加以研究。利用计算机进行各种复杂物流过程的模拟和控制已越来越受到关注和重视，物流系统仿真已成为研究物流系统的一种重要的方法和技术手段。

物流系统仿真在物流系统分析、设计及运行的整个过程中都起着重要的作用，针对物流系统不同的运行阶段，物流系统仿真也具有不同的目的和内容。

2. 物流系统仿真的目的

(1) 面向物流系统规划设计的仿真。这类仿真的对象一般是处于规划设计中的物流系统，仿真的目的通过仿真模型的运行，评价物流系统规划设计方案的优劣和合理性，并对设计方案提出修改意见，使规划设计方案更加合

---

① 王红卫等．物流系统仿真．北京：清华大学出版社，2009。

理、可行，从而降低方案实施风险和成本。

在物流系统设计方案出台但实际系统没有建成的情况下，往往先把设计方案中的物流系统转换成仿真模型，并通过运行模型，评价系统方案的优劣并修改方案，从而可以在系统建成之前，对不合理的设计和投资进行修正，避免资金、人力和时间的浪费。物流系统仿真能准确地反映出未来物流系统在有选择的改变各种参数时的运行效果，从而使设计者全面掌握规划与设计方案的预期效果。为物流系统规划设计提供分析和评价手段，为最终规划与设计方案提供决策支持，这是物流系统仿真最有效的应用之一。

（2）面向物流系统运行分析的仿真。这类仿真的对象一般是处于实际应用和运行中的物流系统，仿真的目的是通过仿真模型的运行，观察在实际物流系统中难以观察和监控的物流环节，分析物流系统中的瓶颈和不合理环节，并提供改进意见，以对原有的物流系统进行优化和改进。

3. 物流系统仿真的内容

不论物流系统仿真的目的是为系统规划设计提供决策支持，还是为系统运行分析提供技术手段，物流系统仿真的内容大致可以分为如下几个层面：

（1）物流管理调度策略仿真。管理调度策略是物流系统设计和运行中的重要环节，直接影响到物流系统的作业效率和效益，是物流系统优化的重要指标。在复杂的物流系统中存在着很多管理调度问题，如订单的拣选策略、库存策略、堆垛机调度策略、货位分配策略等，这些策略的制定往往受到很多因素的影响，很难通过理论分析得到令人满意的结果，这时候就必须借助仿真手段进行处理，通过比较在不同管理调度策略下的仿真运行结果就可以比较管理调度策略的优劣，从而实现对物流系统的优化调度。

（2）物流作业流程仿真。物流作业流程是物流系统为实现特定的物流目标而进行的一系列的有序物流活动的整体，它直接反映了物流系统运行过程中物料的流动、设备的工作及资源的消耗情况。对于比较复杂的物流系统，物流作业流程在时间和空间上跨度都比较大，要想全面地了解和观察物流系统的作业情况，对物流系统进行全面的分析和诊断，是一件非常不容易的事。使用系统仿真模型后，通过仿真可以全面直观地模拟物流系统各环节物料处理作业流程以及物流设备的运行情况，生成快速、流畅与专业的模型动画，并提供物流系统的各项作业性能指标，帮助确定物流作业的“瓶颈”所在，报告资源利用率，从而实现物流系统作业流程的优化和改进。

（3）物流设备布局及配置仿真。这类仿真的目的是通过仿真模型的运行，对物流系统的设备选型、设备配置的合理性和性价比进行比较和评估，从而尽可能降低物流系统的设备配置成本，并提高物流系统设备的利用率。这类仿真关注的重点是物流系统设备类型及数量安排的合理性，特别是物流设备之间的协调性，这是在设计阶段很难发现的问题，但往往通过仿真运行可以观察出来。例如，一个复杂的物流系统由自动化立体仓库、AGV、缓冲站等组成，系统设计面临的问题经常是：如何确定自动化立体仓库的货位数；确定 AGV 的速度、数量；确定缓冲站的个数；确定堆垛机的装载能力以及如何规划物流设备的布局；设计 AGV 的运送路线等。这里生产能力、生产效率和系统投资常常都是设计的重要指标，而它们又是相互矛盾的，需要选择技术性与经济性的最佳结合点。通过物流系统仿真就可以观察不同的设备配置方案下的仿真运行结果，从而判断设备布局及配置的合理性。

4. 物流系统仿真的步骤

物流系统仿真是研究物流系统的一种重要的技术手段，具有极强的实用性，在实施过程中应该遵循一定的步骤，以保证仿真过程能顺利进行并得到合理的仿真数据和结果。物流系统的仿真过程一般可按如下步骤进行：

(1) 系统描述及问题定义。由于系统仿真是面向问题的而不是面向整个实际系统的，因此首先要在分析调查的基础上，明确要解决的问题以及仿真的目标。

(2) 概念建模。物流系统仿真的前提是要对仿真对象即现实或假想的物流系统有一个清晰的认识和描述，确定系统的每个组成部分及其相互关系，并对系统运行过程有清晰的描述，即要建立系统的概念模型。建立清晰的概念模型是建立正确的仿真模型的重要基础。

(3) 选择合适的物流系统仿真软件。目前用于物流系统仿真的软件平台有很多，如 Flexsim、Witness、Arena 和 Extend 等，这些仿真软件平台各有特点，如有的图形化、可视化功能强，有的数据处理和分析方便，具体要根据仿真对象的实际情况和仿真目标及需要进行合理选择。

(4) 建立物流系统仿真模型。选定物流系统仿真软件平台后，可依据物流系统的概念模型，结合物流系统的实际需求和运作流程建立物流系统的仿真模型。一般来说，这一过程包括仿真布局及场景建立、设备对象建模、仿真流程建模等环节。另外，为了进行系统仿真，除了要有必要的仿真输入数据外，还必须收集与仿真初始条件及系统内部变量有关的数据，这些数据往往是某种概率分布的随机变量的抽样结果。因此，需要对真实系统的这些参数做必要的统计调查，通过分布拟合、参数估计以及假设检验等步骤，确定这些随机变量的概率密度函数，以便输入仿真模型实施仿真运行。

(5) 运行仿真系统。建立的物流系统仿真模型经过编译后即可运行，仿真运行时间可以根据实际物流系统的生产班次或最大物流量进行模拟。通过设置不同的初始条件和仿真参数，可以对仿真模型进行多次独立重复运行以得到一系列输出数据和系统性能参数，便于进行对比分析。

（6）仿真结果输出和数据分析。这是系统仿真非常重要的一步，需要根据流程运行结果和输出数据进行必要的统计分析和判断，如系统是否存在“瓶颈”，流程是否畅通，物流量能否满足需求。如果系统运行后，结果有不理想之处，要分析具体的原因和影响因素，并调整方案或者改变参数，直至满足物流系统的需求和仿真的目标。仿真结果也可以生成三维动画输出并形成仿真报告，提交给物流系统的管理者和设计者，进行进一步优化和完善。

以上所述是物流系统仿真的一般步骤，在实施仿真的具体过程中，这几个步骤紧密联系，相互关联。当然，针对不同的具体问题和仿真方法，仿真的步骤也不是一成不变的。从系统描述和定义开始，通过建立概念模型、建立仿真模型、收集输入数据、运行仿真模型直到输出分析结果，这是一个辩证、迭代的过程，需要不断地调整和重复运行，直到提供满意的结果为止。

物流系统仿真作为研究物流系统的一种重要方法和技术手段，在物流系统分析、设计及运行的整个过程中都起着非常重要的作用。随着物流仿真技术的发展和进步，物流系统仿真软件平台的功能也会逐步完善和强大，物流系统仿真必将在物流领域发挥越来越重要的作用。

### 4.2.5　Flexsim 介绍

Flexsim 是基于个人计算机的数字虚拟企业的仿真系统，来建立各种经营、管理、制造等模型，可在不同作业平台上执行的全窗口化 3D 专业仿真软件。Flexsim 是新一代的面向对象的仿真建模工具。

Flexsim 能使决策者轻易地在个人电脑中建构及监控任何工业及企业的分散式流程。透过 Flexsim 我们可以率先找出未来工业及企业流程的模式。Flexsim 基础架构设计不只是要满足使用者现今的需求，其架构的概念更是为了企业的未来而准备。

Flexsim 可以帮助工程师、经理和决策者形象化地在动态三维虚拟现实环境中检测新提议的操作、流程或是系统。这对于创建那些可能出现崩溃、发生中断或是产生瓶颈的复杂系统是必不可少的。通过预先创建系统模型，可以考察各种假设的场景，同时不会产生改变实际系统时所面临的中断、成本和风险。

Flexsim 不仅已应用于工业自动化仿真、物流中心配送仿真、交通运输仿真、交通流量管制仿真、医疗管理研究、医院动线规划仿真等民用工程，也已经应用于先进国防战略仿真、航天制程仿真等大型研究方向。

Flexsim又是一个具有柔性的仿真平台，支持用户作不同深度、不同层次的开发，具有较大的潜能，适用于不同技术层面的客户使用及开发。

## 4.3 习题

### 4.3.1 客观题

一、判断题

1. 系统必备的要素是输入、处理、输出与反馈功能。（　　）
2. 系统具有一定的功能，可以独立于环境存在。（　　）
3. 系统通过正反馈和负反馈的平衡维持稳定。（　　）
4. 系统是一个动态均衡的整体。（　　）
5. 物流业务活动，如运输、仓储、装卸搬运、包装、流通加工等属于物流系统的输入要素。（　　）
6. 物流系统中的设施与设备属于系统的输入要素。（　　）
7. 物流服务和物流成本之间存在着此消彼长的制约关系，需要根据实际需求决定采取何种服务水平。（　　）
8. 物流的各个功能之间存在着能力上的差异，会影响物流系统的整体能力。（　　）
9. 物流系统设计中首先要考虑的问题为物流对象的种类和数量。（　　）
10. 物流服务水平是一个静态标准，客户物流服务水平一经确定，就基本不变了。（　　）
11. 物流设计要素包含六个方面，其考虑问题的顺序是无关紧要的。（　　）
12. 企业物流系统的水平结构，即管理层、控制层和作业层。物流系统是通过这三个层次的协调配合实现其总体功能。（　　）
13. 为了获得物流系统的规模效益，应该不断地增加物流设施的规模。（　　）
14. 物流系统化的目标可简称为“5S”，使物流系统作业合理化、现代化，从而降低物流的总成本。（　　）
15. 可行性评价是物流系统设计的一个必要步骤，是系统设计的先导。（　　）
16. 物流系统分析需要采用定量化的方法进行，无需依赖主观价值判断。（　　）
17. 物流系统分析是为了解决物流系统中的特定问题，因此整体目标是一

个可有可无的概念。(　　)

18. 配送中心的选址极其重要，配送中心位置的恰当与否，关系到配送效率、物流成本以及顾客服务水平，对企业的销售战略会产生重要影响。(　　)

19. 重心法选址是一种多点布局的选址方法，其目标是寻找到一个运输成本最小的物流中转设施。(　　)

20. 仿真技术的优点在于实现了对实体的模拟，并可在一个加速运行的时空内提前预知系统可能的问题，进行优化调整，为实际运行提供参考。(　　)

21. 物流系统仿真模型可分为离散系统仿真和连续系统仿真两类。(　　)

22. 当商品种类较多，主要满足消费者日常所需时，仓库的定位应选择制造定位的仓库。(　　)

23. 选择仓库的位置时，基本思想是最小总成本设计。(　　)

24. 物流系统分析是建立了一个从问题到最优方案的桥梁。(　　)

25. 系统的概略设计属于系统规划阶段。(　　)

26. 安全库存是物流系统中为了应对不确定性风险所准备的库存。(　　)

27. 订货提前期的长短直接决定了企业库存量的大小。(　　)

28. 物流系统分析的目的在于通过对物流系统中的各种替代方案的指标分析，得出决策者形成正确判断所必需的资料和信息，以便获得最优的物流系统方案。(　　)

29. 设施选址是物流战略的重要组成部分，不仅需要定性分析，还需要定量的计算。(　　)

二、选择题

30. 系统形成的条件包括(　　)。

A. 两个及两个以上独立要素构成

B. 各要素具有一定的功能

C. 具有一定的稳定结构

D. 能与外部进行物质信息交换

31. 物流系统化需要达到的目标包括(　　)。

A. 服务性　　B. 快捷性　　C. 有效空间利用

D. 适当规模　　E. 库存控制

32. 物流系统分析的特点有(　　)。

A. 以整体为目标　　B. 以特定问题为对象

C. 运用定量方法　　D. 凭借价值判断

33. 产品的缺货频率、满足率以及发出订货的完成情况是反映(　　)的三个性能指标。

A. 服务的可靠性　　B. 产品的可得性

C. 服务的需求性　　D. 运作绩效

34. 物流系统分析是以(　　)为目标，以寻求解决特定问题的最优策略为重点，运用定性、定量分析方法，以求得到有利的决策。

A. 系统最优　　B. 物流成本最低

C. 系统整体效益　　D. 物流边际效应最佳

35. 合理控制库存、实行均衡生产、在生产空间合理布置各种设施、健全物流信息系统及合理配置和使用物流机械等是(　　)途径。

A. 企业物流合理化　　B. 企业运输合理化

C. 企业装卸搬运合理化　　D. 企业生产组织合理化

36. 以下(　　)不是作业单位面积相关图中的基本流动模式。

A. 直线型　B. L 型　C. X 型　D. U 型

37. “SLP” 法 P、Q、R、S、T 五要素中，S 代表(　　)。

A. 产品　　B. 产量

C. 工艺流程　　D. 作业单位部门

38. 在工厂中进行平面布置时，油料库与焊接车间的相互关系等级应为(　　)。

A. A 级　B. E 级　C. O 级　D. U 级　E. X 级

### 4.3.2 主观题

1. 你对抽象的系统概念如何理解？为什么反馈控制是系统中不可缺少的重要环节？

2. 在物流系统化的 5S 目标中，相互间是否存在着不可调和的矛盾？你作为一个公司的物流经理，在物流系统绩效的目标制定中，会如何思考这些目标？利用什么样的手段能够在这些目标间取得平衡？

3. 在物流系统设计中，为什么需要沿着 PQRSTC 的顺序进行？为什么物流成本是最后一个需要考虑的对象？

4. 在物流选址过程中，常见的理论分析方法是重心法，选择到各个物流节点总体成本最低的位置作为物流中心的选址目标。这一方法的缺陷是什么？你认为在选址过程中，除了考虑内向与外向物流成本外，还需要考虑哪些因素？

### 4.3.3　案例分析

## 追问深圳会展中心选址巨额损失①

——三次选址损失近5000万元

“这相当于我在深圳要干2500年啊！”出租车司机杨钟元初闻深圳市会展中心（以下简称“会展中心”）两次变更选址造成近5000万元损失时，几乎打错了方向盘。

杨是福建人，来深圳已有8年多，几乎每天都要开车经过深南大道——深圳市的主干道，顺便浏览这个昂贵、雄伟的建筑物，心中却感觉遥远。

在会展中心西南面的值班保安张某来自河南，每天相当一部分时间都在对望深南大道。“没有会展时，这里很冷清。”张对会展中心的情况比较清楚。“领导说了，这个大家伙投资30多亿元，相当于我家乡所在的县30多年的财政收入。”

深圳市会展中心建设投资逾30亿元，两次变更选址造成近5000万元的损失。这一事实被深圳市审计局查出并曝光后，成为深圳市民和其他关注者议论的焦点事件。

**第一次选址**

建设深圳会展中心最初的冲动被认定为来自广交会。深圳市规划局一规划师透露，当时是1996年下半年，恰逢广交会需要新的发展空间，主管广交会的原外经贸部非常希望能够实现大转移，而深圳市政府对此亦很感兴趣，于是计划建设会展中心迎接广交会。

1997年3月，深圳市规划局开始在市中心区北端进行勘察工作，定点在中心区北片中轴线上，北靠莲花山公园，南邻市民中心，占地面积约20万平方米。当年8月，广交会大转移的计划叫停，选址工作也随之叫停，其间支出144万元。

但深圳市政府建设会展中心的决心并未动摇，其直接动力来自会展对经济的拉动力。统计数字表明，我国会展业2002年的直接收入超过60亿元，间接带动的旅游、餐饮、交通、广告、娱乐、房产等行业收入高达数千亿元。2003年，其增长超过20%。“如果在一个城市开一次国际会议，就好比有一架飞机在城市上空撒钱。”一位世界展览业巨头如此评说。

一些大城市明确将会展业纳入重点扶持的都市型产业和新的经济增长点。其发展规划中，也首次出现了会展经济的字样。作为经济特区的深圳自然当

① 资料来源：洪克非．中国青年报2004-12-03。

仁不让。于是，深圳决定参照国际经验，重新选址建设。

**第二次选址**

为了使第二次选址更为科学、合理，有利于会展业未来的发展，深圳市城市规划设计院提出了深圳市中心区、深圳湾华侨城填海区、香蜜湖度假村、南山商业文化中心区以及东角头西部通道口岸等 5 处 7 块待选用地，进行筛选。

最后的结论，是倾向于将会展中心建在郊区——设想在滨海大道旁的填海区，还计划建设一个船运码头，方便水路运输展览品，经济成本也低，以最大程度发挥物流、会展、旅游和交通等方面的综合效应，这也符合深圳市中心西移的战略。

该选址论证报告获得深圳市政府同意，随后于 1999 年初进行了建筑设计方案国际竞标。美国墨菲·扬公司和中国建筑东北设计研究院联合中标。在完成选址论证、设计招标后，工程顺利进入施工阶段。

但开工不久，工程又很快被叫停。个中原因是深圳市政府的思路发生改变，其间又支出设计费、勘察费等共计 4831 万元。

对此，11 月 22 日下午，深圳市规划局一相关负责人接受记者采访时说，再次变更选址主要是因为市政府要着力强化市中心区的建设，“中心区作为深圳市 21 世纪的 CBD（中央商务区），是深圳未来城市的重要标志。”

**第三次选址**

于是，深圳市政府又于 1999 年底提出了不同用地方案的比较论证。最后决定把会展中心建在中心区南端的深南大道上，和中心区南片中央商务区一起开发建设，因为“会展中心所需要的大量商务办公及旅馆配套设施和优越的交通条件恰是中心区的最大优势；中心区中央商务区的开发建设所需要的重量级龙头支撑项目也非会展中心莫属。”规划局该人士称，方案取得了“两全其美，双赢的效果”。

第三次选址、设计、勘察、监理等费用，共计 1.28 亿元。这样，会展中心三次选址，两次变更，项目前期工作共计产生费用 1.78 亿元，其中前两次费用计入损失，共计 4975 万元。历经数年建设，总投资逾 31.9 亿元人民币、占地面积达 28 万平方米的深圳会议展览中心，目前已经完成第一阶段建设，成为深圳目前单体投资最大的建筑，多项工程创造“世界纪录”。

**思考题：**

(1) 由于什么原因导致了深圳会展中心的三次选址？这样的损失能否避免？

**参考答案：**

（1）选址是一项关系长远的发展战略定位问题，因此必须慎重考虑，并且进行充分合理的论证，在可行的条件下再进行后期的勘察设计以及施工活动，尽可能避免由于前期工作不足所带来的损失。

① 深圳建设会展中心作为一个长期发展战略，在建与不建的问题上没有太大的争议，关键问题是在何处建。

② 对于战略性选址问题，其决定因素往往受多方面外因影响，例如宏观环境、上级部门的决策等等，因此在建设会展中心的问题上需要与各方面进行沟通，取得利益上的平衡。

③ 战略性选址问题需要决策者与专业人士进行充分交流和协商，在尊重客观规律的基础上进行选择，而不能仅仅是满足现任领导的意志。

④ 选址经历的时间越长，在环境多变的情况下，往往具有更大的不确定性，因此对选址问题的失误应辩证地看，在不同的时间，根据环境的不同，对同一个问题有不同的观点亦属正常。结合本案例，应该能够更加清楚的理解选址的重要性，这是一项关系到未来发展的重大决定，来不得半点马虎，否则需要付出巨大的代价。

# 第五章 采购管理

## 5.1 教学要求

通过本章的学习，要求学生能够：

(1) 理解采购的定义与任务；

(2) 理解采购的类型；

(3) 掌握集中采购与分散采购的优劣势；

(4) 理解招投标采购的形式与流程；

(5) 掌握采购的流程；

(6) 理解供应商选择与管理的内容；

(7) 理解采购绩效评估的意义；

(8) 掌握采购管理工具。

## 5.2 本章解读

### 5.2.1 采购的价值

采购是市场交换中的一项基本活动，自从产生了产品剩余，即开始产生了交换行为，此交换行为不断演化、发展则形成了购买，进而推动了统一的交换市场的产生，在市场上发生的购买行为，从广义上均可理解为采购。

当代的采购主要是指从资源市场获得商品及服务的过程，与一般的购买行为相比，具有更强的目的性，采购行为更趋理性化。采购的行为分为两个部分，“采”和“购”。“采”指的是信息获取等购买前行为，通过获得足够的信息来降低决策行为的不确定性风险，此行为包括需求分析、市场状况分析、竞争者分析等层面。“购”指的是从决定下从何处获得产品及服务供给时开始，如何以合理的价格、合适的交货条件获得产品及服务以及后续的相关事项。

购买行为是市场中最为常见的一种现象。市场中的每一个主体由于资源和信息的不完备性导致无法完全实现自给自足式的发展，依赖外部资源的保障成为构建市场中各主体的重要纽带。经济发展程度越高，企业相互之间的依赖性也就越强，其能够实现的价值也就越高，需注意的是，这样价值实现的方式是以资源的高度共享为前提的，即每一个主体在满足自身需求的基础上，还产生了大量的产品剩余，用以为其他需求者提供产品和服务。而这一交换行为随着信息通讯技术以及交通运输手段的不断发展使其实现的可能性变得越来越高。因此，采购成为了一种获取自身不具备的，但是又是自身发展中必不可少的资源的一种有效手段，通过市场交易行为达成一种为交易双方均能够接受的制度安排。

由于市场是一种有效的资源流通的场所，如何充分利用好市场这一工具，成为实现有效的采购管理的关键。在经济学中，曾经深入讨论过边际收益的问题，利用采购手段来获取自身所不具备的能力，可以将有限的资源集中于自身的核心能力上，从而降低在非核心能力上进行不当投资，提高企业的产出效率以及降低锁定风险。因此，做好采购管理工作，可以将企业大量的投资从固定成本转向变动成本，使企业的经营变得更加灵活，企业在对抗风险问题上，可以将风险进一步分散，并且能够有效地提升企业的投资收益率。

在前面分析过，通过采购能够实现资源在市场上的流动，而资源的流动则可以推动价值的发现。当前，在国际化分工越来越细的时候，许多发达国家和企业开始意识到采购活动应该是获得竞争优势的有利法宝。

从战略层面上看采购活动，其基本策略是将采购方置于一个买方相对稀缺的买方市场环境中，通过生产技术的更新，促进了产出率以及产能的不断提升，市场的供求规律会自发的调整市场的均衡条件，在产品供给大于需求之时，供给价格的下降可以刺激需求的增长，并且通过诱导消费进一步实现需求的扩张，之后通过非均衡贸易形式实现杠杆收益。

许多跨国企业充分认识到这一点，因此，极力地推动企业的全球化进程，在全球范围内寻找资源的廉价供给，并且为了能够推动资源产出水平的提升，还主动提出来帮助上游的供应商成长，并扶持一批企业进入到同一领域中竞争，使资源供给行业维持短期的相对过剩，从而为采购方获得最优价格条件奠定了基础。

归纳而言，采购的收益表现在如下方面：

（1）利用了企业所不具备的资源；

（2）有利于专业化分工；

（3）分散了企业风险；

（4）实现价格杠杆带来的节约效应。

### 5.2.2　采购管理的内容

采购管理是对采购活动的计划、组织、执行与控制的全过程。它是为了确保企业以合理的成本从外部购买各种必需的产品和服务而进行的各种管理与运作活动。因此，针对采购活动应从其最初的组织环境分析开始，理解企业的类型、企业的文化与战略，并进一步明确企业中采购的地位和价值，确定采购活动的任务与目标。针对企业中的运营流程，界定了企业采购供应中的子流程应包括如下方面：

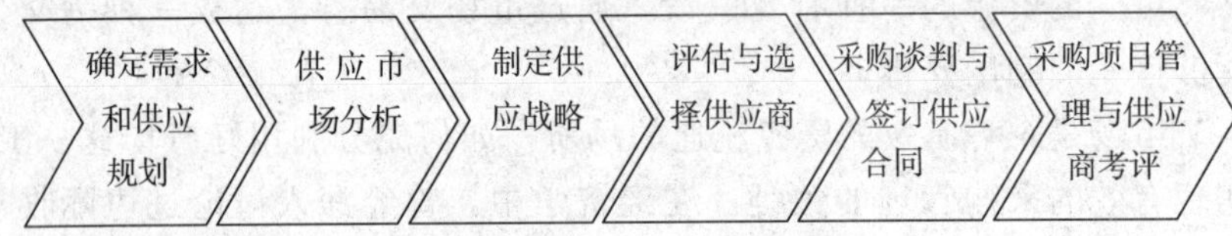


图 5-1 采购供应流程图

从企业内部产生采购需求开始，需要经过对外部环境的分析，对采购需求的明确、供应市场的分析、供应战略的制定以及选择和评估供应商、与供应商进行谈判并签订合同，直至合同的履行和供应商评估。这一系列的工作都是采购管理工作中的主要活动。

我们可以将它分为三个主要的阶段，第一阶段为采购环境分析；第二阶段为采购过程管理；第三阶段为采购控制与评估。

在环境分析阶段，采购部门首先需要理解宏观的政治、经济、技术与市场环境，对企业自身的规模、架构以及采购的重要性进行分析。在此基础上，通过与实际使用者的交流与沟通来明确采购的需求，以保障采购者能够采购恰当的产品与服务。

对于采购的对象，由于市场上的供求关系不同，其采购的特点与难度也有较大差异，因此可以根据对采购对象的不同分类，分别制定不同的供应战略，以保证企业稀缺的资源能够得到有效的分配。

在第二阶段通过前期的分析，已经能够基本上了解采购供应的宏观环境以及自身的需求目标了，那么可以根据前期分析的结果对市场上潜在的供应商进行分析与接触，了解供应商的能力与合作意愿，并根据采购对象的特征选择与供应商之间应建立并维系的关系类型，选择供应商采取的报价方法，并对供应商所给出的报价进行评估，通过谈判、投标、电子化采购等多种形式确定与供应商的采购合约，实现采购关系的确立。

在第三阶段，特别是对于大型非标准化设备的采购，其签订采购供货合同只是采购的开始，采购部门仍然需要对采购工作进行持续的监控与管理，以确保采购工作能够顺利地进行下去，并控制好供货的风险。供货的结束对于采购者而言只是一个阶段性的结束，仍然需要进行的是对供应商供货过程中的表现进行评估，加强采供双方的关系，使供应商的关系管理能够真正实现采购的竞争力。

采购管理工作同样也可以进行层次性划分，第一层次为基础层面，主要实现交易管理，仅围绕着企业与供应商所签订的合约进行定期的产品供应，其焦点任务在于如何实现订单要求的各项内容；第二层次为采购的职能管理层面，将供应商管理纳入到日常采购的流程中来，并且根据自身生产和下游客户需求，合理的分配企业的资源，促进采购活动实现成本与风险的均衡，并且考虑利用各种杠杆原理来维系供应商，维持企业的相对优势地位；第三层次为战略性采购，这一阶段主要是伴随着企业规模的不断扩张，在全球范围内运行的必然要求。这一阶段企业考虑到供应链所能够带来的巨大价值增值，利用采购数量及买方相对优势等条件维持与供应商的长期战略性合作，共同降低供应链上的风险，提高供应链收益水平和反应速度，在采购活动中，不仅仅考虑到产品的采购行为，而是将采购扩展为自身需要的非核心能力的获取与利用，充分利用供应商的能力实现产品的共同开发，共同对市场进行预测和风险分摊，通过招投标、集中采购等手段实现采购方的长期战略优势地位。

通过上述三种不同层次的采购划分，我们可以更好的理解采购管理的内容。

### 5.2.3　采购的形式

按照不同的维度可将采购划分为不同形式，在企业战略层面上，可以划分为集中采购和分散采购，二者各有优缺点。分别适用于不同规模的企业和采购对象。按照用途不同可以分为工业采购、商业采购、政府采购，由于其采购的目标存在差异，因此在采购过程中也有较大差异。按照信息不对称条件下最优决策的方法，可以有招标、议标等形式的采购，协助企业在不完全信息条件下实现采购的合理化和收益最大化。

当我们在思考如何提高我们的采购管理水平，降低采购总成本的时候，首先我们需要理解采购管理的行业差异是什么？这样，我们才能理解并采用不同的方法来管理各行各业不同的采购工作。根据各行业采购工作的通性和个性，我们将采购管理工作分为四类：

（1）生产性采购

就是我们采购这个物品是直接为了公司生产运营所需。而生产性采购又分为两类：

第 1 类是原材料 MRP 采购。所采购的此类物料是本企业所生产的产品的组成部分或中间产品；

第2类是零配件MRO采购（MRO：维修、维护、运作），这些零配件是为了保障机器能正常生产运作所需要的维修、更换配件。

这两类物品的采购管理性质不同，运作方式也不同，看问题的角度也不同。

MRP采购由企业所获得的订单以及当前库存水平所决定，具有较高的计划性，其采购批量一般较大，所面对的供应商一般也为长期合作伙伴，采购管理中的合作要点为取得成本和风险的均衡；MRO采购主要目的是为了能够保障正常的生产经营过程能够得以持续，所采购的对象为应对不确定性风险，在采购工作中强调有效的供给保障，其所面对的供应商数量较多，采购品种复杂，数量灵活，在采购工作中属于较难管理的一类。

(2) 贸易性采购

零售渠道为了实现有效的市场商品供应，需要从商品市场上大量购进不同的商品，同时不对商品进行再次加工，而是直接以出售为目的，此即为贸易性采购。此类采购的最大特征为建立生产者和消费者之间沟通的平台，其目的不是为了增加产品价值，而是有效的实现产品价值。这与生产性采购具有较大的差别。

(3) 一般日常用品采购

像办公用品采购，还有行政采购等。其特点是采购品类繁杂，但采购金额小。其所采购的物品主要是保障公司的正常行政办公所用。

(4) 项目性采购

项目性采购是具有明确的单次性购买目的的采购行为，例如买一台设备，建设一个厂房等。项目性采购的主要特点是一次性。很少有重复性的采购。这就意味的每次采购的流程都得重新开始，以往的经验和关系很少能用到。

### 5.2.4 采购管理的工具

在采购管理中，采购员所面临的是对企业中不同的产品进行的采购，由于种类繁多，供应商数量也较多，如何进行有效的管理，充分利用有限的时间及资源，成为采购管理中的核心内容。

因此，我们可以将企业中采购对象进行分类，按照支出金额大小和风险程度高低进行分类。首先将企业中所有的产品根据总价值进行排序，将累积价值占总采购额80%的物资定义为高价值采购对象，剩余部分为相对低价值采购对象。同样，可以根据物资供货过程中成本、质量、时间三个方面的重要性进行评估和排序，分为高风险与影响的物资和低风险及影响的物资。通过两个维度的划分，将所有的采购对象划分为四个大类：

第一类为低风险低采购价值的物资（日常）。这一类物资在企业中的种类数较多，属于不重要的大多数，因此，所采取的采购方法应考虑如何降低管理成本，关注的重点是释放管理人员在此项物资采购上的时间和精力的占用。在供应商的选择上，尽可能由单一供应商进行供应，与供应商之间建立起长期合同关系。要求供应商尽可能多的满足企业的需要，能够对采购方的需求做出积极的响应，实现持续稳定的为采购方供货。

第二类为高风险低价值的采购（瓶颈）。此类物资由于资金占用量较小，因此成本问题不构成主要的矛盾。那么考虑的重点是如何维持供应的连续性。在这一问题上，需要通过加强与供应商之间的关系来保证供应，在面对供应风险时，首要考虑的问题是采购物资的可得性与采购对象的质量。由于市场的供给量较小，可能的供应商数量较少，因此只能够保持在1～2家备选供应商，为了能够稳定供应，需要做一个好客户，及时付款、信息交流通畅，以及适当的增加采购量。这一类型的采购对供应商要求在某一特定的领域有较强的生产能力，能够保障稳定供货，同时供应商也不能够利用其有利的议价地位榨取下游客户的利益，与客户能够保持着一种较长时间内的一致性，满足双方长期共同成长的目标。

第三类为高价值低风险的采购（杠杆）。此类物资在企业的需求量一般较大，而市场供应条件较好，货源充足，因此针对这类物资应考虑如何通过数量优势降低采购成本，实现更好的价格条件。对采购方而言，这是最为理想的采购区域，买方处于相对优势地位，能够获得持续的价格竞争优势，同时风险较低。与供应商之间的关系主要取决于采购品项的转换成本以及市场价格波动情况。

第四类为高价值高风险的采购（关键）。对于采购人员来说应该集中精力于这一部分的采购品项，做好优化采购成本，降低采购风险的工作，尤其是在与供应商的关系上，要考虑如何能够与供应商之间建立起稳定的长期战略合作伙伴关系。这一部分的采购需要建立的供应商关系为战略性合作伙伴关系，因此供应商的数量维持在最小水平上，双方之间建立的是一种收益共享、风险共担的长期伙伴关系。这一象限的供应商要求具有独特的核心能力，能够满足客户的长期需求，二者之间的战略具有高度的一致性，发展较为稳定，同时未和采购方的竞争者建立更为紧密的关系。

这一采购管理工具的应用如下图所示，企业采购的任务就在于通过降低风险和增加支出实现采购优势地位的获得。

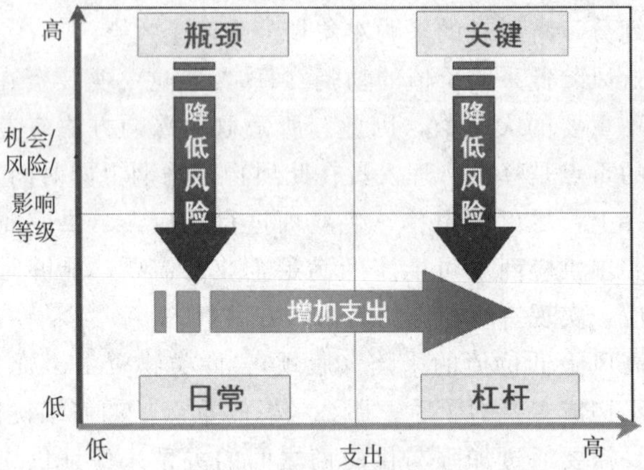

图 5-2　供应定位模型

通过对采购对象的分类，采购人员能够更好的调整精力与时间的分配，对采购成本、质量以及交货期等要素根据其自身不同的特点选择其不同的优先级，进而做好采购管理工作。

### 5.2.5　采购管理的战略价值

传统意义上的采购管理是从外部获取原材料的一个必要手段。而当前对采购管理的研究与实践上升到了一个全新的高度，即如何通过有效的采购管理实现企业竞争力的提升。这也是学习采购管理的重要目的之一。

在采购管理的战略性思考上，首要把握的一个问题是如何利用经济上的杠杆来获得优势地位。简言之，如何实现卖方的相对过剩。在战略层面上考虑这一问题需要有一个长期战略眼光。在西方发达国家的企业面对国内成本增加、市场压力增大的环境下，寻找国际市场供应成为必然的选择，将部分低值、低风险的产品进行外包，获得上游供应商的能力，并且将风险进行有效地转嫁，借此在自身核心优势上集中尽可能多的资源，实现更为快速地扩张。在由采购关系组建的供应链上，核心企业依靠自身的优势地位聚集一批企业形成一个供应链网络，并且获得供应链网络上的支配性地位。一切企业需要但是无法自行满足的需求都通过市场交易的方式从外部获取，即将采购的战略价值发挥到极致。在一个相对过剩的供给市场上，卖方为了能够生存，特别是生产对于买方具有较高弹性的产品时，卖方处于一个相对较为弱势的地位，在难以有效开拓市场寻找新的买家时，对现有采购方过分依赖，形成了采购者优势。为了能够达到这一点，采购方从产品设计阶段即开始入手，尽量避免可能的采购产品落入独家供应的陷阱，尽量采用标准化、模块化的产品实现产品的功能。

## 5.3　习题

### 5.3.1　客观题

一、判断题

1. 采购活动中包含了信息获取这一重要因素。（　　）
2. 采购活动包含了商流和物流两个方面。（　　）
3. 采购活动从外部获取资源，仅包括产品和服务，能力是无法采购的。（　　）
4. 工业采购与消费采购相比更具理性。（　　）
5. 工业企业采购的数量要大于第一产业。（　　）
6. BOM采购是由企业MRP系统直接驱动的。（　　）
7. 就物资采购管理的目标而言，一般用“5R”来表述，即适当的时间、适当的数量、适当的质量、适当的价格、适当的供应商。（　　）
8. 第一产业的采购主要以购买生产原材料为主。（　　）
9. 非生产性采购，即企业最终产品的直接组成部分的物品采购，或直接介入生产过程的产品采购，比如材料、零部件和生产设备。（　　）
10. 集中采购能够获得采购规模效益，在与供应商的谈判中更具优势。（　　）
11. 集中采购适用于所有类型的企业。（　　）
12. 分散采购可以充分动员基层环节的工作责任心，能实现有效地反馈。（　　）
13. 集中采购适用于小批量、单件、价值低，总支出较低的产品。（　　）
14. 联合采购是通过多个有共同需求的企业进行的合作性采购行为，可共同降低采购风险，实现采购收益的增加。（　　）
15. 政府招标采购是提高公共来源资金使用效率的重要手段。（　　）
16. 在恰当的时间，恰当的地点，以恰当的数量、质量提供恰当的物品，被称之为即时制采购。（　　）
17. 电子化采购的优势表现在可节约采购时间，提高交易的透明度。（　　）
18. 拍卖是一种快速成交技术，实现了在信息非对称条件下的公平交易。（　　）
19. 招标是在众多供应商中选择最佳供应商的有效方法，体现了公平、公

正、公开的原则。(　　)

20. 在有多家供应商可供选择时，议标是较好的采购方案。(　　)

21. 邀请性招标的优势在于能够对较小范围内的企业进行筛选，降低了企业筛选合格供应商的成本和时间。(　　)

22. 通过谈判来确定中标者，这一方式被称为议标，这是广泛使用的一种招投标形式。(　　)

23. 政府采购的内容包括工程和产品，因此营利性也是其目的之一。(　　)

24. 为了扶持地方经济或者满足某些政治需求，政府可采购那些并不是经济性最好的产品。(　　)

25. 评估供应商可以从供应商的积极性和能力两个方面来评价，最优的供应商应该是能力和积极性水平均较高的供应商，但是一般情况下不可得。(　　)

26. 对采购活动的跟踪管理可以采取过程管理和里程碑管理两种形式。(　　)

27. 对采购管理应按照计划—实施—检查—总结的循环来进行，推动采购工作的持续性改进。(　　)

28. 在采购过程中，如果供应商是唯一的，应该首要考虑供应价格而非风险。(　　)

29. 在采购工作中，第一步工作应该是对于组织内外部环境的分析。(　　)

30. 采购程序的正式程度应该与采购金额大小正相关。(　　)

31. 针对低价值且供应市场处于竞争状态时，采购的关注重点应该是降低管理时间与成本。(　　)

二、选择题

32. 采购活动对于企业的价值表现在(　　)。

A. 满足生产需求　B. 降低企业成本　C. 维系与供应商关系

D. 降低企业风险　E. 保证生产质量

33. 电子化采购的形式有(　　)。

A. 卖方一对多模式　B. 第三方系统门户

C. 企业私用平台　D. 反向拍卖模式

34. 对供应商的评价一般从如下(　　)方面来考虑。

A. 质量　B. 价格　C. 服务　D. 可获得性　E. 长期合作意愿

35. 现代采购决策的本质是(　　)。

A. 一次性购买 B. 采购竞争力
C. 供应商管理 D. 成本最小化

36. 集中采购是(    )的有效方法。
A. 提高采购效率 B. 降低采购成本
C. 防止腐败 D. 提高采购质量

37. 当企业的采购品种战略和供应商战略确定后，采购方式的选择就显得格外重要。它是决定着企业(    )，以保证其正常地生产与经营。
A. 能否降低采购成本 B. 能否迅速地将货物到达企业
C. 能否有效地组织与控制货物资源 D. 能否得到优质的采购服务

38. 企业采购管理的目标在于(    )。
A. 保障企业正常生产的物料供应，降低缺货风险
B. 尽量降低物资采购的成本
C. 保证所采购供应的物资质量
D. 以最短的时间完成采购任务
E. 与供应商建立良好供应关系

39. 采购绩效指标的设定应遵循如下原则(    )。
A. 明确 B. 可测量 C. 可达到
D. 具有现实可行性 E. 时间性要求

40. 按 80/20 规则分类，重点供应商是指(    )。
A. 数量 20%的占价值 20% B. 数量 20%的占价值 80%
C. 数量 80%的占价值 20% D. 数量 80%的占价值 80%

41. 防止供应商控制的方法包括(    )。
A. 全球采购 B. 再找一家供应商 C. 增强相互依赖性
D. 更好地掌握信息 E. 一次性采购

### 5.3.2 主观题

1. 采购对于企业生产、成本管理、质量控制方面具有什么样的作用？
2. 一个好的采购人员需要什么样的知识技能和基本素质？
3. 在采购过程中如何与供应商之间建立良好的合作关系？
4. 在与企业合作的供应商中，对不同的供应商采取不同的政策，这是否存在歧视性？
5. 在对采购品项进行分析时，分类的标准你认为用什么更加合理和有效？
6. 帕累托原则在采购管理中应如何应用？对于低值的大多数，应该采取什么样的采购策略更加合理？

### 5.3.3 案例分析

**让采购创造利润**

企业采购，是企业经营管理中一个比较棘手的环节。很多管理者不得不制定一套貌似严谨的采购制度，以约束企业采购中可能出现的腐败行为。遗憾的是，效果并不那么明显。

当有人说，以花钱为己任的采购环节也可以产生利润。你信吗?

**(1) 信息脱节，影响采购价格**

2009 年，一家集团公司的上海分公司和海南分公司分别购买了一批 IBM 电脑，型号相同，配置相差无几，但海南分公司的购买价格，却比上海分公司高出近两倍。这是为什么?

美国 Emptoris 集团副总裁、大中国区总经理李玉新介绍，一个集团的分公司花不同的钱，采购相同产品的事情经常发生。为什么?集团的采和购两个环节是脱节的，他说："每个集团都有采购部，当所有分公司都要去买同一产品时，集团就可以将信息整合一下跟供应商统一谈判，这样做一般都可以拿到一个好的价格。但实际上，这个部门对下属分公司的控制力非常弱小。因为，很多集团采用的是分散管理，所购产品都是由各分公司单独按照所需去进行采购和结算。"上面所举例子中，海南分公司的采购负责人，恰恰对 IT 产品不是很懂，不知道有哪些好的供应商，也不知道有哪些好的采购方式和经验，只知道 IBM 的品牌不错。因此，即便是对方开出了一个天价，他也认为是合理的。其实，在李玉新看来，这种问题很好解决，"如果集团有一个统一的采购知识库和管理平台，采购资源和信息共享的话，海南分公司就可以轻易了解到兄弟公司的采购价格和数据。"

除了集团分公司之间采购信息的脱节外，传统采购还有一个最大的问题，就是整个采购流程并不是很透明，效率也不是很高。

在传统采购模式下，企业采购流程非常复杂，包括采购申请、信息查询发布、招标投标评标、洽谈签约结算，物流配送交割、协调相关部门等环节全部手工操作，浪费了极大时间成本和人力成本，过程效率低下。采购部门的管理人员需要处理大量的事务工作，无法在战略的高度上，担任起所负责项目的损益分析、评估和决策，也不可能实行前瞻性的采购管理、建立供应商战略合作伙伴关系、重新审视采购模型、供应商合理化运作，等等。

所有的采购流程都是靠人，这样的结果往往是，采购人员拿着一个最终的授标合同请老板去签字。老板看了这个合同想了又想，不知道应该不应该签，因为他不知道这个标的最终结果是怎么来的，没有一个系统可以让这个老总在签约之前，看到这个产品是以什么样的方式、从哪些供应商、通过哪些流程和什么样的评标方式选出来的。光凭口头报告，很容易造成人为的因素在里面。

虚增采购成本，便是这种传统采购形式下的产物。据记者了解，就连为灾区进行的集中采购，也会时不时爆出采购环节的种种问题。

(2) 两步招标，提高采购透明度

怎样才能提高采购的透明度，进而提升采购经营的整体竞争力和效率?

2001年，摩托罗拉陷入衰退困境，销售额骤降。公司要求从各个方面缩减成本，摩托罗拉采购部门当时在系统整合和协调方面已经比较成熟，但整个采购流程中，产品经理们采取的依然是面对面地与供应商进行谈判的采购形式。会议有时持续数周，买卖双方都需要承担大笔的差旅成本。同时，由于谈判条款涉及产品规格、定价、数量、日期、保修、送货细节和无数其他潜在因素，谈判过程常常会花费产品经理数周的时间，而且还需要使用复杂的电子表格，辛苦地进行评估直到最后拟订合同。

为了解决这个问题，摩托罗拉从8家顶级软件供应商的方案中，选择了一套解决方案进行测试。以采购人员评估多个合同分配方案为例，以前这种优化需要花费数日或数周时间，摩托罗拉现在只需要几个小时就可以完成。由于过程很快，采购人员有更多时间来思考从单一供应商那里采购多类产品，以获得“捆绑折扣”，或者发现和拓展新的供应商。

据李玉新介绍，借助这样的采购系统，不光可以提高工作效率，还可以提高采购环节的透明度。

2009年12月，中国某大型国有石油公司采用了一套解决方案，用于全球采购和运营。李玉新介绍，在这套解决方案里，系统被做成两步招标，分别是技术标和商务标。技术标是标书文件中的技术部分，包括技术方案、产品技术资料、实施计划等设计化的内容；商务标则是标书中有关商务的部分，包括商务流程、付款、合同等报价方面的内容。一般而言，企业采购是以技术标为准，商务标作参考。

“供应商将标的直接输入到系统里，在这个过程中，买方人员看不到里面的内容，直到开标。首先开技术标，技术标开出来之后，大家就可以评标了，哪个人的技术方案最好，做一个最终的技术评标的排名。如果只选择前三家供应商，剩下供应商的报价再便宜，我们也不考虑。然后再开商务标，但我们只将技术最靠前的供应商的标书打开。打开商务标时，必须通过系统走一个内部的审批流程，如果不走这个审批流程，是打不开后面的商务标的。这样的话，我们就可以先挑出技术方案比较好的供应商，然后再去看价格，如果技术方案不合格的人，我们就可以直接把他删除掉。”先选技术，后看商务，评标的过程完全通过系统进行操作，这样的结果就可以避免在采购过程中出现过多的人为因素。

(3) 反向拍卖，降低采购成本

2000 年 9 月，美国一家公司到中国进行采购，采购标底为 1986+5%万美元，采购内容为铸铁件，包含箱体、底座、盖、管等几十种零部件。最终这家公司以 1251 万美元完成采购任务，节约采购成本 37%，计 735 万美元。也就是说，以中国企业的销售利润为 5%计算，美国公司的采购使中国企业的利润减少了 735 万美元，中国企业要再销售 14700 万美元的产品才能把这部分利润弥补回来。而这家公司使用的，便是被很多国外企业广泛应用的反向拍卖技术。

如今，反向拍卖的采购技术也被中国企业所应用。李玉新介绍说：“反向拍卖是一种为买方采购服务的，并逐级向下竞价的一对多的商务过程。以前的传统拍卖，都是卖家等待买家来竞价，买家谁出的价格越高，谁就是最好的。现在这个反向拍卖，就是说买家等待卖家出最低价格，谁的价格越低，他就会选择谁。这种方案最大的好处，就是为采购方减少成本。”

但是，李玉新一再强调，并不是所有的采购都适合于反向拍卖这种方式：“首先，反向拍卖比较适合采购非独占性的产品，也就是拥有较多供应商的产品；其次，这个产品比较容易用一些文字性和技术性的方法来界定；最后，采购量比较大，对中标者有足够吸引力。”

举个例子，公司要买 1000 万件制服，很多工厂一年也就做 500 万件，一旦争取到部分份额，意味着这家工厂一年都可以过得很好，因此，他会拿出最好的价格来争取这个项目。在这种情况下，公司就可以应用反向拍卖的技术来进行采购，由供应商直接提供价格，买方再从最优惠的厂家中，筛选出质量等因素符合自己要求的那家。

但是，如果企业要做一个外包矿山这样一个项目的话，肯定是不能用反向拍卖的，此类采购更适合用询底价的方式。大都是需要承包商们先向企业提供一个技术方案，然后针对这些方案进行几轮甚至几十轮讨论和筛选，从中选择一种或者是两种方案，然后再基于所选方案，让所有承包商进行报价，从中再选择一个性价比最好的供应商。

“反向拍卖其实是一个非常简单的解决方案，它不只是说给你提供一个反向拍卖的采购技术，而是提供了一个从供应商到产品类别的分析，到供应商的准入和登记，包括供应商的绩效考核，以及到招投标，合同的制定等一系列信息的管理。”在李玉新看来，这类采购系统不光帮助企业解决了采购过程中遇到的问题，同样为之后的查询工作奠定了基础。“用传统的采购方式，如果有人想查询去年某一个项目在招投标过程中，第二轮发标的时候供应商是怎么回答的，很多人肯定很难想起这些细节的问题。但如果应用此类系统的话，供应商在线上回答的任何问题都有记录，可以随时到系统中查询。”

有数据表明，企业原材料采购成本，占企业销售额的20%左右，因此采购成本每降低1元所获取的效益相当于多销售20元产品这样也就不难理解，为什么会有那么多的企业把注意力投向了采购模式的变革。

**思考题：**

（1）采购的利润创造与生产和销售的利润创造相比有什么不同？

（2）集中采购与分散采购相比，有什么优缺点？

（3）利用反向拍卖技术对采购有哪些价值？

**参考答案：**

（1）企业的利润来自于两个方面：开源和节流。对生产和销售来说，创造利润主要是通过开源的手段，而采购所创造的利润则主要来自于节流。对于生产和制造型企业来说，采购的成本支出占总成本支出的比重非常高，因此在采购环节进行挖潜，能够有较为明显的效果。这在生产销售竞争非常激烈的环境下表现的尤其明显。当前企业一方面要做好市场的开拓工作，另一方面则需要通过优化的采购管理实现企业成本的节约。

（2）集中采购是一种在企业中将采购职能集中化的手段，可以将大量的同质性需求进行集中，利用专业化的采购机构来进行采购，实现批量化优势以及采购专业化优势。而分散采购则是将采购的权力下放至各个分支机构，以实现其更好的响应当地的需求，提高分支机构的参与度，提升其工作主动性。两种方法各有优缺点，适用于不同规模的企业，因此，需要根据企业的实际情况进行选择或者融合。

（3）反向拍卖是一项非常有利于买方的采购手段，能够通过卖方之间的竞争实现采购成本的降低，实现价低者得的目的。这对于产品是标准化的，易于分辨其质量好坏的产品尤其适用，而对于那些产品结构较为复杂，各个供应商之间差异较大的情况，则反向拍卖技术的应用受到了很大的限制。

# 第六章 供应管理

## 6.1 教学要求

通过本章的学习，要求学生能够：

(1) 理解供应管理的定义及作用；

(2) 掌握物料消耗定额的作用；

(3) 理解原材料消耗的构成；

(4) 理解 MRP 的思想及流程；

(5) 理解准时供应的思想及作用；

(6) 理解 DRP 的思想及流程；

(7) 掌握用料管理的方法；

(8) 理解物料节约的基本原则。

## 6.2 本章解读

### 6.2.1 供应管理与生产方式的关系

供应管理是企业内部生产的重要控制手段，是从企业的原料库到生产过程的物流流程管理。这一过程中为生产企业提供了原材料、零部件以及各种在制品。其目的是在保障企业生产经营需求的前提下，实现物资供应的最优化。这包括了降低物耗，挖掘资源利用潜力，减少库存积压，降低物资成本，加速资金周转等作用。

做好供应物流能够实现企业生产的均衡，同时也是企业内物料使用进行控制的主要环节。特别是对于我国大量的生产型企业，物料管理的好坏直接关系到企业成本的控制以及生产过程的管理。

在计划经济时代，物料的供应管理处于非常重要的地位，主要是因为市场处于绝对的供小于求的状态，企业的经营活动即转化为一种简单的如何有效生产，及时以及低成本的满足市场的需求。在这样一种环境下，企业的关注重点在于如何增加产量降低生产成本，而缺少市场层面的考虑。因此，在供应管理上主要也是围绕着降低成本的焦点，其主要方式是根据生产能力大小进行定额供料，保障生产线的连续运转。

市场环境的变化为企业带来了新的问题，市场的供给量持续增加，在终端消费品领域已经出现了供给大于需求的现象，企业的关注焦点不仅仅是如何进行生产，还要考虑如何能够更好地满足市场的需求，响应客户需求的变化。传统的基于计划的生产模式已经难以准确预测市场需求波动的情况，因此，企业的决策行为变成了如何将生产计划与客户订单进行结合，通过快速的响应市场来满足企业生存的需要。

在这一新环境下，供应管理被赋予了新的使命。即将企业的订单与 MRP 系统进行对接，按照 MRP 系统中的 BOM 表进行定时定量的供货，既要保障企业的正常生产，同时还要做好供货安排，实现供货成本的降低和浪费的减少。在 JIT 模式下，企业的供货管理系统和上游的供应商之间建立起了密切的联系，实现了供应商到生产线的直接供货方式，更进一步实现了生产效率的提升以及客户需求的满足。

### 6.2.2 物料消耗与供应定额的概念

定额是生产过程中对人、财、物消耗的量化指标。实施定额管理是企业科学化管理的基础。物料消耗定额研究的是从投料到产品完成的全过程中应消耗的合理物资数量。物料消耗数量的多少与生产技术水平、管理水平以及原料自身都有着密切的关系，对物料消耗的规律，可以通过技术手段和经验来认识和掌握，并制定相应的物料消耗标准，用来考核生产经营的效率。

物料消耗定额是在一定条件下为制造单位产品或者完成单位工作所规定的消耗物料的数量标准。一般通过技术测定和经验测定的方法获得。

物料消耗定额可以分为工艺消耗定额和供应定额两类。第一类为从工艺角度规定的合理消耗的物料数量，而不包括不属于工艺范围内的各种损耗。这一类定额可以作为考核指标使用，但是不能作为供应部门或者采购部门的采购供应指标。第二类定额则是考虑到生产的各个环节可能出现的各种损耗来制定的定额水平，用以保证生产的正常和连续性。

采用物料消耗定额进行管理能够深入研究物料消耗的全过程，分析消耗的合理性，不断利用技术和管理的手段降低损耗和浪费，提高企业原材料的利用水平，节约生产成本。

### 6.2.3 MRP 和 DRP 的思想分析

1. MRP 原理

MRP（Material Requirement Planning）是企业物料需求计划的简称。其基本的思想为，将生产企业视为一个完全由订单或者计划拉动的生产主体。

在需求的驱动下，根据需求对象的特征，将其划分为独立需求和相关需求，并且根据生产工艺的流程，以及产品分解出的物料清单，决定不同资源投料的次序以及数量。MRP 被设计并用于制造业库存信息管理，它解决了如何实现制造业库存管理目标——在正确的时间按正确的数量得到所需的物料这一难题。它根据总生产进度计划中规定的最终产品的交货日期，编制所构成最终产品的装配件、部件、零件的生产进度计划、对外的采购计划、对内的生产计划。它可以用来计算物料需求量和需求时间，从而降低库存量。

MRP 通用计算公式为：净需求＝毛需求＋已分配量＋安全库存－计划在途－实际在途－可用库存

MRP 系统的运行步骤为：

（1）根据市场预测和客户订单，正确编制可靠的生产计划和生产作业计划，在计划中规定生产的品种、规格、数量和交货日期，同时，生产计划必须是同现有生产能力相适应的计划。

（2）正确编制产品结构图和各种物料、零件的用料明细表。

（3）正确掌握各种物料和零件的实际库存量。

（4）正确规定各种物料和零件的采购交货日期，以及订货周期和订购批量。

（5）通过 MRP 逻辑运算确定各种物料和零件的总需要量以及实际需要量。

（6）向采购部门发出采购通知单或向本企业生产车间发出生产指令。

MRP 的运算逻辑基本上遵循如下过程：按照产品结构进行分解，确定不同层次物料的总需求量；根据产品最终交货期和生产工艺关系，反推各零部件的投入出产日期；根据库存状态，确定各物料的净需求量；根据订货批量与提前期最终确定订货日期与数量。MRP 有两种运行方式，即重新生成与净改变方式。重新生成方式是每隔一定时期，从主生产计划开始，重新计算 MRP。这种方式适合于计划比较稳定、需求变化不大的 MTS（面向库存生产）。净改变方式是当需求方式变化时，只对发生变化的数据进行处理，计算那些受影响的零件的需求变化部分。净改变方式可以随时处理，或者每天结束后进行一次处理。

MRP 系统在生产型企业中得到了广泛的应用，也取得了较好的效果，极大地降低了不合理物耗和库存决策不准确的问题，大大降低了企业为了应对不确定性而准备的大量库存，提高了企业的经营效率。

在这一领域做得更为出色的是日本的汽车企业，例如丰田所推行的 JIT 生产方式，将企业的库存水平降至仅维持生产线运行的水平。其生产所需要的物料都是根据事前排好的计划，由上游的供应商在指定的时间将货物送达。由于库存水平的大大下降，极大地降低了企业的生产成本，实现了产品在市场上的价格竞争力。

2. DRP 的原理

DRP（Distribution Requirement Planning 配送资源计划）的思想与 MRP 思想类似。DRP 是流通领域中的物流技术，是 MRP 在流通领域应用的直接结果。配送需求计划主要解决分销物资的供应计划和调度问题，达到保证有效地满足市场需要又使得配置费用最省的目的。

DRP 在两类企业中可以得到应用。一类是流通企业，如储运公司、配送中心、物流中心、流通中心等。这些企业的基本特征是，不一定从事销售业务，但一定有储存和运输的业务，它们的目标是在满足用户需要的原则下，追求有效利用资源（如车辆等），达到总费用最低。另一类企业既搞生产又搞流通，产品全部或一部分自己销售。企业中由流通部门承担分销业务，具体组织储、运、销活动。

这两类企业的共同之处在于：（1）以满足社会需求为自己的宗旨；（2）依靠一定的物流能力（储、运、包装、搬运能力等）来满足社会的需求；（3）从制造企业或物资资源市场组织物资资源；

DRP 的流程与 MRP 原理相同，解释如下：

输入文件

（1）社会需求文件，包括所有用户的订货单、提货单和供货合同，以及下属子公司、企业的订货单，此外还要进行市场预测，确定一部分需求量。所有需求按品种和需求时间进行统计，整理成社会需求文件；

（2）库存文件，对自有库存物资进行统计，以便针对社会需求量确定必要的进货量；

（3）生产厂资源文件，包括可供应的物资品种和生产厂的地理位置等，地理位置和订货提前期有关。

输出文件

（1）送货计划，对用户的送货计划，为了保证按时送达，要考虑作业时间和路程远近，提前一定时间开始作业，对于大批量需求可实行直送，而对于数量众多的小批量需求可以进行配送；

（2）订货进货计划，是指从生产厂订货的计划，对于需求物资，如果仓库内无货或者库存不足，则需要向生产厂订货。当然，也要考虑一定的订货提前期。以上两个文件是 DRP 的输出结果，是组织物流的指导文件。

### 6.2.4 用料管理的基本方法

用料管理是对企业生产过程中的物料使用进行计划、组织与控制的过程。它贯穿于从产品准备、投料到产品完工、残余料的回收入库的全部过程，是一项全员参与的物料消耗持续改进过程。

用料管理的目的是通过控制的手段实现合理与经济的利用原材料，提高利用率，而不是简单地降低物耗。对用料的管理不仅要从数量上进行控制，还需要通盘考虑生产部门领料频率、物料消耗的科学性等方面。

用料管理主要包括以下几个方面：（1）限额供料；（2）集中下料和套料；（3）下料核算；（4）合理代用和回收利用；（5）物料消耗考核分析。以上五个方面对于物料管理部门来说具有较大的挑战。一方面要充分的保障生产部门的实际需求，另一方面还需要控制不当的浪费行为。在企业中是一个重要的支持保障性部门，需要巧妙的协调与生产部门的关系，达到企业利益的最大化。

用料管理中首要做到的是设立合理的用料管理制度，以明确的文字对用料加以描述，由供料部门进行执行和监控。

其次在用料管理中需要逐步实现标准化，遵循统一的规范，将用料的考核进行明确的量化，便于监督和执行。

生产企业用料管理必须依靠对员工的教育，只有思想上重视用料节约的重要性以及与自身利益的关系，员工才有可能真正做好用料节约工作。如果企业劳资双方处于对立面上，员工是没有任何积极性来节约用料的，相反，会将对企业或者领导的不满发泄在工作中，造成企业更大的损失。

## 6.3 习题

### 6.3.1 客观题

一、判断题

1. 供应管理的最主要目的是降低供应成本，其次是保障供应。（　　）
2. 物料消耗定额是指在一定条件下，为生产单位产品所规定的所需消耗的物资数量标准。（　　）
3. 按物料消耗的用途来分类，物料消耗定额有单项与综合定额。（　　）
4. 一般是供应定额大于或等于对应的消耗工艺定额。（　　）
5. 在一定的技术条件下，工艺性损耗是可以避免的。（　　）
6. 由于技术条件所限，该种零件生产中的废品率为3%，则该种零件的工艺消耗定额应包括这3%。（　　）

7. 产品的净重是原材料的有效消耗。(　　)

8. MRP 的出发点是最大限度降低浪费，进行不断地改善。(　　)

9. MRP 是根据客户订单的要求，将客户订单分解，并制定生产作业计划的一种有效工具。(　　)

10. 物料清单决定了企业采购需要的数量以及时间。(　　)

11. MRP 系统的运行能够有效地降低企业的成品库存水平，提高产品周转率。(　　)

12. DRP 系统的实施能够帮助企业改进客户服务，减少产品总体库存水平，降低运输成本。(　　)

13. 某种物料的需用量，取决于需用该种物料的产品产量和其工艺消耗定额。(　　)

14. 某种物料的对内供应量，取决于计划期需用该种物料的产品产量和其工艺消耗定额。(　　)

15. 某种物料的计划期采购量，取决于计划期需用该种物料的产品产量、现有库存量和其工艺消耗定额。(　　)

16. 在原材料消耗定额的制定中，技术计算法是最准确的，可应用于所有领域。(　　)

17. 某种物料的计划期采购量，取决于计划期需用该种物料的产品产量、现有库存量和其供应定额。(　　)

18. 集中下料能够有效地提升材料的利用率，便于边角废料的回收利用。(　　)

19. 确定物料需用量的主要依据是计划任务量和消耗定额。(　　)

20. 定额供料是用料管理的首要环节，也是用料管理的最基本内容。(　　)

21. 用料管理是一个持续改进的过程，需要根据技术条件的变化及时加以调整。(　　)

三、选择题

22. 供应管理是企业中的重要职能，需要实现如下目标(　　)。

A. 及时供应　　B. 经济合理　　C. 大批量供应　　D. 完整供应

23. 把物料消耗定额分为主要与辅助原材料消耗定额的分类标志是(　　)。

A. 物料消耗定额的用途　　B. 物料消耗定额的综合程度

C. 物料消耗定额的作用与性质　　D. 消耗物料的不同类别

24. 把物料消耗定额分为工艺消耗定额和供应定额的分类标志是(　　)。

A. 物料消耗定额的用途　　　　　　B. 物料消耗定额的综合程度
C. 物料消耗定额的作用与性质　　　D. 以上都是

25. 原材料消耗定额的制定方法有(　　)。
A. 技术计算法　　　B. 实际测定法　　　C. 系数计算法
D. 经验估算法　　　E. 统计分析法

### 6.3.2 主观题

1. 物料管理在生产企业应用较为广泛，请从参与过的金工实习课程中讨论一下在生产和加工小型工具中物料控制应采取哪些措施？
2. 在泰勒的科学管理理论中就提出过工作定额的概念，请查阅相关资料了解工作定额的概念，随着不断提高的工作定额标准，劳资双方的矛盾是否是不可调和的？
3. 对于生产线上的工人为了避免反复领料，履行请料手续等复杂过程，倾向于一次多领料，你如何看待这一问题？如果你是物料控制人员，你如何面对这一矛盾？

### 6.3.3 案例分析

#### 制造业物料管理研究——从家乐福获得的启示

目前，在我国制造业的物料管理中，尚存在着许多有待解决的问题。但同时大型流通零售企业在近年的发展中都形成了很好的物流经验，特别是沃尔玛、家乐福等国际零售企业在发展中形成了良好的存货控制、仓储管理、信息管理的系统。这些经验为我国制造业物料管理提供了良好的经验。物料管理分为需求估算、购料订货、仓储作业以及账务处理四个阶段，本研究就从上述这四个阶段出发，结合零售业家乐福的做法进行具体的阐述。

一、需求估算阶段

第一个环节是计划环节（Plan）。预先周全的计划，可以防止各种可能的缺失，也可以使人力、设备、资金、时机等各项资源得到有效充分的运用，又可以规避各类可能的大风险。制订一个良好的库存计划可以减少公司不良库存的产生，又能最大效率地保证生产的顺利进行。

1. 家乐福的库存计划模式

在库存商品的管理模式上，家乐福实行品类管理（Category Management），优化商品结构。一个商品进入之后，会有POS机实时收集库存、销售等数据进行统一的汇总和分析，根据汇总分析的结果对库存的商品进行分类。然后，根据不同的商品分类拟订相应适合的库存计划模式，对于各类型的不同商品，根据分类制订不同的订货公式的参数。根据安全库存量的方法，当可得到的仓库存储水平下降到确定的安全库存量或以下的时候，该系统就会启动自动订货程序。

2. 从家乐福获得的启示

(1) 运用ABC法对物料分类管理。运用ABC分类法对所有物料进行分类。家乐福根据流量大、移动快速，流量适中以及流量低、转移速度慢三种情况把物料分为A、B和C三类。这就有助于管理部门为每一个分类的品种确立集中的存货战略。

(2) 根据品类管理制订不同的库存计划模式。大致而言，存货的管理模式有：订单直接展开法、复仓法、安全存量法、定时定购法、定量定购法、MRP法以及看板法。在同一个企业中，同时可以存在两种甚至以上的库存计划模式，这取决于物料的类型和企业的管理制度。现假设一家制造企业的物料已经按照ABC分类的概念并结合自身的情况进行了品种分类，分别为A类物料、B类物料和C类物料。A类的特性为：流量大、移动快速，在企业物料中最为重要；管理方式就会采取严密的管理方式和预测准确的库存计划，即使预测的成本较高，也要尽可能使无效库存数为零；管理模式可以采用MRP方式。B类的特征为：流量适中，仅次于A类的重要物料品种；管理方式为采用管理中度的管理方式，原则上，同时容许少量风险的无效库存的存在；管理模式可以是采取安全存量的管理方式。C类的特征为：流量低或转移缓慢，相对重要性也较低；管理方式为采用宽松的管制即可，简化仓储出库、入库手续；管理模式是复仓法。

## 二、购料订货阶段

计划层面（Plan）的下一个层面即为实施层面（Do），也就是购料订货阶段。在选用合理的存货管理模式后，就根据需求估算的结果来实施订货的动作。以确保购入的货物能够按时、按量的到达，保证以后生产或销售的顺利进行。

1. 家乐福的购料订货模式

在家乐福有一个特有的部门——OP（ORDER POOL），也就是订货部门，是整个家乐福的物流系统核心，控制了整个企业的物流运转。在家乐福，采购与订货是分开的。由专门的采购部门选择供应商，议定合约和订购价格。OP则负责对仓库库存量的控制；生成正常订单与临时订单，保证所有的订单发送给供应商；同时进行库存异动的分析。作为一个核心控制部门，它的控制动作将它的资料联系到其他各个部门。对于仓储部门，它控制实际的和系统中所显示的库存量，并控制存货的异动情况；对于财务部门，它提供相关的入账资料和信息；对于各个营业部门，它提供存量信息给各个部门，提醒各部门根据销售情况及时更改订货参数，或增加临时订量。

2. 从家乐福获得的启示

(1) 在公司内部形成一个控制中心。在公司内部形成一个类似OP的专门的控制部门，以它为中心，成射线状对企业其他各个部门形成控制，对财务提供资料，同时与各个营运部门形成互动的联系。可以形容为“牵一发而动全身”。在制造企业的内部，我们同样需要一个得力的控制中心的存在。

(2) 明确各个部门的职责。在订货这个流程中，如果各个部门的职责没有分清的话，订货的效率会明显降低，或者说订货出错的机率会增加。在制造业中，我们需要让采购、仓库、财务、生产各个部门的职责明白清晰，物料管理的效率才能够提高。

(3) 优化进货流程。比较家乐福的订货流程，可以拟出制造业的一个进货流程如下：首先，电脑根据订货公式，计算自动订单；第二，由业务员人工审核确认后，由计算机输出，发给供应商；第三，供应商凭借计算机订单及订单号送货；第四，收货员下载订单到收货终端，持收货终端验收商品。未订货商品无法收货（严格控制未订货商品）；第五，上传终端数据至电脑系统，生成电脑验收单（超出订货数量商品，作为赠品验收或退还供应商）；第六，将电脑验收单加盖收货章后交给供应商作为结算凭证；最后，进行业务每日查验《超期未到货订单汇总表》，确保供应商准时送货。通过上述流程，可以达到优化进货流程的目的。

三、仓储作业阶段

1. 家乐福的仓储作业

家乐福的做法是将仓库、财务、OP、营业部门的功能和供应商的数据整合在一起。从统一的视角来考虑订货、收货、销售过程中的各种影响因素。因此，看家乐福仓储作业的管理就必须联系它的OP、财务、营业部门来看，这是一个严密的有机体。仓库在每日的收货、发货之外会根据每日存货异动的资料，存量资料的数据传输给OP部门，OP则根据累计和新传输的资料生成各类分析报表。同时，家乐福已逐步将周期盘点（Cycle Count）代替传统一年两次的“实地盘点”。在实行了周期盘点后，家乐福发现，最大的功效是节省一定的人力、物力、财力，没有必要在两次实地盘点的时候大规模的兴师动众了；同时，盘点的效率得到了提高。

2. 从家乐福所获得的启示

(1) 加强仓库的控制作用。根据“战略储存”的观念，仓库在单纯的存储功能以外还有更重要的管理控制的功能。第一，加强成品管理，有效维护库存各物料的品质与数量。第二，强化料账管理，依据永续盘存的会计理念进行登账管理。第三，要及时提供库存资讯情报。要具备稽核功能（统计功能）。以料、账和盘点的数据为基准。制订出有关资讯报表。第四，注重呆废料管理。通过制订呆废料分析表，利用检查及分析等手段使仓库中的呆废料突显出来，并及早活用，最大限度地减少损失。

（2）推行周期盘点。家乐福利用周期盘点（Cycle Count）代替一年两次实地盘点的做法在一定程度上也是值得制造业企业学习的。“周期盘点”以一个月或几星期为一个周期，根据品类管理对物料的分类，同样也对所储存的物料进行盘点周期的分类。每一次盘点若干个储位或料项，根据盘点的结果进行调整，并生成周期盘点的相关报表。采用“周期盘点”可以达到缩短盘点周期、及早发现“人”的问题以及仓储中存在的问题。但周期盘点的实施需要企业财务、采购、仓库各个部门有更强的控制能力和相互间联系反应的能力。

**四、账务管理阶段**

账务管理是物料管理循环的最后一个环节，但同时也是下一个循环的开始。包含两部分的内容：一是指仓储管理人员的收发料账；另一部分则是财务部门的材料账，对于这两类账的日常登记、定期的检查汇总，称之为物料的账务管理。账务管理最主要的目标是保证料、账准确，真实反映库存物料的情况。

1. 家乐福的账务管理

家乐福的做法是从整体的角度出发，考虑仓库、财务、采购各个部门的职责和功能，减少不必要的流程，最大限度地提高效率和缩短工作周期。在家乐福，账务管理的基本结构包括三个部分：一是库存管制，由仓管制订；二是异动管理，由OP部门负责入库、出库，物料增减情况的登录；三是库存资讯，包括库存量查询在内，OP提供有关管理需求的账面报表，财务提供有关财务需求的报表。

2. 从家乐福所获得的启示

（1）利用计算机构建财务的结算流程。流程管理无处不在，无处不需。上面提到的进货流程是商品进出结算流程中的一环。同理，管理系统应具有一个完善的结算流程，即生成订单、依照订单验收商品并制验收单、依照验收单生成日期并电脑计算出应结算日期、供应商交结算对账单、财务录入供应商结算单并在电脑系统中完成自动对账、在结算日计算机做结算并有财务开支票。在物料管理中账务阶段的最后就要以计算机作为流程管制的要点，环环相扣，让计算机真正成为管理过程的控制工具，从而保证料账管理的有效。

(2) 财务人员参加周期盘点。周期盘点可以是仓库人员自动自发的，但这样的话，周期盘点就完全成为了一个部门的内部作业了。在家乐福，盘点的计划由OP部门制订和控制，由财务部门组织，与仓管部门共同负责实施的，每一次的周盘都与大盘一样，必须有财务人员的到场。由财务人员来组织参加周期盘点，一方面可以监督周期盘点的正确实施，维持盘点结果的准确性；另一方面也可以在部门与部门之间形成相互牵制、相互监督的关系。

**思考题：**

(1) 如何利用ABC方法对供应物料进行分类？不同的物料是否应采取不同的供料管理方法？

(2) 生产企业与零售企业在供料管理方面有什么差异和相同之处？

(3) 面对企业中生产部门这一主体，物料管理部门应如何处理与它的关系？

**参考答案：**

(1) ABC方法是进行物资分类管理的有效手段，利用ABC方法按照货物的货值大小、重要性程度和缺货风险进行归类，对不同类别物资给予不同的管理手段。将重要的、风险较大的以及货值所占比重较高的定义为A类物资，进行精细化管理，以控制成本与风险为最主要的目标，C类物资恰恰相反，由于货值与风险都较低，而在企业中所占的种类数又较大，因此需要进行批量化管理，降低管理时间与成本的支出。B类是介于二者之间的管理方法。在企业进行供料时，需要考虑到ABC分类方法提高供料的效率和控制供料的成本。对于A类物资的供料，采取定量化、计划管理，确保有效使用。对于C类物资，则可以允许生产环节进行批量领料，以减少重复领料次数，提高生产的效率。

(2) 生产企业与零售企业都需要通过向下游环节供给来保障生产经营的正常进行。在生产企业对供料管理要求比较严格，需要按照BOM的要求进行连续的需求拉动式的供料，而零售企业面向下游门店的配送活动则是由下游门店自行根据需求确定的订单，对数量和品种的要求上不如生产型企业严格。但是对补货的时间要求较为严格，二者在功能上相似，但关注点有所不同。

(3) 生产部门是企业的发动机，是价值创造的主体，物料管理部门是重要的辅助性环节，配合生产部门进行生产活动，因此，物料部门需要加强与生产部门的沟通，及时足量地满足生产的要求，同时，针对生产环节的浪费现象以及过量领料等问题，需要进行管理和监督，使双方都能够本着实现企业整体效益最大化的原则进行合作，依靠沟通来避免双方间的矛盾与冲突。

# 第七章　运输与配送

## 7.1　教学要求

通过本章的学习，要求学生能够：

(1) 理解运输的基本概念与功能；

(2) 理解配送的概念与功能；

(3) 掌握配送与运输的关系；

(4) 掌握不同运输形式的特征；

(5) 理解集装箱运输的概念及特点；

(6) 了解集装箱标准与参数；

(7) 理解集装箱运输组织过程；

(8) 理解不同承运人之间的区别；

(9) 掌握运输优化的最短路算法；

(10) 理解不同的配送网络结构特点；

(11) 掌握共同配送的含义与作用；

(12) 理解配送的基本策略与流程；

(13) 掌握配送合理化的基本思想。

## 7.2　本章解读

运输与配送是物流中重要的路径活动，通过运输与配送将各个孤立的节点连接起来，形成了一张完整的物流网络，实现物流的功能。

### 7.2.1　运输与配送的基本概念

运输是借助于运载工具实现运输对象空间位移的过程。通过低成本、高效率的物体空间移动，实现物的价值最大化，从而不断的推动经济的流动和资源的有效分配。在物流中，运输是一项时间消耗大、参与环节多、成本高的物流活动。以至于在较长时间内，很多人将运输直接等同于物流。

运输在物流中的地位不可或缺，主要的作用体现在以下几个方面：

(1) 构成并完善了物流网络体系；

(2) 是社会化再生产循环的必要条件之一；

(3) 创造了物的空间价值；

(4) 是物流实现第三利润源的主要来源；

(5) 是物流系统合理化的关键要素。

配送与运输类似，是一种在较小范围内进行的物体空间转移。其主要目的是实现面向终端客户的多频次、小批量需求的满足。同时在配送过程中，还可以根据客户的实际要求进行一定的加工增值，提高物流的效益。与运输相比，配送是一项由订单驱动的物流活动，实现的是物流最后一公里的工作，起到了衔接客户和物流其他职能的作用，因此对配送活动的服务水平提出了更高的要求。

运输与配送是一种互补的关系，运输满足了干线上大批量物资的中远距离输送，而配送作为一个补充环节，实现了运输两端物资的集中和分散的功能，两种形式的结合能够有效地实现物流的线路活动。

### 7.2.2 运输的基本形式与选择

运输必须要依赖于一定的载体才能够完成。对于不可移动的我们称之为设施，而可移动的则称之为设备。对于运输设施与设备的选择，主要考虑的是与环境的适应性，以及运输对象自身的属性要求。运输中可以选择的方式包括铁路、公路、水路、航空以及管道运输。各种不同的运输方式有自己的特点，主要表现在速度、成本、灵活性等方面。需要根据运输对象自身的条件来合理选择不同的运输方式或者是多种运输方式的集成。

运输工具的选择，倾向于选择荷载比较大的运输工具，在单次运输中能够实现更大的运输量，实现运输的经济性。

为了能够有效的实现多种不同方式整合的运输，通过集装箱或者托盘的形式实现物资的整装，能够有效地利用机械设备进行装卸搬运，提高了货物的周转速度，对于采取多式联运的运输活动来说，优势非常明显。为了适应于不同的物资，集装箱也采用了不同规格尺寸和性能，最为常见的海运集装箱为 20 英尺和 40 英尺两种。

在选择合适的运输形式中，需要首先了解运输对象的物理化学属性以及运输数量、价值等基本信息，然后根据时间要求、运费要求等来选择合适的运输方式。某些时候，可以通过提前的计划合理安排运输，尽量采用低成本的运输形式，实现运输的合理化。

运输活动的执行者可以有两类。一类为自营承运人，自身既是货主也是运输者，主要见于某些大宗物资的运输上。另一类为社会承运人，通过为货主提供物流运输服务，获得佣金，这一类承运人由于有较为丰富的经验，可以帮助物流能力不足的企业实现物流运输的功能。对于运输批量不大或者是运输批量不稳定的货主来说，这一选择能够有效降低企业物流的固定成本。

### 7.2.3 运输优化的基本方法

运输活动在物流中所占的成本是最高的，因此对其优化能够实现较好的节约效果。运输优化的基本问题是对运输网络拓扑图的最优化。最短路问题是在对全局拓扑图是已知的情况下，通过标号的方法寻找到一条最短的路径，这有助于运输过程中行驶里程的节约。

当然，实际情况远比这个复杂，因此，在寻找路径时，从最短路问题还需要加上一系列的约束条件，例如单行线、道路条件等等，使寻找到的最优路径更接近于真实情况。

对于网络拓扑结构未知，或者拓扑结构过于复杂的，可以使用神经网络算法、蚁群算法等通过计算机模拟迅速找到最优解。

运输优化中还面临着如何进行车辆调度的问题。对于有限的资源来说，在多点间进行调运其效果要远远好于单独的点对点方式运输，一方面可以有效地节约运力资源，另一方面也能够降低运输成本。对于经常需要在不同的地区采用多台设备进行运输时，设备调运规划问题是必须要加以重视的。

### 7.2.4 配送的基本策略

配送可以实现物流系统的完善，对于提高物流效率，改进物流服务水平有着重要的作用。在经济系统的循环中，从生产者到消费者是一个从集中到分散的过程。对于大批量的物资移动，可以采取集中化的运输方式来进行，但是对于分散的、随机产生的消费需求来说，运输就变得无能为力了，难以实现以低成本来满足特定的客户的需求。

因此在一个较小的范围内，采取轻型运输工具进行小批量的送货，可以更好地实现物流功能，同时也实现了资源的有效利用。这一树状的网络结构是最为高效的物资流动形式。

针对不同的需求，其所采用的配送模式也有不同。对于不需要进行二次加工的物资来说，行业客户仅需要在某一特定的时间获得订单中所确定的产品的种类和数量，这是一种直接配送模式，得到了大量生产企业的青睐。

对某一产业集中地区，其生产需求往往也较为集中，此时，通过公共仓储配送中心来满足客户短期的需求，这是一种存储配送模式，能够有效地降低企业缺货的概率，同时可以利用配送中心接近客户的优势，实现客户端库存数量的不断降低。

交叉转运中心模式，这是零售行业配送中心常见的形式。从供应商处获得的物资需要能够及时地上架销售，因此，在交叉转运中心仅需要实现物资的快速分拆与分拣，满足下游各个门店与网点的需求。

流通加工配送模式，这是一种能够实现物资价值增值的配送模式。许多物资由于客户需求具有多样性，或者产品本身特性的限制，在生产商处不适合进行最后的组装或者定制。因此需要在客户产生需求时，根据客户的要求进行最终的简单加工，既能够满足客户的需求，同时还可以提高物流的效率。

根据下游客户对于配送服务的时间、数量、路线的要求不同，配送服务的形式可以有定时、定量、定路线的配送方式，以增强配送服务满足需求的能力。

随着社会信任关系以及地方产业集群的发展，多个企业之间也在谋求非竞争性领域的合作。例如在配送资源的使用上，对于单独的企业来说，独自使用某一配送工具会导致运能得不到充分利用，从而产生浪费，因此多家有共同需求的企业可以采取共同配送的形式，实现了运输规模经济，同时也可以降低配送的成本，提高配送的频次，对于参与共同配送的企业以及承运人来说，都是一个共赢的方案。但是共同配送在实际执行时，仅有日本在这一方面做得比较成功，其开展的困难之处在于：(1) 协调的工作难度较大；(2) 参与共同配送各方存在利益上的矛盾与冲突；(3) 商业秘密的保守；(4) 地理范围过大导致不经济。

### 7.2.5 配送作业程序

配送中心是配送活动主要执行的地点，一般来说，配送作业的流程主要包括了进货、装卸搬运、存储、订单处理、分拣、补货、配货、送货几大步骤。

配送活动首先是由下游订单驱动的，配送中心在得到下游需求订单之后即需要及时处理客户的订单，驱动整个配送工作的开展。配送活动的目的是保证客户能够快速地得到所需要的产品及服务，因此，根据价值链的思想，需要在全环节进行优化，而不仅仅是加快运输的速度。为了能够推动配送过程的高效率，需要通过完善的信息系统来优化整个系统的流程，缩短等待和信息处理时间，实现配送的时效性。

其次是配送中心里的拣货活动。根据系统所生成的拣货单，拣货员需要采取不同的方式获得订单中所需的物品，常见的有摘果法和播种法两类。同时，根据系统中对各个物品的准确定位，能够为拣货人员规划出一条合理的拣货路径，实现整体效率的提高。

第三，配送中心的补货作业。很多时候配送中心是作为下游企业的库存存在的。因此，需要对下游的需求进行提前的准备，以应对突发需求。此外，在配送中心仓库中也有静区和动区之分，通过从静区向动区的补货也能够加快拣货的速度。

第四，配货作业。在拣选完毕后，需要根据客户订单的要求将物品装入不同的容器，等待装运，同时需要根据客户所在地区进行分类，可将同一区域的订单进行集中处理，集中配货，提高配送的效率。

第五，配送的最后一步是送货作业，这是满足客户需求的最终一步，也是客户评价物流服务好坏的最直接判断。因此对于送货环节需要给予足够的重视，加强送货人员的素质训练，规范行为，保证客户物流服务体验的提高。

### 7.2.6 配送合理化

配送过程中由于牵涉的资源较多，优化难度较大，因此存在着较大的浪费和资源利用的不合理。其中最为典型的是配送车辆难以满载，返程空驶，导致人力物力支出的不经济。既带给企业运营上的负担，也抑制了配送服务质量的提升。因此，可以采取节约法对配送路线和车辆使用进行优化，充分利用车辆的载重和容积，将相近地区的订单作为一个订单来处理，采用不重复的行走路径，降低无效的返空运输时间，同时提高了车辆资源的使用效率。

## 7.3 习题

### 7.3.1 客观题

一、判断题

1. 运输合理化和运输成本最小化的概念是一致的。(　　)
2. 航空运输是现代物流系统中最优的一种运输方式。(　　)
3. 共同配送就是指在一定的区域内，为使物流合理化，对有若干个定期需求的货主，共同要求某一个卡车运输企业，利用同一个运输系统完成的配送。(　　)
4. 配送和传统的送货并无根本区别，就是创造货物的空间效用。(　　)
5. 铁路运输其最大优点是空间和时间方面具有充分的自由性。(　　)
6. 货物交付期通常是衡量配送服务水平的重要指标，货物交付期越长，说明配送服务水平越高。(　　)
7. 运输工具的技术速度对于货物运输而言更具有实际的意义。(　　)
8. 集装箱多式联运和现代物流在目标上是一致的。(　　)
9. 在各种运输方式中，汽车运输的劳动生产率最低，水运最高。(　　)

10. 从供应商的角度分析，配送中心的建立有利于减少其交易费用和降低物流整体成本。(　　)
11. 配送中心的形成和发展是物流系统化和规模化的必然结果。(　　)
12. 配送就是物流的末端运输活动。(　　)
13. 集装单元化技术是物流系统中的一项先进技术，但它只适合于小批量、短距离输送，便于采用自动化管理的一种现代科学技术。(　　)
14. 集装单元化是以集装单元为基础组织的装卸、搬运、储存和运输等物流活动的方式。(　　)
15. 集装单元化器具主要有托盘和集装箱两大类。(　　)
16. 托盘运输以一个托盘为一个运输单位，运输单位增大，便于机械操作，因而可以成倍地提高运输效率。(　　)
17. 解决配送路线选择和配送车辆调度中广泛使用的节约法是一种精确算法。(　　)
18. 即时配送就是准时配送，都是为了满足用户应急需求进行的配送。(　　)
19. 虽然多式联运采取全程负责的方式，但是需要办理多次托运手续。(　　)
20. 运输线路选择中的非成本因素是指与成本无关、不会影响企业发展的因素。(　　)
21. 对于消费者集中的商业繁华区域的用户，采取晚间定时定路线配送模式比较合适。(　　)
22. 集装箱标准按使用范围分国际标准、国家标准和地区标准 3 种。(　　)
23. 各种形式的集装箱器具都可通称为托盘。(　　)
24. 水路运输是成本最低、但运输速度最慢的运输方式。(　　)
25. 共同配送就是指在一定的区域内，为使物流合理化，对有若干个定期需求的货主，共同要求某一个卡车运输企业，利用同一个运输系统完成的配送。(　　)

二、选择题

26. 集装箱的尺寸按国际标准化组织和国际标准分类，国际标准集装箱系列共(　　)种。

A. 11　　B. 12　　C. 13　　D. 14

27. (　　)可以开展“门到门”的运输服务。

A. 公路运输　　B. 水路运输

C. 管道运输　　　　　　　　　　D. 铁道运输

28. 为提高物流效率，对许多企业一起进行配送的是(　　)模式。

A. 商流、物流一体化配送　　　　B. 商流、物流分离的配送

C. 独立配送　　　　　　　　　　D. 共同配送

29. 对于钢材中的卷板这种货物，一般小企业的需求量很少，不需要整卷的板材，此时配送前要经过一定的处理。这种配送模式称为(　　)。

A. 储存配送　　　　　　　　　　B. 直通配送

C. 流通加工配送　　　　　　　　D. 直接配送

30. 在整个运送过程中处于“二次运输”、“支线运输”、“终端运输”的是(　　)的特点。

A. 小搬运　　B. 配送　　C. 运输　　D. 调运

31. 属于配送的功能要素的是(　　)。

A. 集货　　B. 配装　　C. 分拣　　D. 配货　　E. 送货

32. 集装单元化原则有(　　)。

A. 标准化原则　　　　　　　　　B. 通用化、系统化、配套化原则

C. 集散化、直达化、装满化原则　D. 效益化原则

E. 成本最低原则

33. 下列属于运输合理化的途径和方法的是(　　)。

A. 运输网络的合理配置　　　　　B. 选择最佳的运输方式

C. 提高运行效率　　　　　　　　D. 推进共同运输

E. 采用各种现代运输方式

34. 配送增值服务涉及的范围很宽，一般可归纳为(　　)。

A. 以顾客为核心的服务　　　　　B. 以促销为核心的服务

C. 以制造为核心的服务　　　　　D. 以时间为核心的服务

E. 以上都不是

35. 下列属于运输合理化的途径和方法的是(　　)。

A. 运输网络的合理配置　　　　　B. 选择最佳的运输方式

C. 提高运行效率　　　　　　　　D. 推进共同运输

E. 采用各种现代运输方法

36. 我国联运托盘的规格尺寸主要有：(　　)。

A. 800mm×1100mm　　　　　　B. 800mm×1000mm

C. 800mm×1200mm　　　　　　D. 1000mm×1200mm

E. 900mm×1200mm

37. 集装单元化原则有(　　)。

A. 集装单元器具标准化原则　　B. 通用化、系统化、配套化原则

C. 集散化、直达化、装满化原则　D. 效益化原则 E. 高科技原则

38. 下列选项中不是配送的功能要素的是(　)。

A. 送货　　B. 包装　　C. 分拣　　D. 配货

39. 在运输管理系统中(　)是整个系统的核心。

A. 订单管理　　B. 外包管理

C. 车辆资源管理　　D. 运输调度

40. (　　)是指商品集中、出货、保管、包装、加工、配货、配送、信息的场所或经营主体。

A. 转运型物流结点　B. 配送中心　C. 物流中心　D. 物流园区

41. 物流运输增值的时间效用表现为通过物品流通过程中的劳动克服了物品(　　)时间上的不一致。

A. 生产　　B. 消费　　C. 生产和消费　　D. 采购

### 7.3.2 主观题

1. 论述配送中心的基本作业流程和作业内容。
2. 在物流运输决策中，企业面对的是如何在不同的运输形式间进行选择。面对成本、灵活性、安全性、可得性等诸多因素，企业在实际选择中会考虑一些成本次优选择。例如公路运输往往成为企业的首选运输方式。假设你是一家生产小五金的企业主管销售物流的经理，有一批重量在20吨的五金制品，需要从上海运至北京，请估算这一趟货运的成本，每一项成本请给出计算依据。
3. 铁路运输是一种成本较低的大运量运输方式，在我国经济发展中起到了重要的物资流通渠道的作用。主要承担的是大宗物资如煤炭、钢材、粮食的运输。请思考一下客货运分流对提升我国铁路货运能力的价值。有哪些途径可以有效地实现货运吞吐量的继续增加？
4. 国际货运中，海运是主要的运输形式。请了解我国主要港口到世界主要贸易港的航线、价格和主要船运形式。并请了解集装箱货运中需要收取哪些运杂费。
5. 全球空运网络呈现核心节点的放射性连接。请查阅资料了解全球哪些城市是重要的航空节点。这些节点的安全与稳定运营对于空运网络来说有什么价值？
6. 运输中通过集装单元化来实现机械化作业，实现效率的提升。托盘的大量使用为物流过程的衔接提供了必要的保障。对当前的不同托盘标

准之争，你如何看待？非标准化托盘带来的危害有哪些？试举例说明。

7. 配送是现代物流发展的一个重要标志。配送过程的好坏直接关系到物流的绩效。当前制约我国配送行业发展的主要因素有哪些？

8. 快递是与民众生活最为密切的配送形式之一。当前的快递人员素质成为讨论的热点问题。结合自身经历，请谈谈对快递行业如何提升从业人员素质？

### 7.3.3 案例分析

#### 案例1：该不该购置新车？

有一销售企业，主要对自己的销售点和大客户进行配送，配送方法为销售点和大客户有需求就立即组织装车送货，结果经常造成送货车辆空载率过高，同时往往出现所有车都派出去而其他用户需求满足不了的情况。所以销售经理一直要求增加送货车辆，由于资金原因一直没有购车。

**思考题：**

(1) 如果你是公司决策人，你会买车来解决送货效率低的问题吗？为什么？

(2) 请用配送的含义分析该案例，并提出解决办法。

**参考答案：**

(1) 案例中所提到的问题并不在于车辆数的多少，而是应该从总体运能和运量的比较上来看，是否运能得到了充分合理的利用。案例中所提到的问题实际上是企业想更好地满足客户的要求，而忽略了自身的经济性，当前最需要做的是合理分析企业的配送方案，是否应该采取先到先得的原则为客户进行服务。

(2) 配送是一种按照客户要求进行的近距离送货活动，可以充分的利用配送资源，实现低成本的客户需求满足。为了能够解决这一问题，需要将客户的需求进行细分，区分出核心客户与一般客户，采取不同的服务满足策略；其次，对于小批量订单，可以通过合并多个客户的需求，进行一次送货，以此来达到车辆满载的目的，实现车辆资源与客户订单的平衡。当客户订单需求超过了车辆资源供给能力时，才需要考虑购置新的车辆。此外，应充分考虑可利用社会车辆的可能性。

#### 案例2：是否该减少仓库？

美国机械公司是一家以机械制造为主的企业，该企业长期以来一直以满足顾客需求为宗旨。为了保证供货，该公司在美国本土建立了500多个仓库。

但是仓库管理成本一直居高不下，每年大约有2000万美元。所以该公司聘请一调查公司做了一项细致调查，结果为：以目前情况，如果减少202个仓库，则会使总仓库管理成本下降200～300万美元，但是由于可能会造成供货紧张，销售收入会下降20%。

**思考题：**

(1) 如果你是企业总裁，你是否会依据调查公司的结果减少仓库？为什么？

(2) 如果不这样做，你又如何决策？

**参考答案：**

(1) 根据现有的分析，如果按照调查公司的结果减少仓库数量，虽然降低了仓库管理成本200～300万元，即仓库管理成本的10%～15%，但是仓库数量却削减了40%，对收入的影响达到20%，因此这一方案得不偿失，无法实现企业提升盈利的目标。

(2) 针对当前企业的现状，削减仓库的数量应该从企业实际需求出发，对企业的客户分布情况进行调查，建立起集中—分散式的配送结构，削减掉那些盈利水平较弱，位置相对重复的仓库，而对那些战略位置重要的仓库则需要增强它的能力，实现向更广范围内配送的能力，以此实现仓库管理成本下降以及销售收入的提升。

# 第八章　库存控制与仓储管理

## 8.1　教学要求

通过本章的学习，要求学生能够：

(1) 理解库存的基本概念和作用；

(2) 了解库存的分类；

(3) 掌握库存成本的构成；

(4) 掌握 ABC 分类法；

(5) 掌握定量和定期订货方法；

(6) 理解供应链环境下的库存管理模型；

(7) 理解仓库的功能与分类；

(8) 了解仓储规划的内容；

(9) 掌握仓储管理中的业务流程和管理方法。

## 8.2　本章解读

### 8.2.1　库存的概念与作用

库存是为了满足供给与需求平衡的有效手段，是生产与流通重要的缓冲器。库存有狭义与广义之分，狭义的库存是指仓库中处于暂时停滞状态的物品或商品；广义的库存还包括处于制造加工状态和运输状态的物品。通俗一点说，库存是指企业在生产经营过程中为现在和将来的生产或者销售而储备的资源。

在实质上库存是一种用成本来规避风险的途径，具体表现在如下方面：

(1) 调节供求差异，保障生产的有序进行；

(2) 实现生产过程中的稳定；

(3) 减少异步活动中的不稳定性；

(4) 实现运输的合理化；

(5) 对抗市场价格波动的风险；

(6) 实现企业资金占用的均衡。

但是由于风险是尚未出现的，而需要用可见的成本进行均衡，因此，对于库存总是尽可能地降低其数量水平，实现流动的经济性。但是只要存在着信息的非对称以及对不确定性的恐慌，库存这样一种抑制风险的形式就不会被完全消除。

企业可以通过优化管理，尽可能实现信息的对称来压缩库存资金占用，把应对管理水平低下这一种企业内部可控风险的库存降至最低，使库存真正变成应对企业不可控因素导致的风险的应对手段。

### 8.2.2 库存的分类

根据研究领域的不同，库存可以分成不同的类别。

在企业中，库存可以按照使用的用途不同分成原材料库存、在制品库存、MRO库存、产成品库存以及其他低值易耗品库存。这是一种按照库存在企业中使用的阶段不同进行的划分，可以将不同阶段的库存分别管理，使企业的生产经营流程更加清晰。

按照库存的性质对库存进行划分可以分为周转库存、安全库存以及中转环节库存。对企业来说，正常生产时需要不断地从库存缓冲区中取出物资，投放到生产环节，并且对库存的补充也是不断地满足周转库存的需求。但是企业中除了有正常的应对离散供应和连续生产的库存外，还需要应对来自于外部不确定性所带来的风险，这一部分需要通过安全库存加以保障。这两部分库存均是一个数量概念，并不是针对某一特定的实体。所有的库存都是按照先进先出或者是后进先出的方法在生产中进行循环流转。中转库存是衔接不同设备运载进行能力平衡的一种手段，需要通过一定的库存准备来满足能力较大的设备的一次装运。

对于库存的不同分类可以实现对库存的深入和全面的研究。库存更多地表现为一种数量的概念，通过对数量的动态控制和调节，实现了生产与流通过程中的均衡以及风险因素的化解。

### 8.2.3 库存成本的构成

库存消耗了企业大量的流动资金，其资金占用如果不能实现预期的收益，则为企业带来了机会损失。为了能够清晰地了解库存成本占用的情况，我们首先需要了解库存成本的构成。

库存成本首先包括的是所持有的库存本身的货值。由于资金时间价值的存在，持有的库存对资金的压占即构成了成本的一部分，对企业来说，如何能够以更低的库存水平满足生产经营的要求是追逐利润的终极目标。这构成了库存成本的一个重要部分。

其次，在库存管理中，每一次订货所发生的成本称之为订货成本，这是一系列操作性费用，与订货的数量无直接关系，而与订货的次数直接相关。

伴随着信息技术的大量采用，电子化订单以及数字化的沟通方式的采用可以极大地降低订货成本。此外与供应商之间通过建立起长期的合作伙伴关系，减少议价次数也可以有效地降低订货成本。

第三，持有成本。这包括了在库存持有或者保存阶段所发生的一切成本。主要包括操作成本、存储管理成本以及资金占用成本。这些成本与一次订货量的大小直接相关。当单次批量加大时，库存的持有成本上升。

第四，缺货成本以及补货成本。由于预测无法完全满足需求，导致产品缺货带来的客户流失以及为了满足客户的临时需求进行的加急采购，这些都带来了相应的成本增加或者收益损失。

以上成本在库存成本中同时存在，并且也是一个此消彼长的关系，因此作为库存决策来说，需要合理的对待库存成本，选择合适的批量大小，实现总成本的最小化。

### 8.2.4 库存的ABC管理法

1. ABC管理的基本原理

企业的库存对象种类繁多，其货值大小不一，如果对库存的物资按照价值排序，可以明显地看出其分布符合80/20法则。即重要的少数和不重要的大多数。通过对库存物资按照累积百分比进行分类，对重要的少数定义为A类，加以精细化管理，控制其供应风险以及获取成本。对不重要的大多数则定义为C类，考虑如何降低库存管理人员精力上的支出，而介于两者之间的则定义为B类。这是一种按照货值大小的分类方法，但是在实际应用中，还需要考虑其他的因素，ABC分析不是只能按固定的模式分成三类，在实际应用中，ABC分析还有许多灵活、深入的方法。

（1）分层的ABC分析。在物品种类较多，无法全部排列于表中，或即使可以排成大表，但是在没有必要的情况下，也可以先进行品目的分层，以减少项数，再根据分层结果将A类品目逐一列出，进行个别的、重点管理。

（2）多重ABC分析。多重ABC分析是在第一次ABC分析基础上，再进行一次ABC分析。比如，分层的ABC分析中A类的品目非常多，则可以对这一集合群再进行一次ABC分析。其结果是，原来A类中又划分出A、B、C三类，可分别冠以A—A、A—B、A—C，这样可以使管理者进行更有针对性地管理。

（3）多标准ABC分类。在实际工作中，管理目标往往不止一个，不同的目标又有不同的要求，不同的要求形成了不同的标准。如果分别按不同标准分类，可能是同一集合的物品，有若干不同分类结果，这必定会造成分类的混乱，反而会增加管理难度，违背了分类的初衷。多标准分析分类方法，就是针对这种情况的分类方法。

2. ABC 分析的一般步骤

一般说来，企业的库存反映着企业的管理水平，通过调查企业的库存，可以大体了解企业的经营状况。虽然 ABC 分析法已经形成了企业中的基础管理方法，有广泛的适用性，但目前主要应用在库存管理活动中。

ABC 分析的一般步骤如下：

(1) 收集数据。按分析对象和分析内容，收集有关数据。例如，对仓库中所有产品的成本情况进行统计，以了解库存物资的资金占用情况，便于实施重点管理。

(2) 处理数据。根据上一阶段所得到的产品数据，按照资金占用额度进行排序，进行资料的整理与汇总。

(3) 绘制 ABC 分析表。其构成为：

**表 8-1 ABC 分类表**

| 序号 | 物品名称 | 品项数累计 | 品项数累计百分比 | 物品单价 | 平均库存 | 平均资金占用额 | 平均资金占用额累计 | 平均资金占用额累计百分比 | 分类结果 |
|---|---|---|---|---|---|---|---|---|---|
| | | | | | | | | | |
| | | | | | | | | | |
| | | | | | | | | | |
| | | | | | | | | | |
| | | | | | | | | | |
| | | | | | | | | | |
| | | | | | | | | | |

制表按下述步骤进行：将第 2 步已求算出的平均资金占用额，由高至低填入表中第七栏。以此栏为准，将相当物品名称填入第二栏、物品单价填入第五栏、平均库存填入第六栏、在第三栏中按 1. 2. 3. 4……编号，则为品目累计。此后，计算品目数累计百分数、填入第四栏；计算平均资金占用额累计，填入第八栏；计算平均资金占用额累计百分数，填入第九栏。

(4) 根据 ABC 分析表确定分类。按 ABC 分析表，观察第四栏累计品目百分数和第九栏平均资金占用额累计百分数，将累计品项百分数为 5%～15%

而平均资金占用额累计百分数为60%～80%左右的前几个物品，确定为A类；将累计品目百分数为20%～30%，而平均资金占用额累计百分数也为20%～30%的物品，确定为B类；其余为C类，C类情况正和A类相反，其累计品目百分数为60%～80%，而平均资金占用额累计百分数仅为5%～15%。

（5）绘ABC分析图。以累计品项百分数为横坐标，以累计资金占用额百分数为纵坐标，按ABC分析表第四栏和第九栏所提供的数据，在坐标图上取点，并连结各点曲线，则绘成ABC曲线。

按ABC分析曲线对应的数据，按ABC分析表确定A、B、C三个类别的方法，在图上标明A、B、C三类，则制成ABC分析图。

3. 确定重点管理

ABC分析的结果，只是理顺了复杂事物，搞清了各局部的地位，明确了重点。但是，ABC分析主要目的更在于解决困难，它是一种解决困难的技巧，因此，在分析的基础上必须提出解决的办法，才真正达到ABC分析的目的。目前，许多企业为了应付验收检查，形式上搞了ABC分析，虽对了解家底有一些作用，但并未真正掌握这种方法的真谛，未能将分析转化为效益，这应当力求避免。

按ABC分析结果，再权衡管理力量与经济效果，对三类库存物品进行有区别的管理。

**表8－2　库存ABC管理表**

| | A | B | C |
|---|---|---|---|
| 管理要点 | 投入较大力量精心管理，将库存压缩到最低水平 | 按经营方针调节库存水平 | 集中大量订货，以较高的库存来减少订货费用 |
| 订货方式 | 计算每种商品的订货量，按最优批量订货批量，采用定期订货的方式 | 采用定量订货方式，当库存降到最低点时发出订货，订货量为经济批量 | 采用双箱或三箱法，用两个库位储存，一个库位货发完了，用另一个库位发，并补充第一个库位的存货 |
| 定额水平 | 按品种甚至规格控制 | 按品种大类品种控制 | 按总金额控制 |
| 检查方式 | 经常检查 | 一般检查 | 按年度或季度检查 |
| 统计方法 | 详细统计，按品种、规格规定统计项目 | 一般统计，按大类规定统计项目 | 按金额统计 |

### 8.2.5 库存订货策略

对于库存管理者而言，无法决定库存的品种，但是可以控制的是订货的数量和订货的时间。因此通过合理调节库存的补充频率和补充量，能够优化库存管理的绩效。

常见的库存管理订货方法有定量订货法和定期订货法，可适用于不同的环境。

定量订货法的基本原理是，就是预先确定一个订货点和订货批量，随时检查库存，当库存下降到订货点时就发出订货。在整个系统运作过程中订货点和订货批量都是固定的。在管理中设立一个数量的触发器，当库存下降到再订货点时，即向外发出订货，以补充库存的不足。而补充的方法也较为简单，直接根据预先确定的最大库存量减去安全库存水平进行订货。这对于企业中所需要的大量C类物资有较好的效果，可以适用如下几个方面的要求。

(1) 价钱便宜、订货量大的物资；

(2) 需求量变动大以及难以预测需求的物资；

(3) 数量很多、管理很费手续的物资；

(4) 适用于订货不受限制的情况，市场上的该种物资资源供应充足、可自由流通；

(5) 只能直接运用于单一品种物资的采购。如果要实施几个品种联合采购，需要进行更为灵活的处理；

(6) 它不但适用于随机型需求，也适用确定型需求。

定期订货法则是确定一个最高库存量和确定的库存检查周期，面对A类物资的库存有着较好的管理效果，管理人员只需要到达订货周期所确定的检查点才对库存进行检查，发出订货需求。这样既可以减轻管理人员的工作量，同时也不会影响工作的效果和经济效益。

这两种方法在企业中都能够得到很好的应用，特别是在生产相对稳定，需求品种无大的变化的时候。能够将管理人员从繁重的重复劳动中解放出来，将精力更好地集中于例外性事件的处理，做好企业供应的保障。

### 8.2.6 供应链环境下的库存控制

库存管理中所面临的最大挑战是个体理性决策造成的整体的非理性。这称之为“牛鞭效应”。出现牛鞭效应的原因很复杂，往往这是企业之间合作无法正常进行的最大阻碍。每个企业在试图降低自身风险的时候，选择了备有安全库存的策略，而这又恰恰是供应链上波动性风险的来源。因此，对于供应链风险问题的解决，根本的方案应该在如何降低信息传递过程中的风险，以及通过合作的形式来降低不确定性风险。

在供应链上所使用的库存管理策略有零库存、VMI 等。零库存管理实质上是将库存外移，供应链上的核心企业，通过将库存转移至供应商或者下游客户的方式，保证自身的库存数量达到最低限度，从而降低自身的成本，使企业自身产品能够在市场上获得竞争优势，以此来实现整条供应链上更好的价值实现。这是一种从供应链核心思考问题的方式，要求其他的合作伙伴都需要配合供应链核心的运作，按照确定的时间，将所需要的物资准确的送到指定地点。这在市场稳定的情况下收效良好，但是当市场出现波动，或者市场出现萎缩的时候，供应链核心并不能很好的处理零库存对上下游合作伙伴带来的风险。这对于上下游力量较为悬殊的合作形式有一定的效果，但不适用于企业间战略联盟的形式。

VMI 是一种供应商管理库存的形式。对企业生产来说，实质上是从上游的库存到下游的库存，都是通过了库存这样一种缓冲区，但传递的物本身并没有发生任何变化。因此，对于地理范围比较接近的企业来说，各自建立库存增加了成本，同时也不利于双方之间的信息沟通，易造成信息传递延迟带来的波动。因此，有些企业开始考虑将两部分库存进行合并，对下游的需求者来说，只需要从 VMI 仓库中提取需要的货物，而 VMI 仓库的监控以及管理权归上游企业所有，那么这是一个对双方都有利的方案，一方面下游企业直到使用了 VMI 库中的物品才需要进行付费，而上游的供应商则可以随时监视下游企业物料的消耗情况，将以前由下游客户产生需求，下达订单给供应商的行为直接转为上游的实时监控，以利于自身安排生产和补货。

后来，在 VMI 的基础上，进一步发展形成了 CMI 模式，上下游企业可共同从中获得收益。CMI 为下游企业提供多方面的配送服务，同时也为多个上游企业所生产的产品提供了产成品库存，将上下游的生产企业从复杂的物流事务中解放出来，更好的专注于自身业务领域。

### 8.2.7　仓储管理中的业务流程与管理方法

仓库是实现库存管理和物资管理的场所。其起到了促进流通，保障供应的作用，不再仅仅是蓄水池的作用，而更多的起到了调节余缺的作用。一般来说，仓库中所具有的功能包括了如下几个方面：

（1）保管和仓储功能；

（2）流通加工和配送功能；

（3）调节供求功能。

这几个方面对企业的生产都是必需的，是企业的重要节点环节。根据其所实现的功能不同，可将其分为不同类型的仓库。仓库的选择和设置一定是按照企业自身的需求加以设计的，在这一个重要的暂存节点中，既是降低风险的重要手段，也是控制成本的主要环节。

为了能够实现仓储环节的优化，与上文所说的库存优化不同，仓储环节的优化更多的牵涉到实体对象的布局与操作。这里包含了前期的仓储设施的选址，内部的布局规划，设备的选择，运行流程的优化，针对产品自身属性的管理策略等。其目标是如何能够有效地降低不必要的停留和物资管理中的损耗，实现仓储环节的高可靠性和低成本。

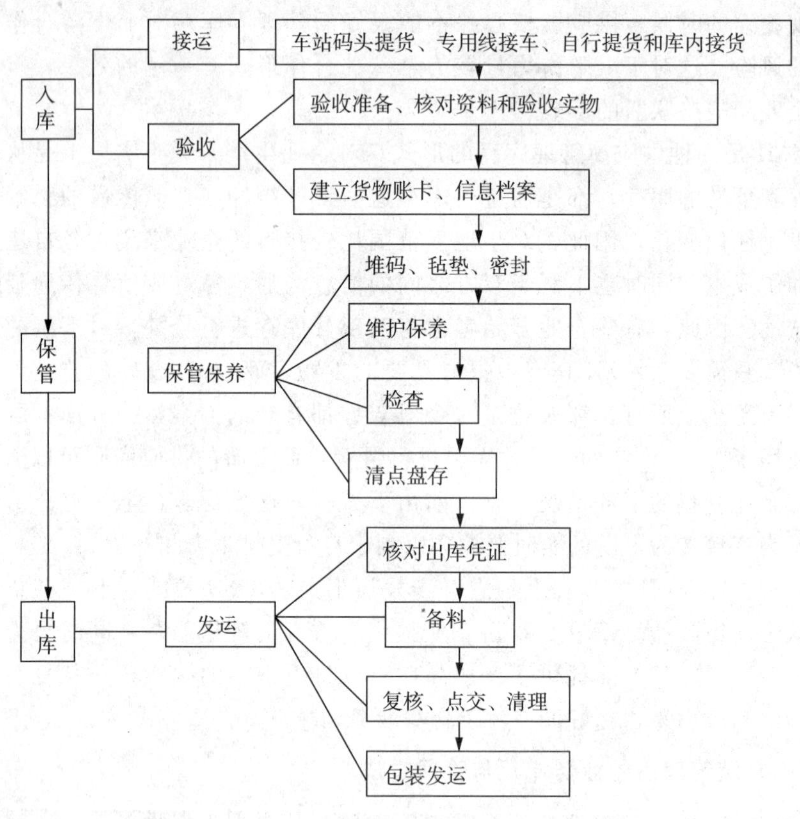


图 8-1　储存型仓库作业的具体流程

仓储业务管理，按仓库作业阶段可分为三个内容，即货物入库验收、货物保管养护、货物出库配送。具体包括货物从入库到出库之间的装卸、搬运、仓库内部布局、储存养护和流通加工等一切与货物实务操作、设备、人力资源相关的作业。其中入库作业要考虑入库商品的数据输入，入库厂商、车次调度（即月台的使用调度），入库商品装卸计划，入库商品检验，商品搬移上架所使用的搬运工具及人力规划、货位规划与管理等。商品在储存状态中的作业内容包括货位调整、搬运、库存数量清点、库存跟踪和货物维护等功能。出库包括核对出库凭证、备料、复核和点交货物。确定出库排定日期后，商品必须提领出存储区，并按照客户要求加以分类、包装和进行流通加工。这就要求进行拣货批次的规划、流通加工及包装批次规划，并打印拣货单、包装单和流通加工单等。

1. 货物入库管理

入库是货物储存的准备工作。整个过程包括货物接运、入库验收、办理入库交接手续等一系列业务活动。

2. 货物在库管理

货物储存和保管保养是仓库作业的中心工作，它体现了储存对货物所有权和使用价值的保护职能。储存在仓库里的货物，表面上看是静止不变的，但实际上它每时每刻都在发生着变化。在一段时间内，货物发生的轻微变化，凭人的感官是觉察不到的，只有当其发展到一定程度后才会被发现。保管保养的任务就是在认识和掌握各种库存物品变化规律的基础上，采取相应的组织管理和技术措施，有效地抑制外界因素的影响，创造适宜的环境，提供良好的条件，最大限度地减缓和控制货物的变化，以保持货物的使用价值。

3. 货物出库管理

货物的出库作业与入库作业要求基本上是一致的，即要求对出库货物的数量、品种、规格进行一次核对，经复核与发货凭证所列项目无误后，当场与收货单位办妥交接手续。为保证货物及时、准确、迅速出库，货物出库必须坚持按一定的程序进行。

## 8.3　习题

### 8.3.1　客观题

一、判断题

1. 库存与仓储是同一概念。(　　)
2. 仓库作业过程实际上包含了实物流过程和信息流过程。实物流是借助于一定的信息来实现的，因此信息流是仓库作业的最基本的运作过程。(　　)
3. 库存可以降低企业缺货风险，因此库存量越大越好。(　　)
4. 企业的安全库存是除了基本库存之外而设立的缓冲库存，当物流环境稳定且发货频次高时，可适当降低安全库存水平。(　　)

5. 库存成本的构成包括订货成本、持有成本、缺货成本等方面，因此过量订货会增加企业成本。（　　）
6. 库存的 ABC 分类方法有助于实现仓库管理者时间利用效率的优化。（　　）
7. CVA 分类法又称重点管理法。它是一种从名目众多、错综复杂的客观事物或经济现象中，通过分析，找出主次，分类排队，并根据其不同情况分别加以管理的方法。（　　）
8. 通过对订货进货的批量和频次来控制库存可以充分保障客户的需要，适合于供小于求的市场条件。（　　）
9. 定量订货法是预先确定的订货点和订货批量，随时对库存进行检查，当库存下降到订货点时就发出订货。（　　）
10. 自动仓储系统与传统仓储相比效率更高，因此是首选的仓储方式。（　　）
11. 库存管理涉及物资的入库、维护保养、出库和发运四个环节。（　　）
12. 货物交付提前期是指客户从下订单之日起到货物送到客户手中的这段时间。（　　）
13. 定量订货法一般多用于 C 类物资，即品种少而价值高，比较重要的物资。（　　）
14. 仓储是对物品进行保存及对其数量、质量进行管理控制的活动。（　　）
15. 单位时间内的平均订货费用与订货批量成反比，与单位时间的平均需求量成正比。（　　）
16. 安全库存是由于批量订货而带来的库存。（　　）
17. 一般来说，为保证账物相符，仓库安排盘点的次数愈多愈好。（　　）
18. 库存管理就是库存物资的管理，包括数量管理和质量管理，其主要目的是在保持物资数量或质量的前提下，保证其储存质量，维持其使用价值。（　　）
19. 在途物资，零售商店里货架上的存货都是库存。（　　）
20. 货架可充分利用仓库空间，提高库容利用率，并可做到先进先出。（　　）

二、选择题

21. 物品的吸湿性、导热性、耐热性、透气性等性质反映了物品的（　　）。此性质会影响到货物储存的质量。

A. 物理性质　　B. 化学性质　　C. 化学成分　　D. 机械性能

22. 当库房空间有限，需尽量利用储存空间；同时储存的货物种类较少时，适宜采用(　　)的储存方式。

A. 定位储存　B. 分类储存　C. 共同储存　D. 随机储存

23. 资金占用成本、存储空间成本、库存服务成本和库存风险成本是属于(　　)。

A. 库存持有成本　B. 固定成本

C. 变动成本　D. 订购成本

24. 仓库的类型很多，也存在着不同的分类方法。若按(　　)分类，可分为物流中心、配送中心、集货中心、分货中心、转运中心、加工中心等。

A. 仓库的建筑结构形式　B. 仓库的保管条件

C. 仓库的功能　D. 仓库的使用范围不同

25. 作为立体仓库中最重要的起重运输设备，并且是代表立体仓库特征的标志的是(　　)。

A. 移动式货架　B. 龙门起重机

C. 堆垛起重机　D. 普通叉车

26. 仓库具有的功能是(　　)。

A. 储存和保管的功能　B. 调节供需的功能

C. 调节货物运输能力的功能　D. 配送和流通加工的功能

E. 装卸搬运的功能

27. 仓储规划中保管区的划分一般是按(　　)。

A. 储存物资的使用方向划分　B. 储存物资的用途划分

C. 储存物资的自然属性划分　D. 按储存物资的储存时间长短划分

28. 库存控制管理的定量订货法中，其决策变量(　　)。

A. 有一个，即订货点

B. 有两个，即订货点和订货批量

C. 有三个，订货点、订货批量和订货周期

D. 有四个，订货点、订货批量、订货周期、订货提前期

29. 若有一组数列呈长周期性波动变化，宜采用下列哪种预测方法(　　)。

A. 指数平滑法　B. 季节指数法

C. 加权平均法　D. 长序列移动平均法

30. 在库存品种与数量管理中的四象限技术是以以下的什么变量来进行分类管理(　　)。

A. 价值和风险　　B. 重要性　　C. 订购频率　　D. 类别品种规格

31. 库存控制管理的定量订货法中，订货点的选取与以下哪些因素有关？(　　)。

A. 只与物资的需求速率有关

B. 只与订货周期有关

C. 只与库存满足率有关

D. 与需求率、订货周期和库存满足率都有关

32. 库存控制管理中的定量订货法和定期订货法(　　)。

A. 只适用于确定型库存

B. 只适用于随机型库存

C. 即适用于确定型库存又适用于随机型库存

D. 只适用于流通型库存

33. 库存的作用表现在(　　)。

A. 调节供求差异　　　　B. 维持生产的连续性

C. 平衡企业资金占用　　D. 实现运输合理化

34. 仓储是物资流通中不可缺少的环节，这是因为(　　)。

A. 仓储是物流中的支柱环节

B. 仓储是物资流通必然产生的形式

C. 仓储是解决社会分工中产品的生产与消费之间时间差异的唯一途径

D. 仓储具有蓄水池的功能

### 8.3.2 主观题

1. 我们将库存作为流通环节的蓄水池，能够有效地调节供需间的平衡。但是过量的库存带来了成本的大幅上升。我们应该如何看待库存的作用与价值？

2. 对库存进行ABC的分类有助于实现库存物资的分类管理，提高仓库管理的水平。根据库存物资价值进行的分类能够提高资金的使用效率，根据帕累托原则，我们还可以按照什么标准对库存物资进行分类？

3. 库存管理是在风险与成本间取得权衡。对于仓库经理来说，履行管理的职责和协助企业降低库存成本的职责，哪一个更为重要？为什么？

4. 当前大量仓库的运作仍然采取以人工为主的方式，自动化仓库只是少数企业的事情。为什么相对低效的以劳动力作为基础的仓库作业仍然是当前的主流，其存在的价值有哪些？请从多个角度加以分析。

5. 当代物流要求的增值性要素在不断增强。单一功能的仓库正在逐渐被

功能更加完善的配送中心所取代。对一具有地理优势的流通型仓库来说，如何进行增值性改造？

6. 某仓库近期有8400件加湿器到库，单件外形尺寸为：60cm×60cm×60cm，重50公斤，外包装标示的堆码极限标志为6，问需要为此批货物准备多大的货位？其储存定额是多大？若该批加湿器全部存放在一个使用面积为650 m²的仓库中，问该仓库的面积利用率和有效容积为多大？
7. 某单位2003年某物资每单位物资的价格为100元，单位物资产生的年持有成本为其价值的25%，单次订货费用为100元/次，通过预测，预计2004年该类物资的总需求量为1800单位。若2004年单位物资价格、持有成本和单次订货费维持在2003年水平，请计算出2004年的经济订购批量、经济订货周期和年总成本。
8. 因储存需要建一个仓库，要求保证年物料入库量1000T，平均物料储备天数为20天，有效面积的平均荷重1.2T/m²，仓库面积利用系数0.4，需要建面积多大的仓库？

### 8.3.3 案例分析

#### 希捷的VMI库存管理模式

许多公司正面临着一个竞争高度激烈的商业环境，这主要是因为产品生命周期不断缩短、需求变化无常和客户日益严格的要求所致。业内领先企业所采取的策略是将传统以预测驱动的供应链转变为需求驱动型供应链。VMI（供应商管理库存）是建立需求驱动型供应链的关键组成部分，被越来越多的电子制造企业所采用。全球著名的硬盘驱动器制造商希捷科技成功的实施这一方法，获得了这一策略的潜在收益。

#### 案例背景

希捷公司是全球最大的磁盘驱动器制造商，年收入达到80亿美元。希捷每年硬盘驱动器的出货量高达1亿台，每天要消耗9 000万个零部件，产品销售到全球各地，被广泛应用到PC、笔记本电脑、游戏机、电视机、数码相机和汽车等多个领域。

希捷应用VMI模式主要是呼应其需求驱动型供应链策略，它的目标包括四个方面：

1. 消除供应链每个阶段的过量库存；
2. 缩短库存周转时间；
3. 向客户提供更优质的服务；

4. 增强对于需求变化的应变能力。

通过推行 VMI 库存管理模式，希捷实现将产量从原来每季度 400 万台增加到 2，500 万台的同时减少营运总人数达 50%，且年库存周转次数从原来的 8 次加快为 16 次。

VMI 实施条件和基本程序

VMI 本质上的运作流程是供应商基于客户的预测需求，将库存分配给客户，并帮助客户进行库存管理，客户根据实际需求进行提货。

通过推行 VMI 项目，希捷实现完全按客户订单制造和交付产品。有效的 VMI 模式包括以下五个条件：

(1) 原材料的交付基于真实需求的拉动；

(2) 供应商基于持续的预测数据分配、持有和管理库存；

(3) “VMI 中心”有多种形式，比如供应商现场仓库、第三方物流提供商仓库、供应商仓库等，但有一个关键的因素是仓库位置必须接近消费地点，满足及时出货的需求；

(4) 客户与供应商签署的合约基于客户预测，并具有一定水平的灵活度和一定的责任承担范围。合约必须包括新增或成熟条款，明确确定元器件在 VMI/SMI 仓库中将存储多长的时间，当出现需求波动造成元器件过期时，应该如何处置过期元器件。

(5) 在任何一个地方，供应商均以进口商的身份进入消费地的国家，在客户提取货物时物权才发生转移。

在 VMI 项目的执行中包括四个流程：

(1) “预测/承诺”流程，从客户进行物料需求预测到供应商进行交货承诺，形成一个持续进行的闭环反馈系统；

(2) 库存调整流程，在双方协商的基础上，VMI 中心根据滚动预测动态调整最小/最大库存水平；

(3) 供应商发货流程，供应商根据预测要求，将产品发货到 VMI/SMI 中心；

(4) 提货流程，客户基于实际需求从仓库中提货，并涉及发票和支付等相关流程。

成功运作 VMI 项目，供应商和客户还需要具备以下技术能力：

(1) 单一共享的信息记录系统，用以记录和管理客户、供应商和第三方物流服务商之间的所有业务数据。该记录系统为流程的每一个环节提供清晰度，并使流程中的每一方都能根据他们在流程中各自扮演的角色进行协调。保障成功的关键在于对相关数据完整综合的可见性，避免信息的分散和决策方面的瓶颈。

(2) 实现需求和供应同步的能力。在一些情况下，供应商会发现，要更加精确地评估需求，需要将客户的客户也整合到方案，以保证更加精确地获得需求信息，并通过系统自动完成供应与需求的同步。

(3) 供应链所有参与者拥有对各地库存的实时可见度，包括物料进出和在不同仓库之间的移动。这一能力可以帮助制造商和供应商在VMI中心出现缺货和过量库存之前，及时发现潜在的库存问题、交货延迟或供需不匹配等，并在问题未被扩大之前及时处理这些问题。此外，通过在VMI中心消耗和补货流程中设置自动监控点，还能减少供应链中错误的发生。

(4) 实现大多数流程操作的自动化。这样一来，VMI项目的参与者只需要在发生异常时进行人为干预，其余时候由系统自动完成，提高操作效率。

(5) 具备一套有效的评估标准和工具，允许VMI项目中的每个参与成员有效地评估和优化其运作流程，提高对整个项目的贡献。

**希捷的VMI解决方案**

希捷的制造策略是只关注给自己带来竞争力的关键技术和器件，而通用元器件和装配等由其供应商负责。希捷所面临的挑战是客户拥有广泛的产品线，而且这些产品的功能不断提升，产品生命周期越来越短。每周都有新产品推出，同时也有旧产品在不断淘汰。由此造成的结果是，希捷客户的需求变化越来越快，却很少提前通知，但是他们对希捷及时和准确出货仍抱有较高期望。

在传统按预测驱动的供应链里，这种需求波动导致库存过量、库存转移带来物流成本增加、流程、高流程成本、高设施和相关资产投资成本等一系列问题。为解决这一问题，希捷转移到需求驱动型供应链策略，并推行高效率的VMI项目。在这条供应链中，希捷设立了两个VMI中心，一个设在希捷与客户的供应链之间，称为JIT中心，由希捷自己负责管理；另一个设在希捷与其供应商之间，外包给第三方物流提供商管理。

通过推行需求驱动供应链策略，希捷的供应链转变为拉动模式（Pull），完全根据客户实际需求制造和交付产品。实施VMI项目之后，希捷的信息和物品流动的方式发生了改变。在新的流程下，希捷客户发出提货信号，从JIT中心提取硬盘产品，这个中心由希捷代表客户进行运作。当该中心库存量低于需求预测水平，就会自动产生一个信号，发给希捷工厂，希捷工厂向其VMI/SMI中心发出元器件需求信号，而该中心根据这一信号安排出货和向供应商发出新的采购需求。供应商根据采购需求交货到VMI中心库，由VMI中心根据实际生产需求送往希捷的工厂生产成品，最后送到希捷JIT中心，根据客户订单进行交货。

所获得的收益

由于实现客户订单信息在整条供应链中的实时传递，希捷可以完全根据客户的订单安排生产，从而为生产制造带来更多弹性，并大幅减少库存量。

在流程改善前，希捷需要30天的补货周期，包括每周将客户订单手工输入ERP系统，然后，系统根据已有库存进行评估，手工进行计划安排。更新之后的计划发送到那些需要了解订单最新变化的工厂主管。工厂再对更新信息进行响应，制订一个13周交货承诺时间表。最后，工厂根据新的时间表生产、包装和运输产品到库存中心。重新设计流程和实现运作自动化之后，希捷30天的补货周期减少一半，而且由于消除了手工操作，供应链团队不仅可以很快获得信息，而且减少了大量人工成本。比如改善以前，当希捷成品仓库收到一个客户订单信号时，希捷需要安排人员在ERP系统中输入销售订单，并产生出货副本，为保证及时输入，希捷安排一个全职团队，将每周超过2万个客户提货需求输入到ERP系统中，而且耗费大量纸张进行确认。借助自动化流程，希捷将人力和相关成本减少到50%以下。

透过采用需求驱动型供应链策略，希捷获得了令人瞩目的收益：在希捷将产量从每季度400万套增加到2，500万套的同时，供应链流程上的员工人数缩减一半；年库存次数从8次增加到16次；很好地消除了关键元器件短缺的状况；客户整体满意度得以大幅改进。

这些收益归结为希捷有效地将供应链转变为以拉动模式为基础的需求驱动策略，并执行了高效的VMI/SMI程序，实现了整个供应链端对端流程的自动化。希捷的供应商和客户有效地用信息代替了库存，他们团队将关注重点转移到异常管理，并持续优化这一程序，更进一步减少手工作业流程。

希捷VMI主管的岗位职责：

(1) 与相关部门沟通以消除过期库存；

(2) 执行关键绩效指标管理以及标准作业程序的更新；

(3) 第三方物流仓储管理与评估；

(4) 保障每日VMI送达的准确性和时效性；

(5) 流程优化以及管理成本节约项目；

(6) 部门资产管理；

(7) 与VMI服务提供者协作以管理中间库存；

(8) 管理间接仓库的日常运营；

(9) 遵守SOX法案的相关要求。

希捷实施VMI/SMI项目概要

| | |
|---|---|
| 公司背景 | 领先硬盘驱动器制造商，年销售额80亿美元 |
| 供应链特征 | 全球制造设施，集中的客户资源但需求复杂，上百家供应商构成多层级供应基础 |
| 实施需求 | 在客户端和供应端同时推行VMI/SMI项目 |
| 实施目标 | 1. 提高库存周转时间，降低仓储和物流成本，提高灵活性<br>2. 提高客户服务水平和安全库存周转时间，更好地分配产能和物料 |
| 实施方案 | E2open公司的VMI/SMI解决方案 |
| 实施收益 | 1. 更快交换需求信号，实现按实际需求进行生产，减少生产周期和安全库存，并提高供应灵活性和客户服务；<br>2. 降低运营成本 |

**思考题：**

(1) 希捷VMI模式的优势在什么地方？

(2) 为什么在电子行业VMI更容易取得成功，还有哪些行业适合于采用VMI模式？

(3) VMI模式是否加重了供应商的负担？为什么？

**参考答案：**

(1) 希捷的VMI是其供应链战略中的一个重要组成部分，通过VMI的形式加强了与供应商之间的合作，更快的响应市场的需求，实现了企业在核心领域的控制力。在与供应商合作的过程中，上游承担了库存管理的主要任务，将成品库设立在尽量靠近希捷的位置，使希捷能够对客户订单做出更快的响应，同时整条供应链上库存信息的透明使得供应商能够提前进行生产计划安排，有效地保障了下游企业的需求。通过VMI的形式，希捷可以将企业的主要精力集中在其核心业务领域，而将企业的非核心业务通过外部供应商的配套供应实现。对于希捷这样一条产品供应链而言，能够获得更多成本优势。

(2) 电子行业由于其产品数量大，制造周期短，市场波动性强等特征，导致了要求供应链上需要有更好的响应能力，以避免出现过量库存或者需求预测不足的状况。实施VMI对于上下游双方都能够带来明显的成本节约和风险的控制，因此能够得到上游企业的支持与合作。另外易于成功执行 VMI 的还有快速消费品零售行业等。

(3) VMI 模式要求供应商承担库存管理与控制，但是并没有明显增加供应商的负担，而从合作的角度看，降低了供应商预测销量的难度，对于下游企业是主要的买家这样的情况，采取 VMI 的形式能够有效降低供应商面对市场的难度，在一个相对稳定的市场中，双方的合作能够降低供应链的成本，避免库存过量造成波动的风险。但是，如果下游企业对市场的控制能力不强，产品的销量下降以至于供应商的产能无法得到充分利用时，供应商将会和下游企业共同承担市场萎缩的风险。

# 第九章　物流信息技术

## 9.1　教学要求

通过本章的学习，要求学生能够：

（1）理解物流信息的概念与价值；

（2）理解条形码的概念与分类；

（3）掌握二维码在物流系统中的应用；

（4）理解射频技术的基本原理；

（5）掌握射频技术在物流领域的应用；

（6）了解 EDI 系统以及 POS 系统的应用；

（7）了解 GPS/GIS 在物流行业的应用；

（8）理解物联网的概念与应用。

## 9.2　本章解读

当代物流离不开物流信息管理的有效支持。虽然在实体运营过程中无法直接看到物流信息，但是缺乏了物流信息的有效保障，现代物流就难以真正实现其价值。

### 9.2.1　物流信息的概念和价值

物流信息是物流实体运作在虚拟空间的映射。由于现代计算机技术和互联网技术的广泛应用，信息的传递精度、速度以及信息量都得到了极大地提升，因此，完全有可能将实体信息在虚拟空间中建立一一对应的映射关系，通过在信息空间的低成本运行或者模拟，得到一个实体运行的优化路径与方案，这对于优化物流系统具有重要的意义。

物流信息包罗万象，可以将物流实体（对象）作为一个独特的记录，通过修改其不同的状态来描述该实体当前的物流属性，并且与其他的信息系统进行对接，实现物流的科学化管理。物流信息是伴随着物流过程而产生的，只要能够正确及时地采集到对象的信息，管理者就可以对信息进行预先的规划，减少无效的实体作业动作和时间，这有助于实现物流成本的进一步降低。

有人说21世纪是信息经济时代，其含义是通过信息的低成本流动取代实体运行的高成本，不断优化我们现实系统的运行效率和效果。

而物流是现实社会经济生活中的一项必备活动，也是一项高成本支出活动，如果能够有效地优化物流的成本支出，就能够在不增加新的投入的基础上实现全社会福利的增加，大大减少无效的物流活动，以及减少为了应对潜在的风险而准备的额外的措施。

通过有效的物流信息管理，能够提升物流控制的能力，实现准确的物流战略决策，加强与合作伙伴之间的联系，强化供应链合作水平。

物流信息不同于企业其他的内部信息，这是一个涵盖面广泛，动态性强，时效性强的信息活动，在管理上具有更大的难度。其主要表现为：

（1）物流信息处于一个非全局受控状态，不同的参与者有各自独立的物流信息系统，难以有效地全面整合物流信息，为信息的高效传递带来了困难。

（2）物流信息伴随着物流活动的开展而不断地更新其状态，需要及时、同步地保持更新，对每一个操作环节增加了一定的工作量，但从长远或者整体来看，具有更高的效率。

（3）物流信息的分布式系统易于产生数据的不一致性。物流活动的各个参与者都能够自行建立一套数据系统来管理自身掌控阶段的物流信息，但是对于最终的客户而言，需要的是物流的全过程信息，而在获取信息的时候，由于操作的失误以及系统方面的原因，有可能造成系统数据的不一致，对有效管理带来困难。

尽管如此，推行物流活动的全面信息化管理具有重大的意义，由信息来驱动物流，而不是物流来驱动信息，这有利于全社会物流成本的优化，降低不必要的物流成本支出。

### 9.2.2 条码和RFID技术的概念与应用

条形码是一种高效的物流信息获取技术，具有低成本、应用简便、识别性好等特点，自从诞生以来，在各领域都得到了广泛的应用，为了能够适应不同的环境，条形码也演化出了不同的码制，以更好地适应需求。

常见的条形码是一组印制在白色平面上的条空相隔的图形。通过光源照射在条码上产生的明暗不同的反射，使光电耦合器产生高低电平的差异，从而使计算机能够顺利的读取条码中的信息。实质上，条形码是一种高准确性的信息获取手段。同样的，我们也可以通过手工的形式获得条形码数据背后的信息，但是人工输入与条形码扫描相比，具有更大的出错概率和更慢的输入速度。因此在物流业中，出于对速度和准确性的要求，条形码成为了一种行之有效的信息获取手段，能够瞬间读取条码中所包含的信息，之后对信息进行各种处理。

常见的条码分为一维条码和二维条码。其主要区别在于：

（1）一维条码所包含的信息量较小，能够表示简单信息，而二维条码具有更高的信息存储密度，能够记录更多的信息。

（2）一维条码由于码制的原因，只能实现信息读取错误的校验功能，而无法实现信息的纠错。而二维条码可以根据实际需求的不同，设立不同的纠错等级，当条码表面由于环境等问题出现污损时，仍然能够有效地读取其中的内容。

当然，二维条码的读取设备相比较一维码设备来说更加复杂一点，应用成本也较高。但是由于大信息量存储的需求在不断增加，二维码也得到了日益广泛的应用。

条码技术在物流中的应用主要有：

（1）销售时点的信息获取。销售过程是需求拉动模式下最为准确的信息获取时点。通过对每一件商品通过条码加以管理，能够在方便客户结账的同时将最为精确的销售信息反映到数据库中，从而能够更好地进行库存以及补货决策。

（2）仓储管理。在仓库中存在着大量的不同品类的商品，随着产品种类数的增加，其差别也越来越小，通过人工的方式进行识别势必会导致更高的出错率。因此，通过条码的管理，在操作流程中加入条码的扫描与核对环节，能够有效地降低拣货错误率，提高仓储管理的效率。

（3）运输作业过程。货物运输过程中会有不同的主体参与，在任务交接时，通过对条码的扫描实现单据的生成与数据传递，可以快速地保持数据库的信息与实体信息的一致性。

RFID技术则是近年来逐渐兴起的一项新的数据获取技术。其原理与条码的光学识别不同，利用的是电磁识别技术。可以实现高速并行以及非接触式识读信息，所使用的RFID标签还可以进行擦写，便于重复利用。随着技术的成熟以及RFID系统的大量使用，其成本也在不断地下降，在物流中的广泛商业应用也成了一种可能。RFID技术作为一项可靠的信息识别技术其应用领域日益广泛，对于物流系统中“不停顿”的要求可以很好地实现。因此，在运输、仓储、配送、零售等领域都会有很好的应用。

与传统技术相比，RFID的优势在于：

（1）扫描快速化，同时可以识别多个标签，相互之间无干扰，不会出现读写错误等问题。

（2）标签形式多样化。由于其结构简单，能够为不同的应用设计外形，以满足其需求的多样性，以及标签可以实现微型化，方便嵌入不同的系统中，而不干扰其正常的功能。

（3）抗污染和抗干扰能力强。可以为 RFID 标签设计坚固的封套，保证其不会受到外力的破坏。

（4）可复用性。RFID 标签内的芯片可以根据需求进行擦写、删改等数据操作，方便对标签的重复利用，进一步降低其使用成本。

（5）无障碍识别。由于其采用了无线射频技术，不同频率的电磁信号具有不同的穿透性，因此根据应用领域不同，可以采取不同频率的标签，常见的可分为低频、中频以及高频卡。对于一般的纸质包装、木质包装均能够很好地穿透，对于金属包装而言，则会出现一定的屏蔽，需要对这一类型的应用进行特殊处理。

（6）数据存储量大。条码由于受到面积的限制，容量不可能很大。但是 RFID 则可以通过增加标签内芯片的数据存储容量来记录更多的信息，扩大其应用领域。

（7）安全性好。RFID 标签内的信息在设计之时就考虑到了安全性问题，在设定密码后，破译的可能性非常低，因此，可以应用在一些关键性领域，如身份识别系统等。

RFID 系统在物流领域中的应用主要有：

（1）车辆的自动识别。目前在北美以及西欧的国家已经开始应用到货车上进行车辆的自动识别。在我国，目前这项技术也得到了快速应用，特别是在高速公路的收费系统，通过 RFID 的无线识别，能够自动的读取车辆信息，并从预存的账户中进行自动扣费，从而加快车辆的通行速度。

（2）各种非接触式识别卡片。无纸化交易系统越来越多的得到应用，各种非接触式卡能够快速地完成扣费、身份识别等应用，并且可以通过一张卡片实现不同领域的应用，方便了使用者。

（3）货物的跟踪、管理和监控。通过货物上的标签与分布在一个区域空间的传感器的交互，能够实现利用 RFID 设备对货物的全程进行监控，使全程处于受控的状态，能够对一些关键的货物进行有效的管理。

物流行业由于其货物流量大，对 RFID 标签的需求量也非常巨大，因此，随着 RFID 技术的不断成熟，物流业将会从 RFID 的发展中获得更大的收益。

### 9.2.3 GPS/GIS 在物流行业的应用

GPS 是一项利用空间卫星实现的定位技术，能够实时地标注 GPS 信号接收器当前所处的位置。GPS 实际上是空间定位技术的总称，只是由于美国的这一套免费系统应用得最为广泛，所以具有广泛的代表性。我国当前的空间卫星定位技术也得到了飞速的发展，目前已经能够通过“北斗”导航系统为国内的某些关键应用提供定位服务。

GPS 系统在物流中的应用十分广泛，可以用于陆地车辆的自定位，跟踪调度，主动救援，驾驶行为监控等。通过实时获取车辆当前的经度、纬度、海拔高度信息，能够得到车辆的行驶路径和速度等信息，这对于物流行业中调度中心的控制十分有用，能够实现远程实时的监控与调度。

在船舶运输中，能够实现定位以及航线的规划、调度等功能。航空系统中，卫星的精确定位为飞行器、航站楼以及飞行器之间的通信与调度奠定了良好的基础，便于相互之间了解各自所处的位置，避免飞行中的各种事故。火车的运输同样也在利用这一项技术来实现车辆的调度管理，并且可以实现所载运对象的实时跟踪。

但是仅仅拥有 GPS 信号接收机所传递的坐标信息是不够的，还需要和地理信息系统 GIS 进行整合，将设备所处的位置等信息标注在 GIS 地图上，方便人工识读和决策的辅助。GIS 系统实质上是基于现存的地貌信息，叠加上不同的信息图层，实现信息查询、路径规划、轨迹管理等功能，这实现了一个良好的人与 GPS 系统通讯的平台，借助于 GIS，我们可以在物流领域中更好地实现控制、调度与决策。

### 9.2.4　物联网的概念与应用

物联网的英文名称为“The Internet of Things”，简称 IOT。物联网通过传感器、射频识别技术、全球定位系统等技术，实时采集任何需要监控、连接、互动的物体或过程，采集其声、光、热、电、力学、化学、生物、位置等各种需要的信息，通过各类可能的网络接入，实现物与物、物与人的广泛链接，实现对物品和过程的智能化感知、识别和管理。

以移动技术为代表的普适计算、泛在网络被称为继计算机技术、互联网技术之后信息技术的第三次革命。而物联网通过智能感知、识别技术与普适计算、泛在网络的融合应用，被称为继计算机、互联网之后世界信息产业发展的第三次浪潮。与其说物联网是网络，不如说物联网是业务和应用，物联网也被视为互联网的应用拓展。因此应用创新是物联网发展的核心，以用户体验为核心的创新 2.0 是物联网发展的灵魂。

由“物联网”名称可见，物联网就是“物物相连的互联网”。这有两层意思：第一，物联网的核心和基础仍然是互联网，是互联网延伸和扩展的一种网络；第二，其用户端延伸和扩展到了任何物品与物品之间，可进行信息交换和通信。因此，物联网的定义是通过射频识别（RFID）装置、红外感应器、全球定位系统、激光扫描器等信息传感设备，按约定的协议，把任何物品与互联网相连接，进行信息交换和通信，以实现智能化识别、定位、跟踪、监控和管理的一种网络。

虽然目前国内对物联网也还没有一个统一的标准定义，但从物联网本质上看，物联网是现代信息技术发展到一定阶段后出现的一种聚合性应用与技术提升，将各种感知技术、现代网络技术和人工智能与自动化技术聚合与集成应用，使人与物智慧对话，创造一个智慧的世界。物联网技术的发展几乎涉及了信息技术的方方面面，是一种聚合性、系统性的创新应用与发展，因此被称为是信息技术的第三次革命性创新。物联网的本质概括起来主要体现在三个方面：一是互联网特征，即对需要联网的物一定要能够实现互联互通的互联网络；二是识别与通信特征，即纳入物联网的“物”一定要具备自动识别与物物通信（M2M）的功能；三是智能化特征，即网络系统应具有自动化、自我反馈与智能控制的特点。

“物联网”概念的问世，打破了之前的传统思维。过去的思路一直是将物理基础设施和 IT 基础设施分开：一方面是机场、公路、建筑物，而另一方面是数据中心、个人电脑、宽带等。而在“物联网”时代，钢筋混凝土、电缆将与芯片、宽带整合为统一的基础设施，在此意义上，基础设施更像是一块新的地球工地，世界的运转就在它上面进行，其中包括经济管理、生产运行、社会管理乃至个人生活。

IOT 的应用其实不仅仅是一个概念而已，它已经在很多领域有运用，只是并没有形成大规模运用。常见的运用案例有：

物联网传感器产品已率先在上海浦东国际机场防入侵系统中得到应用。机场防入侵系统铺设了 3 万多个传感节点，覆盖了地面、栅栏和低空探测，可以防止人员的翻越、偷渡、恐怖袭击等攻击性入侵。而就在不久之前，上海世博会也与无锡传感网中心签下订单，购买防入侵微纳传感网 1500 万元产品。

ZigBee 路灯控制系统点亮济南园博园。ZigBee 无线路灯照明节能环保技术的应用是此次园博园中的一大亮点。园区所有的功能性照明都采用了 ZigBee 无线技术达成的无线路灯控制。

智能交通系统（ITS）是利用现代信息技术为核心，利用先进的通讯、计算机、自动控制、传感器技术，实现对交通的实时控制与指挥管理。交通信息采集被认为是 ITS 的关键子系统，是发展 ITS 的基础，是成为交通智能化的前提。无论是交通控制还是交通违章管理系统，都涉及交通动态信息的采集，因此交通动态信息采集就成为了交通智能化的首要任务。

物联网用途广泛，遍及智能交通、环境保护、政府工作、公共安全、平安家居、智能消防、工业监测、环境监测、老人护理、个人健康、花卉栽培、水系监测、食品溯源、敌情侦查和情报搜集等多个领域。

## 9.3 习题

### 9.3.1 客观题

一、判断题

1. 物流信息是物流活动中产生和使用的必要信息，由物流活动引起，并反映物流活动实际状况与特征。（　　）
2. 物流信息是物流活动的基础，因此，通过信息来取代实体库存，实现更好的物流优化是提高物流效率的重要途径。（　　）
3. 物流信息不一致的主要潜在因素是企业间的不合作。（　　）
4. 条码是由一系列条和空组成的标记，通过光线的反射来获得数据的一项技术。（　　）
5. 常用的商品条码是 EAN13 码。（　　）
6. 印刷品中，我国的商品条码国别码为 975。（　　）
7. 一维条码具有较强的纠错能力。（　　）
8. 商品条码可以根据企业的需要，印刷在任何表面上，可以根据美观的需要，调整条码的底色。（　　）
9. 一维条码的主要作用是利用光电感应设备快速准确地读取条码上的信息，加速物流信息处理的速度。（　　）
10. 二维条码与一维条码相比，数据密度更大，因此更容易损坏。（　　）
11. 二维条码在纵横两个方向上均可表示数据。（　　）
12. RFID 与条码相比，可以实现非接触式读取，因此，可以将 RFID 标签置于金属材料的包装箱中。（　　）
13. 在物流领域应用最多的 RFID 标签为低频卡标签。（　　）
14. RFID 技术是一种非接触式识别技术，根据频率的不同可分为低频卡、中频卡和高频卡。（　　）
15. POS 系统不仅可以用来进行快速的结算处理，还能够实时的采集商品销售的信息。（　　）
16. GIS 系统在物流中主要用于运输线路的规划和调度。（　　）

17. GPS系统能够实现快速的地理坐标定位，便于实现对物流车辆的监控。(　　)

18. 我国发射升空的自主卫星导航系统的名字是北极星。(　　)

19. RFID在物流上可大大提升分拣的效率和准确性，并可实现全程的跟踪管理。(　　)

20. 电子数据交换和电子邮件系统相似，能够起到同样的作用。(　　)

二、选择题

21. 一维条码技术的优点体现在(　　)。

A. 制作简单　B. 信息采集速度快　C. 信息的准确性高

D. 具有纠错能力　E. 成本低廉

22. 条码技术在物流中的应用主要体现在(　　)。

A. 销售时点管理　B. 仓储管理　C. 分拣配送系统　D. 货运作业

23. 物流信息的特征包括(　　)。

A. 信息量大　B. 更新速度快　C. 多样性

D. 较强的不一致性　E. 信息价值衰减快

24. 物流管理中广泛应用的条码码制为(　　)。

A. EAN 13码　B. 交叉25码　C. EAN128码　D. CODEBAR

25. 物流信息在物流系统中的作用包括(　　)。

A. 物流活动运行的基础　B. 物流管理控制的手段

C. 物流决策的重要依据　D. 供应链整合的重要条件

26. RFID技术的优势体现在(　　)。

A. 读取速度快　B. 体积小巧　C. 可重复使用

D. 较强的穿透能力　E. 安全性好

27. EDI技术在物流中的应用包括(　　)。

A. 物流单证处理　B. 国际货运　C. 运输管理　D. 海关业务

28. 地理信息系统的构成包括(　　)。

A. 硬件　B. 软件　C. 数据　D. 人员　E. 方法

29. 对车辆的定位可使用GPS系统来完成，实现准确定位最少需要获得(　　)颗卫星信号。

A. 3　B. 4　C. 5　D. 6

### 9.3.2 主观题

1. 信息技术在物流领域的应用主要体现在数据的有效采集方面。请比较不同条码编码的优劣以及各自适用范围。从网络上下载一个二维码制作软件，将个人信息转化为QR码，并打印在作业上。

2. RFID的技术优势体现在什么方面？请分别对高频卡、中频卡、低频卡的应用范围做简要阐述。

3. GPS/GIS技术在选址以及车辆跟踪与管理中具有重要的作用。请利用Google map测量学校所在的具体经纬度。假设三个校区需要通过同一个食品配送中心进行产品日配时，请利用重心法，确定配送点所在的经纬度坐标，并在Google地图上标出，并截屏。之后请分析此位置是否适合于建立配送中心，并说明理由。

4. 对物资的编码是实现条码或者射频管理的基础。如果对学生的学生证号码进行条码化，你会选择哪一种码制？为什么？

### 9.3.3　案例分析

#### 1号店的虚拟超市——无限1号店

2008年7月11日，由上海益实多电子商务有限公司投资创办的“1号店”（www.yihaodian.com）正式上线，开创了中国电子商务行业“网上超市”的先河。

2011年，一号店推出了无限一号店服务。利用消费者手中的手机等移动终端，实现便捷的购物活动，创造了全新的商业模式，同时也使得物流的效率得到了极大的提升。

首先利用Android和Iphone的手机客户端装载一号店的智能应用，实现通过二维码拍摄来获取商品信息并实施购买的商业模式。这一模式突破了产品广告和零售店的边界，在2011年7月份，率先在上海地铁以及北京公交车候车亭两地为试点城市运营，利用传统的广告展板展示近百种畅销日用百货用品，使顾客可以随时体验到虚实交互的购物乐趣。

消费者利用在等车坐车时的零散时间，浏览展板上陈列的商品，对需要购买的商品仅需要拿出手机对准商品的二维码拍摄，即可将商品加入消费者手机中的购物车里，之后通过在线支付完成购物订单，剩下的工作就是在家中等待货物送到消费者的家中。

这样一种商业模式虽然仍处于试点初期，但是却给零售业带来了许多新的模式。

第一，商场的选址变成了广告展板选址。将许多人流量密集但是无法成为商场的地方变成了购物场所。

第二，商品的展板变成了一个虚拟货架，消费者可以看到商品的信息，并方便地进行购物，所需要做的只是拿出手机进行拍摄条码。

第三，极大降低了零售成本，用信息取代了实体的库存。

第四，改进了消费者的购物体验，重新定义了超市的内涵。

第五，宣传与销售相结合，更好地测试了产品的宣传效果。

基于如上的优点，这一商业模式具有极强的生命力。探究其模式的核心，依然是如何利用信息有效地解决物流障碍，使无效物流量进一步降低，实现低成本的产品转移。

**思考题：**

(1) 条码在无限一号店这一应用中的作用是什么？

(2) 这一商业模式节约了哪些物流成本？

**参考答案：**

(1) 一般条形码仅作为商品信息快速获取的一种手段，由于传统的技术受限，仅能够存储少量的字符与数字信息，而当前随着技术的发展，二维码的应用则具有更大的信息存储空间，能够记录更多的商品信息，有较强的纠错能力，实现更为广泛的应用，例如文档资料的存储，产品的名称、规格以及链接信息等，特别是随着个人移动信息处理终端的广泛应用，手机在相应软件的支持下，同样可以作为条码扫描仪使用。由于手机摄像头的广泛配置，读取二维码变得越来越便捷，配合手机上的软件系统应用能够实现快速的信息获取与处理，保障了无限一号店这样一种商业模式的成功。

(2) 这一商业模式可以充分利用人员密集区域在等待时的零散时间来进行购物活动，极大地节约了企业的开店成本，商品也无需摆上真实的货架，只需要在区域仓库中存放即可，减少了从仓储配送中心向门店配送的费用和店内仓储与管理成本。另一方面，从社会物流成本的节约角度看，降低了消费者进入超市购物的次数，无需自行进行小批量商品的搬运，只需要依赖社会物流系统进行配送，降低了无效物流运输量。这一模式充分体现了信息与物流的交换性，通过信息的有效流动来推动物流系统的优化，将以前视之为必不可少的零售环节进一步压缩，这对于商品流通成本的下降有重要的推动作用，能够加速商品的周转，同时实现供应商、渠道、消费者多方受益。同时由于无效物流量的降低，能够缓解现有交通运输系统的压力，是一种有生命力的商业模式。

# 第十章　装卸搬运、包装与流通加工

## 10.1　教学要求

通过本章的学习，要求学生能够：

(1) 理解装卸搬运的性质与特点；

(2) 理解装卸搬运系统的主要构成；

(3) 掌握装卸搬运合理化的目标；

(4) 理解包装的功能与分类；

(5) 理解包装标准化以及合理化的意义；

(6) 理解流通加工的概念、基本形式以及合理化。

## 10.2　本章解读

### 10.2.1　装卸搬运的性质与特点

装卸搬运是一项重要的衔接性活动。在物流中的节点活动与路径活动的衔接中，装卸搬运都是必不可少的组成部分。这是在一定空间范围内的物资移动过程，以衔接作为主要的目的。

装卸搬运虽然发生频繁，但是作为物流的一项辅助性环节，一直未能得到有效的重视。由于这是一项伴生性活动，对技能和知识方面要求较少，特别是在搬运量不大的情况下，主要还是采取人工方式进行。在这一环节，不会发生任何的增值，只会不断地增加物流环节的成本，因此需要尽可能地降低装卸搬运的次数。

装卸搬运中首先要遵循的是有效作业原则。对每一次装卸搬运作业首先应考虑这样的作业是否必须，有没有更好的方法优化或者减少这一作业环节？尽可能将不必要的装卸搬运活动次数降至最低，特别是减少无效搬运。

其次，装卸搬运过程中要尽可能的进行集中化的作业，通过装卸搬运对象的集中，能够有效的使用各项工具设备，加大一次搬运量，提高作业的效率。

第三，整体优化原则。装卸搬运的合理与否很大程度上是不受活动本身控制的，而是其他环节能否有效地与之配合，通过物流系统的整体优化，减少不必要的衔接和缓冲，特别是面对库存容量不足进行的临时缓冲所带来的多次无效搬运，这在系统中尤其需要得到控制。这些管理缺位所带来的问题难以从企业的账面上得到反映，因此，隐性损失非常大。

第四，安全作业原则。装卸搬运作业的活动频繁，作业场所集中，需要考虑的有人身安全、货物安全以及设备安全等方面，通过安全教育，标准化作业流程的推广，尽可能避免人为因素导致的各种事故。

### 10.2.2 装卸搬运系统的构成

人工装卸搬运应用于临时性的、搬运量不大的场所，随着物流规模的不断扩大，装卸搬运也逐渐地从人工过渡到了机械化和自动化系统。

常见的机械化装卸搬运系统可以分为移动式和固定式两类。移动式的装卸搬运设备主要包括各类叉车，可根据应用范围不同和驱动形式不同分成不同的类别，其具有较大的机动灵活性，可实现货物的抬升以及行走等功能。固定式的搬运设备主要有各种输送机，货物在输送机上可以实现移动和分类等各种功能。

半自动化装卸搬运系统主要包括无人搬运车（AGV）、分拣设备以及机器人。这些系统作为整个物流系统的组成部分，能够有效地提高装卸搬运的效率，对执行重复性标准化作业来说能够有较好的环境适应性、动作标准性以及低故障率。在人工成本越来越高的环境下，这一系统的采用能够有效地降低物流系统的成本。

自动化装卸搬运系统是当前物流集成系统的趋势。一般是以高层 AS/RS 系统作为应用的基础，实现物流系统中的存储、拣选、出入库、盘库等功能，并且全程无需人工干预，对于医药、食品、烟草、电子等行业来说，应用效果较为显著。

西方国家由于人力成本较高，以及物流量较大，更倾向于采取半自动或者自动化系统来提高物流的效率和质量。近年来，我国的企业也在大量的学习西方国家企业的先进经验，投资建成了一批现代化的物流装卸搬运系统，并取得了一定的成果。

### 10.2.3 装卸搬运合理化目标

为了使物流系统能够适应机械化大批量作业的形式，首先需要对物流的对象进行集中化装载，利用托盘、集装箱等容器来集中小批量的物资，使之形成一个更大的作业单元，便于集中化的装卸搬运。

为实现装卸搬运的合理化，需要考虑距离、时间、质量以及费用四个方面。装卸搬运距离的缩短，与成本降低是密切相关的，也应尽可能缩短装卸搬运的吨公里数。装卸搬运的时间是整个物流时间的组成部分，也是比较容易形成瓶颈的环节，因此，提高装卸搬运的速度，能够显著提升物流的整体速度，实现更高的周转率，提升物流的效益。第三，装卸搬运不能创造任何的增值性因素，若装卸搬运不当，则会导致货物的损坏或者使用价值的降低。因此，根据作业对象的属性，合理地选择作业方法，是提升装卸搬运质量的重要手段。最后是费用要素，这一部分所发生的费用可以从两个不同的视角来观察。一个视角是装卸搬运作业本身所耗费的成本高低，即活动本身是否是优化的；另一个视角则是从全局来看，装卸搬运活动在物流系统中的必要性，只有周密细致的物流系统分析，才能够实现物流系统整体效率的提升。

为了实现装卸搬运系统的合理化，首先应该考虑如何消除无效作业，减少搬运次数，提高搬运对象的纯度以及提高装卸搬运设备的能力等方法，这些都能够降低无效作业的出现频率。第二，提高作业对象的活性指数。根据对象所处的不同状态，可以将其活性定义为从 0～4 共 5 级活性指数，尽可能使装卸搬运活动处于一个高活性指数的状态，这样能够提高装卸搬运的效率，加快物流的流动性水平。第三，利用各种机械来实现省力化装卸搬运，例如重力式货架、地面轴承系统，都可以降低人体力的支出。第四，优化装卸搬运作业管理。合理安排设备、劳动力的均衡，避免忙闲不均的现象。同时需要采取持续改进的方法不断地优化现有的装卸搬运系统，降低等待时间，提高装卸搬运的吞吐量。

### 10.2.4　包装的功能与分类

包装是指在物流过程中保护产品、方便储运、促进销售，按一定的技术方法采用容器、材料及辅助物等将物品包封并予以适当的包装标志的工作总称，也指为了达到上述目的而采用容器、材料和辅助物的过程中施加一定技术方法等的操作活动。简言之，包装是包装物及包装操作的总称。对包装功能的理解能够帮助我们更好的思考包装的价值以及优化的途径。

包装的保护性是首要作用，起到了保护内装物使用价值的作用。根据对象的不同性质选择合理的包装形式，能够减少时空转移过程中的使用价值损失。第二，包装是客户了解内装产品的一个直观的途径，也是市场营销活动中一个关注的焦点，通过良好的包装能够给客户以深刻的第一印象，刺激消费欲望的产生。第三，包装的形式应考虑到流通各个环节的便利性，适用于不同环境与条件下的作业要求。

经常我们将包装分为商业包装和运输包装两类，其主要作用各不相同。

但是，二者应该具有相容性，保证在流通过程中既要保护产品又能够满足消费者的需求。

### 10.2.5 包装标准化与合理化的意义

当代产品的多样性要求导致个性化产品层出不穷。而形式个性化成为一种主流的需求，这对包装提出了更多苛刻的要求，以至于忽略了包装的成本层面。但是尺寸不一的销售包装设计为运输包装的集成带来了较大的困难。而在流通领域，对包装是否个性化是没有要求的。因此在包装设计中需要将包装的作用区分清楚，在设计运输包装时，考虑的是如何能够与现有的设备兼容，从而实现资源流动性价值。

包装的合理化主要研究三个方面的内容。首先是包装不足的困扰。作为企业需要节约成本，因此会忽略了包装强度的要求，导致出现潜在的损失。其次是包装过度。与上一种形式相反，不计成本的提高包装的档次和尺寸，导致产出上的浪费。再次是如何确定最优化包装。包装是和产品设计相关联的，需要综合考虑产品销售、流通便利性以及包装强度等方面的要求，并不断改进和优化包装的形式。

### 10.2.6 流通加工的概念、基本形式以及合理化

流通环节所进行的加工活动是将加工从生产领域延迟到流通领域进行。通过对物品施加简单的处理，以更好地满足客户的需求和产品的附加价值。流通加工是企业多年生产经营的实践经验所得出的方案。将哪些环节放到流通过程来完成，其主要考虑的要素有：(1) 能否更好地满足客户的需求？(2) 能否充分有效地利用储运的空间及设备？(3) 能否最大化企业利益？

以上三个问题的回答会推动企业深入思考究竟将何种活动延后至流通环节来完成。常见的有：(1) 以适应需求为目标的流通加工；(2) 以提高流通效率，保障运输有效性的流通加工；(3) 以压缩空间占用，降低储运成本为目标的流通加工；(4) 就地满足现场需求的流通加工。

不同的流通加工形式都会有不同的适用面。在物流成本不断增加，人们对服务期望值越来越高的同时，通过流通加工的形式，一方面帮助企业削减成本，另一方面是为企业创造新的利润来源。

为了实现流通加工更好地合理化，需要将物流的不同子系统与流通加工进行结合，特别是最为接近客户的配送环节，接受客户对产品不同的定制化要求，并在最后环节满足客户的要求，提升客户对产品的整体体验，实现企业产品更多的利润创造。

## 10.3　习题

### 10.3.1　客观题

一、判断题

1. 装卸搬运是一种伴随性的物流活动，它本身不具有明确的价值。（　　）
2. 装卸搬运是指在不同地域范围内，以改变物品的存放状态和空间位置为主要内容和目的的活动。（　　）
3. 按包装在流通过程中的作用分为运输包装、贮藏包装和销售包装等。（　　）
4. 装卸搬运技术装备具有适用性强、设备能力强、机动性较强等应用特点。（　　）
5. 包装的功能主要有保护产品、方便储运、商业功能等。（　　）
6. 包装材料的选择直接关系到包装质量和包装费用，有时也影响运输、装卸搬运和仓储环节作业的进行。（　　）
7. 由于装卸搬运的作业内容复杂多变，因此装卸搬运环节成为提高物流系统效率的关键所在。（　　）
8. 包装按功能可分为工业包装和商业包装。工业包装也称为运输包装，其目的是保证商品在运输、保管、装卸搬运过程中保持商品的完好。（　　）
9. 流通加工是销售物流中增加附加价值的活动，是一项具有广泛发展前景的工作。（　　）
10. 从物流业务分析中，可以看出在物流业务中的包装业属于低投资、低成本、高收入的行业。（　　）
11. 装卸搬运是衔接仓储和运输的桥梁和纽带。（　　）
12. 装卸搬运虽不创造产品的价值，但却是在物流成本中占有相当大的费用。（　　）
13. 装卸搬运是提高物流系统效率的关键，物流的机械化和自动化水平很大程度上取决于装卸搬运的机械化和自动化水平。（　　）
14. 生产加工和流通加工都是创造商品的价值，只是前者是在生产过程中，而后者是在流通过程中。（　　）
15. 装卸搬运是物流系统中最基本的功能要素之一，存在于货物运输、储存、包装、流通加工和配送等过程中，贯穿于物流作业的始

末。(　　)

16. 物流技术及其装备是构筑物流系统的主要成本因素。(　　)

17. 企业自动化物流系统，可使各种物料最合理、最经济、最有效地流动，最终实现商流与物流的合一。(　　)

18. 装卸搬运技术装备应用于生产企业内部物料的起重输送和搬运、用于船舶与车辆货物的装卸以及库场货物的堆垛等。(　　)

19. 起重机械只能用于垂直升降货物，以满足货物的装卸作业要求。(　　)

20. 自动导向搬运车系统是一种使车辆按照给定的路线自动运行到指定场所，完成物料搬运作业的系统。(　　)

21. 分拣是把货物按不同品种、不同的地点和单位分配到所设置的场所的一种搬运过程。(　　)

22. 流通加工是在生产的基础上增加商品的附加价值。(　　)

23. 包装的目的就是为了保护产品，便于储存和运输。(　　)

24. 产品包装处于生产的始点，又是进入流通领域商品物流链的终点。(　　)

二、选择题

25. 为加速出入库而采用的托盘堆叠储存时，一般用(　　)存取。

A. 人工　　B. 叉车　　C. 吊车　　D. 堆垛机

26. 包装技术的选择应遵循科学、经济、牢固、美观和(　　)的原则。

A. 高技术　　B. 适用　　C. 标准化　　D. 一次性

27. 按包装技术方法可分为(　　)。

A. 防湿包装　　B. 硬包装　　C. 运输包装　　D. 出口包装

28. 从整个企业生产线物料搬运系统的角度来说，(　　)发挥着极其重要的作用。

A. 运输设备　　B. 分拣设备

C. 起重搬运设备　　D. 储存设备

29. 在食品中心将牛、羊肉进行肉、骨分离，其中肉送到零售店，骨头送往饲料加工厂。这一活动称之为(　　)。

A. 流通加工　　B. 配送　　C. 物流　　D. 输送

30. 能往下则不往上，能直行则不拐弯，能水平则不要上坡，能连续则不间断。这是贯彻装卸搬运作业的(　　)原则。

A. 省力化　　B. 消除无效搬运

C. 提高搬运活性　　D. 人性化

31. 发货时的配车作业中，对中空的物件可以填装其他小物品再进行搬运。这样可以(　　)。

A. 提高货物的搬运活性　　B. 合理利用机械

C. 使作业连续化　　D. 消除无效搬运

32. 装卸搬运作业的构成主要有(　　)。

A. 堆放拆垛作业　　B. 分拣、配货作业

C. 搬送、移送作业　　D. 贴标签、拴卡片、分装等其他作业

E. 以上都不是

33. 在物流各项活动中装卸搬运的特点有(　　)。

A. 安全性要求高　　B. 安全性要求低　　C. 作业量大

D. 作业量小　　E. 机动性较差

34. 分拣方式有(　　)。

A. 人工分拣　　B. 机械分拣　　C. 半自动分拣

D. 自动分拣　　E. 半机械分拣

35. 包装按功能分为(　　)。

A. 运输包装　　B. 防湿包装　　C. 储藏包装

D. 销售包装　　E. 外包装

36. 工业包装的目的在于(　　)。

A. 降低成本　　B. 保护产品

C. 促进销售　　D. 便于储运

37. 下列选项中不属于装卸搬运合理化原则的是(　　)。

A. 消除无效搬运　　B. 提高搬运活性

C. 尽量采用人工操作　　D. 采用集装单元化作业

### 10.3.2　主观题

1. 装卸搬运的基本原则包含哪些？

2. 在搬运能力上，机械的效率要大大超过人工搬运效率，为什么企业并没有大量地采用机械手段来取代人工作业？

3. 简述装卸搬运合理化的目标和途径。

4. 装卸搬运是物流的重要衔接环节，也是最难以实现标准化的瓶颈环节。有哪些手段可以提高装卸搬运的效率？请举例。

5. 流通加工能够实现流通环节的增值。举例说明哪些属于流通加工的过程。并由此进一步研究在流通过程中，哪些加工过程具有优于生产企业完成的比较优势？

6. 包装具有便于流通和促进销售的功能。采用不同形式的包装需要满足强度和成本两方面的要求。尝试寻找过度包装和包装不足的例子，并进行分析。
7. 回收物流是一个逐渐引起公众关注的话题。有效地资源回收可以减轻对环境的破坏，并且节约企业的成本，增强企业的社会责任形象。如何将回收物流纳入到企业的可持续发展战略中，请给出自己的观点。

### 10.3.3 案例分析

#### 现代物流与包装设计

在生产企业和商业企业都进入了一个微利时代的今天，物流已成为企业取得竞争优势的重要源泉。好的物流系统可以降低成本，降低风险，提高服务水平，为决策提供科学依据。加强物流信息建设是整个物流系统的关键，利用最先进的物流信息技术为企业发掘出更大的利润空间。

特别是包装企业中，包装设计会影响到所有的物流作业的效率。物流生产率是指物流活动的产出与投入所需的人工和叉车时间之比。包装提高了产出量。几乎所有的物流活动的生产都能用包装所组成的货物单元来描述。现代物流信息活动中起着神经系统的作用，“牵一发而动全身”，所以从各个环节合理有效地提高物流生产率，已经成为包装企业设计中的一项非常重要的工程。

1. 商品特征

按照商品特征确定包装商品有助于提高物流活动的生产率。

(1) 中间性散货容器。中间性散货容器是用于小于油罐车但大于袋子或桶的装运颗粒状或液状产品的容器。典型的产品包括树脂片食品原料及黏合剂。最常用的中间性散货容器为散货袋及箱子。用于潮湿产品的中间性散货容器要求使用硬箱或笼子。

(2) 传统包装材料。用于物流包装的材料有多种，从传统的纤维板到较新型的塑料应有尽有，其他传统包装材料还包括帆布包及帆布毡、钢瓶、木桶、绑扎带、木笼以及多层纸带和多层纸桶等。

除了较为传统的流包装的形式以外，可供选择的还有低密度塑料膜收缩缠布，包装及套子，高密度塑料箱子以及搬运箱，塑料绑带，塑料泡沫垫料及填料等包装形式。

塑料泡沫填料是将不规则形状的产品包装于标准形状的箱子内。它重量轻，因而在提供了实质性保护的同时却并不增加运输费用。

(3) 可回收容器。可回收容器一直是物流系统的一部分。大多数可再利用的包装品为钢或塑料包装，但有的公司也回收纸板箱。不过，有一种趋势是，对于许多小物品及零件，例如调料，也使用可回收保障材料运输于各厂之间以及仓库到零售商店之间。可回收包装的使用越来越普遍，它们均有一个共同点：均有一个完整的标记系统以控制容器的流传。在可回收包装系统中，各方必须明确地使用这种标记以达到容器的最大化使用。否则，容器会丢失，误放或被遗忘。

2. 成组化

工业包装强调物流。通常将个别商品和零部件箱、包、盒和桶来成组化以提高操作管理的效率。这些容器用来使零散商品成组化，组成 MCS (Master Carton)，当 MCS 成组为更大的单元时，就称作集装化或成组化。如果包装的设计并没有充分考虑到有效的物流处理，那么所有的物流系统都将要受到影响。

成组化基本方法包括刚性容器形成单位载荷的成组化方法和承载工具的成组化方法。集装化包括了从将两个 MCS 捆在一起的成组化到使用专门的运输设备成组化的所有形式。所有类型的集装化都有一个基本目的，那就是提高材料搬运的效率。

(1) 刚性容器。刚性容器是一种在仓库和运输过程中，可装 MCS 和通用商品的设备。使用这种设备，把商品放入箱中，既可保护商品，又易于管理。通过集装化可以提高生产率是显而易见的。

(2) 承载工具。顾名思义，承载工具不能完全通过将商品包围于其中而保护商品。典型的例子是将 MCS 放在货板上或 SSH 上。由于 SSH 是平躺在地面上的，因此，需要用专门叉车来装卸 SSH 成组货。SSH 的主要优点在于其成本低，重量轻。

3. 货物保护

在物流系统中，MCS 的主要作用是保护商品，避免在移动和储存过程中发生货损货差。商品保护程度的高低，涉及包装是否满足了商品要求以及包装材料是否适合。

对于多数商品来说，用于商品保护功能所的成本相当高。它的成本决定于商品的价值和易碎性，商品价值越高，这一成本越高；商品既易碎又有高价值，那么这一成本就非常高。

4. 包装设计

包装设计应用当将物流需要、加工制造、市场营销以及产品设计要求结合在一起考虑。

根据以上分析所得的最终包装设计，还要求在大量实验的基础上作决定，以确保在最低成本情况下，使专门设计达到要求。这些试验可在实验室里完成，也可在装运的过程中进行试验。近十年来，包装设计的方法已经非常科学化了。由于试验设备和测量方法的发展，试验分析已成为测定的最可靠的方法。

当包装货物在运行时，新型的测试记录设备可测量其振动的程度和特性。这各测试设备可通过选样进行测量。不过，这种试验形式价格昂贵，并且难以在一个科学的基础上进行。因此为了提高准确性，可用计算机环境模拟典型的包装货物在物流系统中的活动情况。至于设备则可用来测定包装设计和包装材料对易碎商品相互碰撞的作用。(中包网)

**思考题:**

(1) 现代物流与包装设计之间是什么关系?

(2) 成组化包装与物流基础模数的关系如何?

(3) 如果物流过程中全程均是以集装箱运输作为主要的运输形式，是否可以降低外包装的强度? 原因是什么?

**参考答案:**

(1) 现代物流与包装的关系非常密切。包装是生产的终结和流通的起点，因此包装的好坏直接关系到流通的效率与安全性。包装设计不仅要考虑到美观性，更多的是考虑到实用性 (保护商品，方便储运，购买方便等)，以满足对商品的保护为第一目的。同时，由于物流包装不能够增加商品的价值，因此，需要在满足功能性的前提下尽可能降低包装的成本，因此在设计之时就需要能够考虑到包装与物流的匹配性，例如，如果物流运输的全过程采取集装箱或者厢式货车运送，那么在包装上就无需过分强调包装的坚固与防潮能力。又如，为了能够满足运输和存储的需求，需要考虑包装尺寸与货架、货厢的匹配。

(2) 物流基础模数是由 ISO 所确定的以 600mm×400mm 作为物流过程中的基础模数尺寸。这是由于物流系统是一个后标准化系统，需要与已有的系统之间保持兼容性所确定的。在成组化包装中主要是由于大量采用了机械化大批量作业的方式，需要将若干个小的标准化包装进行集成装载，这需要成组化包装能够满足物流基础模数的倍数关系，以便于各个环节之间的衔接。

(3) 普通干货集装箱是一种有着坚固结构，封闭的装运工具，广泛应用于水路、陆路和航空运输。物流全过程如果采取集装箱运输作为主要的运输形式，那么在外包装的选择上可以适当地降低包装强度，仅需满足包装最大堆码层数的要求即可，这对于降低包装成本，增加有效载运空间都是有利的。因此需要根据物流过程来考虑包装的选择，做到安全性和经济性二者的平衡。

# 第十一章　物流成本控制

## 11.1　教学要求

通过本章学习，要求学生能够：

(1) 理解物流成本的概念；

(2) 理解物流成本的特点与影响因素；

(3) 理解物流成本的构成；

(4) 掌握物流成本控制的基本原则；

(5) 理解绝对物流成本和相对物流成本的概念；

(6) 理解物流成本预算构成的内容；

(7) 理解弹性预算与零基预算；

(8) 理解物流成本管理的基本原理；

(9) 掌握 ABC 管理方法。

## 11.2　本章解读

### 11.2.1　物流成本的特点以及影响因素

对物流成本的研究来自于企业成本压力的不断增大，需要持续优化成本的支出环节，提高企业的竞争能力。物流成本与企业中的生产成本、营销成本等不大一样，较难以直接了解物流成本的构成以及物流成本的优化方案。其主要原因在于，物流成本分为显性成本和隐性成本两类，习惯上我们比较重视的是显性成本，而忽视了对隐性成本的深入把握。而这一部分恰恰是影响成本的最大因素。

由于物流活动分布面广，从财务会计的角度难以直接描述物流隐性成本支出的情况，其计算范围过大，导致企业无法直接将物流成本轻易地得出，这对于物流决策带来了不小的困惑。

物流成本管理的首要原则是如何对物流成本进行科学合理的计量，只有了解其构成，才能够对其进行合理的管理与控制。而要想做好这个第一步，则需要在企业中对物流成本进行详细的评估。

由于物流有狭义和广义之分，物流成本也有狭义和广义之别。狭义的物流成本仅指商品被生产出来以后，经过销售进入最终消费的过程中，商品在空间的移动而产生的运输、包装、装卸等费用。广义的物流成本是指生产、流通、消费全过程的物品实体与价值变化而发生的全部费用，即物品从供应商到生产商再到最终消费者全过程物流活动所发生的费用。它具体包括从原材料的采购、供应开始，经过生产制造中的半成品、产成品的仓储、搬运、装卸、包装、运输以及在消费领域发生的验收、分类、仓储、保管、配送、废品回收等所有费用。广义的物流成本是从物流管理一体化的角度，来衡量整个供应链上所有物流活动所发生的费用。它包括了物流各项活动的成本，如采购成本、仓储成本、运输成本、装卸成本、流通加工成本、包装成本、配送成本、信息系统成本、物流行政管理成本等。

### 11.2.2 物流成本控制的基本原则与方法

物流系统的成本控制要贯彻以下几项原则：

(1) 正确制定物流活动的成本标准，运用标准严格贯彻成本责任制。

(2) 一般和重点相结合，着重按例外原则控制物流费用支出。

(3) 上下结合、定期和日常相结合、单向活动和集成过程相结合，全面地进行物流成本控制。

在物流成本控制的基本方法上，包括了绝对成本控制法和相对成本控制法。

绝对成本控制是把成本支出控制在一个绝对金额以内的成本控制方法。绝对成本控制从节约各种费用支出，杜绝浪费的途径进行物流成本控制，要求把营运生产过程发生的一切费用支出都列入成本控制范围。标准成本和预算控制是绝对成本控制的主要方法。

相对成本控制是通过成本与产值、利润、质量和功能等因素的对比分析，寻求在一定制约因素下取得最有经济效益的一种控制方法。相对成本控制扩大了物流成本控制领域，要求人们在努力降低物流成本的同时，充分注意与成本关系密切的因素，诸如产品结构、项目结构、服务质量水平、质量管理等方面的工作，目的在于提高控制成本支出的效益，即减少单位产品成本投入，提高整体经济效益。

### 11.2.3 作业成本法在物流成本核算中的应用

作业成本法（Activity Based Costing）是一种比传统成本核算方法更加精

细和准确的成本核算方法，是西方国家于 20 世纪 80 年代末开始研究、90 年代以来在先进制造企业首先应用起来的一种全新的企业管理理论和方法，在发达国家的企业中日益得到广泛应用。

作业成本法是以作业（activity）为核心，确认和计量耗用企业资源的所有作业，将耗用的资源成本准确地计入作业，然后选择成本动因，将所有作业成本分配给成本计算对象（产品或服务）的一种成本计算方法。

作业成本法的指导思想是："成本对象消耗作业，作业消耗资源"。作业成本法把直接成本和间接成本（包括期间费用）作为产品（服务）消耗作业的成本同等地对待，拓宽了成本的计算范围，使计算出来的产品（服务）成本更准确真实。如图 11 - 1 所示。

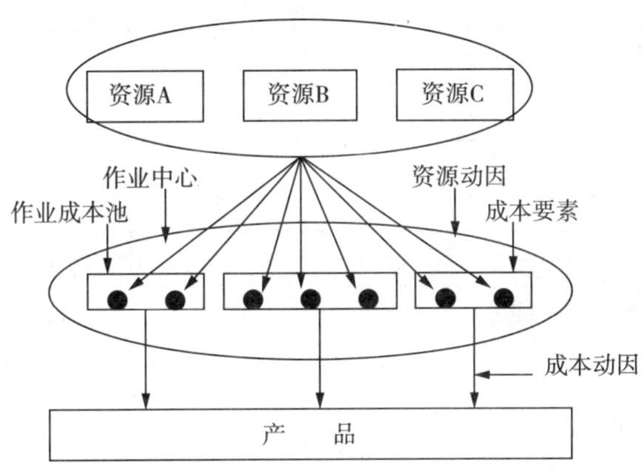


图 11 - 1 作业成本法基本思想

作业是成本计算的核心和基本对象，产品成本或服务成本是全部作业的成本总和，是实际耗用企业资源成本的终结。作业成本法在精确成本信息，改善经营过程，为资源决策、产品定价及组合决策提供完善的信息等方面，都受到了广泛的赞誉。自 20 世纪 90 年代以来，世界上许多先进的公司实施作业成本法以改善原有的会计系统，增强企业的竞争力。

**例如：**

某仓储公司 A 同时服务于甲乙两个客户，月末时，其物流总成本、员工总工作时间和甲乙客户订单及占用资源表如下所示：

表 11-1 物流总成本

| 支付形态 | 支付明细 | 相关费用（元） |
|---|---|---|
| 维护费 | 固定资产折旧 | 80000 |
| 人工费 | 货物入库人员 1 人 | 3000 |
| | 货物出库人员 1 人 | 3000 |
| | 货物分类人员 2 人 | 4000 |
| | 仓储管理人员 3 人 | 6000 |
| | 货物验收人员 3 人 | 6000 |
| | 单证处理人员 3 人 | 7500 |
| 材料费 | 办公费 | 10000 |
| 一般经费 | 水电费 | 5000 |
| 合计 | | 124500 |

表 11-2 员工工作时间

| 员工类别 | 总工作时间（小时/月） |
|---|---|
| 货物入库人员 | 250 |
| 货物出库人员 | 250 |
| 货物分类人员 | 350 |
| 仓储管理人员 | 500 |
| 货物验收人员 | 500 |
| 单证处理人员 | 500 |

表 11-3 甲乙订单数及占用资源表

| 项目 | 甲客户 | 乙客户 |
|---|---|---|
| 租赁仓库面积 | $10000m^2$ | $6000m^2$ |
| 月订单总数 | 200 | 120 |
| 占用托盘总数 | 700 | 300 |
| 货物入库比例 | 0.625 | 0.375 |
| 货物出库比例 | 0.625 | 0.375 |
| 货物分类比例 | 0.625 | 0.375 |

作业成本法计算步骤如下：

(1) 确定作业内容。如上述案例包括订单处理、货物验收、货物入库、货物分类、仓储管理和货物出库六个作业。

(2) 确定资源成本库。资源的界定是在作业界定的基础上进行的，每项作业必定涉及相关的资源，与作业无关的资源应从物流成本核算中剔除。本案例中已知资源成本如表 11－4 所示：

表 11－4　资源成本库

| 费用 | 订单处理 | 货物验收 | 货物入库 | 货物分类 | 仓储管理 | 货物出库 |
|---|---|---|---|---|---|---|
| 人工费 | 7500 | 6000 | 3000 | 4000 | 6000 | 3000 |
| 折旧费 | 7000 | 7000 | 15000 | 7000 | 29000 | 15000 |
| 办公费 | 3000 | 1000 | 1000 | 1000 | 3000 | 1000 |
| 水电费 | 600 | 600 | 1000 | 600 | 1200 | 1000 |
| 合计 | 18100 | 14600 | 20000 | 12600 | 39200 | 20000 |

(3) 确定作业动因。这里注意作业动因必须是可量化的，如人工工时、距离、时间、次数等。根据案例作业动因表如下所示：

表 11－5　作业动因表

| 作业 | 成本动因 |
|---|---|
| 订单处理 | 订单数量 |
| 货物验收 | 托盘数量 |
| 货物入库 | 人工工时 |
| 货物分类 | 人工工时 |
| 仓储管理 | 租赁仓库面积 |
| 货物出库 | 人工工时 |

(4) 计算作业成本。计算作业成本首先计算作业分配系数：

作业分配系数＝作业成本/作业量

然后再根据作业分配系数求出计算对象的某一项物流作业成本，之后求和得出计算对象的作业成本：

作业成本＝作业分配系数×作业动因数

根据案例数据，求出作业分配系数如表 11－6 所示：

表 11－6　作业分配系数表

| 作业 | 订单处理 | 货物验收 | 货物入库 | 货物分类 | 仓储管理 | 货物出库 |
|---|---|---|---|---|---|---|
| 作业成本（A） | 18100 | 14600 | 20000 | 12600 | 39200 | 20000 |
| 作业量（B） | 320（订单数） | 1000（托盘数） | 250（人工时） | 350（人工时） | 16000（面积） | 250（人工时） |
| 作业分配系数（A/B） | 56.6 | 14.6 | 80 | 36 | 2.45 | 80 |

作业量的确定是根据表 11－2 员工总工作时间表，表 11－3 甲乙订单数及占用资源表和表 11－5 作业动因表共同确定的，如订单处理作业量为 320，由表 11－5 可知，订单处理作业量的作业动因是订单数量，因此只需计算甲乙客户的订单总数即可。

根据表 11－6 的作业分配系数，即可求得客户甲乙的实际服务成本，如表 11－7 所示：

表 11－7　甲乙客户实际服务成本表

| 作业 | 作业分配系数 | 实际耗用成本动因数 | | 实际成本 | |
|---|---|---|---|---|---|
| | | 甲 | 乙 | 甲 | 乙 |
| 订单处理（订单数） | 56.6 | 200 | 120 | 11320 | 6792 |
| 货物验收（托盘数） | 14.6 | 700 | 300 | 10220 | 4380 |
| 货物入库（人工时） | 80 | 156.25 | 93.75 | 12500 | 7500 |
| 货物分类（人工时） | 36 | 218.75 | 131.25 | 7875 | 4725 |
| 仓储管理（面积） | 2.45 | 10000 | 6000 | 24500 | 14700 |
| 货物出库（人工时） | 80 | 156.25 | 93.75 | 12500 | 7500 |
| 合计 | | | | 78915 | 45597 |

注：甲实际耗用货物入库成本动因数 156.25（＝250×0.625）；乙实际耗用货物入库成本动因数 93.75（＝250×0.375）。

甲实际耗用货物分类成本动因数 218.75（＝350×0.625）；乙实际耗用货物出库成本动因数 131.25（＝350×0.375）。

甲实际耗用货物出库成本动因数 156.25（＝250×0.625）；乙实际耗用货物出库成本动因数 93.75（＝250×0.375）。

## 11.3 习题

### 11.3.1 客观题

一、判断题

1. 物流成本控制是物流成本管理的中心环节。( )
2. 物流成本主要表现为运输、仓储以及搬运等费用，而企业的仓库、物流设备等不算物流成本。( )
3. 各类物流成本之间具有悖反关系，一类物流成本的下降往往以其他物流成本的上升为代价。( )
4. 为了降低库存成本，应该把库存维持在最小水平上。( )
5. 产品价值往往和物流成本之间存在着正相关的关系。( )
6. 为了降低物流成本，减少库存资金占用是一个有效的方法。( )
7. 企业或物流系统可以通过降低单位变动成本、降低固定成本、扩大业务量或提高价格等方式来提高安全边际率，降低经营风险。( )
8. 物流成本的预测、计划、核算、分析等成本管理技术，最终都要通过日常控制环节来实现物流成本的降低。( )
9. 在编制物流成本预算时，当业务量预计减少时，物流成本预算应有所增加。( )
10. 盈亏平衡分析就是保本分析。( )
11. 降低物流成本主要是通过降低物流服务的价格来实现的。( )
12. 物流成本管理的思路有两个：一是在保证一定物流服务水准的前提下使物流成本最低；二是通过调整物流服务的标准降低物流成本。( )
13. 物流成本计算标准就是站在管理的角度，运用管理会计的方法制定出来的。( )
14. 物流成本管理的前提是物流成本核算。( )
15. 物流成本计算的原始数据主要来自财务部门提供的数据。( )
16. 物流 ABC 将传统成本计算所无法看到的物流中心内部的“实态”用成本的形式表现出来。( )
17. 库存管理中的 ABC 分类法也有不足之处，通常表现为 C 类货物得不到应有的重视，而 C 类货物往往也会引起整个装配线的停工。( )

二、选择题

18. 作业成本法把成本核算深入到( )，以此来计算物流成本。

A. 区域层次　　B. 车间层次

C. 小组层次　　D. 作业层次

19. 物流成本管理的前提是(　　)。

A. 物流成本计算　　B. 物流成本估计

C. 物流成本估算　　D. 物流成本核算

20. 衡量一个国家物流管理水平的高低的指标是(　　)。

A. 社会物流总成本　　B. 物流成本占 GDP 的比重

C. 物流效率的高低　　D. 企业物流成本

21. 降低物流成本与提高企业和社会经济效益之间关系体现在以下几个方面：(　　)。

A. 降低物流成本增强了企业在产品价格方面的竞争优势，提高了产品的市场竞争力

B. 全行业的物流效率普遍提高，会使该行业在国际上的竞争力得到增强

C. 全行业的物流成本普遍提高，会使该行业在国际上的竞争力得到增强

D. 物流成本的下降，意味着以较少的资源投入，创造尽可能多的物质财富

E. 降低物流成本即提高了企业的利润水平

22. 物流成本计算的目的包括以下几方面：(　　)。

A. 发现物流活动中存在的问题

B. 揭示物流成本的大小，提高企业内部对物流的重视程度

C. 物流成本计算是为物流管理服务的

D. 通过物流成本计算能确定物流服务水准

E. 物流成本计算是为了对物流活动实施计划、控制和业绩评价

23. 准确把握物流成本，应做到以下几点：(　　)。

A. 物流费用单纯，便于使用

B. 数据搜集容易

C. 确定物流服务标准

D. 加强物流成本核算，建立成本考核制度

E. 作为时间序列的数据具有持续性

24. 物流 ABC 法与传统物流成本计算法相比的优势在于：(　　)。

A. 能更好满足物流管理的需要

B. 为决策人员选择物流服务、确定物流动作方式提供依据

C. 能较好地解决物流成本上升的责任问题

D. 可以直接提供有利于物流合理化的数据

E. 是通过展示成本的大小来说明物流管理的重要性，在强化物流管理意识方面起到重要作用

25. 在我国对物流成本的管理更多地停留在(　　)层次上。

A. 物流成本核算　　B. 物流成本管理

C. 成本效益评估　　D. 物流成本预算

26. 下面关于物流成本管理正确的说法是：(　　)。

A. 物流成本管理即是管理物流成本

B. 物流成本管理就是通过降低物流活动中物化劳动的消耗以降低物流成本

C. 降低物流成本意味着扩大了企业的利润空间，提高了利润水平

D. 物流成本管理是通过对物流成本的把握和分析去发现物流系统中需要重点改进的环节，达到改善物流系统的目的

27. 企业降低物流成本的途径有：(　　)。

A. 直接通过调整物流服务标准降低物流成本

B. 降低物流服务的收费标准

C. 降低包装环节的费用

D. 树立现代物流理念，健全企业物流管理体制

### 11.3.2 主观题

1. 简述物流成本零基预算和弹性预算方法的差别。
2. 物流成本控制的策略包含哪些方面？
3. 物流作业成本法的基本思想是什么？
4. 甲公司要从位于S市的工厂直接装运500台电视机送往位于T市的一个批发中心。这票货物价值为150万元。T市的批发中心确定这批货物的标准运输时间为2.5天，如果超出标准时间，每台电视机的每天的机会成本是30元。甲公司的物流经理设计了下述3个物流方案，请从成本角度评价这些运输方案的优劣。

(1) A公司是一家长途货物运输企业，可以按照优惠率每公里0.05元/台来运送这批电视机，装卸费为每台0.10元。已知S市到T市的公路运输里程为1100公里，估计需要3天的时间才可以运到（因为装卸货物也需要时间）。

(2) B公司是一家水运企业，可以提供水陆联运服务，即先用汽车从甲公司的仓库将货物运至S市的码头（20公里），再用船运至T市的码头（1200公里），然后再用汽车从码头运至批发中心（17公里）。由

于中转的过程中需要多次装卸，因此整个运输时间大约为5天。询价后得知，陆运运费为每公里0.06元/台，装卸费为每台0.10元，水运运费为每百台0.6元。

(3) C公司是一家物流企业，可以提供全方位的物流服务，报价为22800元。它承诺在准时间内运到，但是准点的百分率为80%。

5. 物流成本是衡量企业物流绩效的一个重要指标。企业在对物流成本进行管理和控制时，最大的问题出现在如何计量物流成本，请对现行的物流成本计量体系进行一个评述。

6. 物流相关的固定资产投资是否需要纳入到物流成本？在进行物流自营和外包决策中，自营物流成本应包含哪些内容？

# 附录一　课程教学大纲

课程名称：物流管理

英文名称：Logistics Management

总 学 时：48学时

实　　验：4学时

实践时数：后续课程设计一周

学　　分：3

适用专业：物流管理专业本科

## 一、基本部分

### （一）讲授内容

物流管理学主要讲授物流的基本知识、特点、功能、作用、物流业的结构、流通要素、功能要素、运作的基本模式；物流管理的基本原理和目标；物流管理的演进与发展；物流的基本功能（运输、仓储、装卸搬运、包装、流通加式、配送、信息）活动的作用、特征、方式、业务流程、合理化的途径；物流方案的优化；采购与供应业务的程序、内容与要求；采购与供应方式的比较与选择，采购与供应计划的编制；供应商的选择、培育与评价；供应链的概念、结构、特征、内容、作用、供应链设计的原则、步骤、内容；供应链合作伙伴的形成、制约因素及供应链企业绩效评价与激励机制；物流设施选址的程序和内容、选址的基本方法；企业物流系统和物流企业物流系统的特征与模式、物流系统的设计和评价；运输与配送的运作要求、其方案的比较与选择；物流成本控制的基本特征、基本思路、物流成本控制的基本方法。

### （二）习题和习题课（内容）

物流管理学课程是一门理论与方法相结合的课程，因而习题由复习思考题和业务题构成。

1. 通过复习思考题，主要是加强学生对课程内容的理论认识，根据讲授内容的要求，可在如下的题目中选择：

（1）现代物流要素、特点、功能；

（2）物流管理的基本原理、演进与发展；

（3）物流的基本功能（运输、仓储、装卸搬运、包装、流通加式、配送、信息）活动的内容、方式、业务流程、合理化的途径；

（4）运输与配送方案的优化；

（5）采购与供应业务的程序、内容、过程控制；

（6）采购与供应计划的编制；

（7）供应商的选择、培育与评价；

（8）供应链设计的步骤、内容、供应链合作伙伴的形成、制约因素及供应链绩效评价与激励机制；

（9）物流设施规划的方法；

（10）物流系统的设计和评价；

（11）物流成本控制的基本方法及适用性。

2. 业务题部分编印成册，应包括上述讲授的主要内容，每次课后安排一定量（2～4 题）的必做题，以巩固学生在每堂课中所学的知识；

3. 习题课安排在第五、八、十章讲完时进行，主要针对习题中的主要问题进行必要的讲解，并组织学生对案例进行必要的讨论。

（三）实验

<table>
<tr><th rowspan="2">实验性质</th><th rowspan="2">实验名称</th><th rowspan="2">每套仪器设备核定学生数</th><th rowspan="2">时数</th><th colspan="4">实验类型（"Y"）</th></tr>
<tr><th>演示</th><th>验证</th><th>综合</th><th>设计</th></tr>
<tr><td rowspan="5">必开一个</td><td>1. 物资入库管理实验</td><td></td><td>2</td><td></td><td></td><td>*</td><td></td></tr>
<tr><td>2. 条码的生成与鉴别实验</td><td></td><td>2</td><td></td><td>*</td><td></td><td></td></tr>
<tr><td>3.</td><td></td><td></td><td></td><td></td><td></td><td></td></tr>
<tr><td>4.</td><td></td><td></td><td></td><td></td><td></td><td></td></tr>
<tr><td>5.</td><td></td><td></td><td></td><td></td><td></td><td></td></tr>
<tr><td rowspan="4">课内选开</td><td>1. 出库与送货管理实验</td><td></td><td>4</td><td></td><td>*</td><td></td><td></td></tr>
<tr><td>2. 自动分拣实验</td><td></td><td>4</td><td></td><td></td><td>*</td><td></td></tr>
<tr><td>3. 物品自动识别技术应用实验</td><td></td><td>2</td><td></td><td>*</td><td></td><td></td></tr>
<tr><td colspan="7">学生至少选以上实验中的______个</td></tr>
</table>

注：1. 时数只能取 1 或 2 的倍数。

2. 面向不同专业开设的实验项目有不同的教学要求时，须分别填写本表。

(四)课程设计

1. 目的

物流管理学是一门专业性与综合性相结合的课程。为了让学生更好地了解我国部分物流企业现状，运作流程，相应的制度和惯例，认识物流管理过程中存在的问题，探索整合物流系统的方案，提高现代物流管理的水平，特安排物流管理课程设计。

2. 目标

(1) 加深了解部分物流企业和工业企业物流管理的现状，物流运作流程；

(2) 初步提出改进这些企业物流的设施规划方案或对策；

(3) 运作第三方物流管理模拟系统，加深基于电子商务的3PL系统认识，且对其功能要求、实现途径与方式提出自己的看法；

(4) 对部分同学要求设计初步的配送方案软件。

3. 要求

每个学生在课程设计期间，必须调研一种类型企业的物流业务和管理运作过程，且提出存在问题、先进方法和改善途径或方法等；同时必须熟练运作第三方物流管理模拟系统。部分学生设计初步的配送方案或物流设施规划方案。

4. 考核

分三个部分。一是课程设计报告成绩；二是运作第三方物流管理模拟系统的成绩；三是课程设计过程中的学习态度。

对成绩优秀的和成绩较差的学生，另外增加口试环节。

5. 课程设计时间

课程设计时间为一周(五天)。

具体安排四天为：调研一种类型企业的物流业务和管理运作过程，且提出存在问题、先进方法和改善途径或方法等；或对某一特定的企业进行物流设施规划和布置。

半天为：运作第三方物流管理模拟系统。

半天为：考核时间。

6. 课程设计内容

(1) 到企业中实际了解物流业务情况(暂定为：镇江市大港集装箱公司、镇江市邮电局物流业务分局、镇江船用柴油机厂、连锁企业等)：

掌握物流业务流程与活动的主要环节；

企业生产过程中的物流情况；

作业成本与效率；

主要服务内容；增值服务内容；

主要物流设施；

基本服务业务量及收入与增值服务业务量及收入比较；

物流信息技术和信息系统应用情况；

存在问题、先进经验、改进方面意见。

（2）第三方物流管理模拟系统；

（3）对某一特定的企业进行物流设施规划和布置。

## 二、选修及专题

针对本专业学生的不同水平、不同发展的要求，可设置如下三方面的选修与专题。

1. 物流管理理论与方法方向

（1）第三方物流的市场需求分析；

（2）第三方物流市场竞争者分析；

（3）第三方物流的运作机制分析；

（4）现代物流管理发展趋势分析。

2. 物流管理实务方向

（1）某制造企业物流管理实证分析报告；

（2）某物流企业物流管理实证分析报告。

3. 物流系统分析方向

（1）提出某个生产企业物流设施规划的方案。

## 三、教学大纲说明书

**（一）本课程在培养计划中所处的地位，课程教学的目的与任务**

物流管理学是物流管理专业核心专业课，本门课程需培养学生能从事制造型企业物流以及社会化物流企业相关工作的知识与能力；能培养学生从事物资采购与供应业务工作的基本技能，能使学生对供应商或物流业务外包进行可行性分析的知识与能力；能初步构建企业的物流运作方案且进行运作的基本能力；基本了解物流理论与管理技术发展的趋势。为学生从事企业物流业务与管理、企业设施规划工作与管理、解决物流系统较复杂的问题奠定基本知识和技能。

**（二）课程内容的基本要求，重点难点，深度和广度**

**第一章　物流与物流管理**

① 基本要求：通过本章的学习，应掌握现代物流的概念、产生背景、物流特点、目的与功能；了解现代物流的地位、作用、物流业的结构、物流的

流通要素、功能要素；物流运作的基本模式；物流管理的基本原理和基本目标；物流管理的演进与发展。

② 重点与难点：本章重点掌握传统物流与现代物流的区别，现代物流的概念、任务和特征；充分认识现代物流的地位；掌握现代物流的流通要素、功能环节；了解现代物流的基本运作模式，掌握现代物流管理的基本原理和基本目标。

③ 深度与广度：对现代物流管理的理论和原理进行广泛探讨，广泛了解国外物流管理的演进与发展，并对第三方物流有深入的认识。

**第二章　供应链管理**

① 基本要求：通过本章的学习，应掌握供应链的概念、结构、特征、内容、作用、原则；掌握供应链设计的原则、步骤、内容；供应链合作伙伴的形成、制约因素、选择方法；了解供应链企业绩效评价与激励机制。

② 重点与难点：本章重点掌握供应链的概念、结构、特征、内容、作用、原则；掌握供应链设计的原则、步骤、内容；难点为供应链合作伙伴的形成、制约因素、选择方法；了解供应链企业绩效评价与激励机制。

③ 深度与广度：本章应广泛掌握各类供应链的特征、广泛了解供应链合作伙伴的形成、制约因素、选择方法；了解供应链企业绩效评价与激励机制。

**第三章　物流设施规划**

① 基本要求：通过本章的学习，应掌握物流设施选址的意义和影响选址的主要因素；掌握物流设施选址的程序和内容；掌握物流分析的方法、设施规划的实施过程；掌握选址的基本方法。

② 重点与难点：本章重点掌握影响选址的主要因素、物流设施选址的程序和内容、选址的基本方法。

③ 深度与广度：本章应进一步掌握各因素对选址的影响程度、物流分析的方法，各种选址方法的适用性。

**第四章　物流系统分析与设计**

① 基本要求：通过本章的学习，应掌握物流系统结构与特征、构成、物流系统的模式；掌握物流系统分析的步骤、要素、原则、过程；掌握物流系统分析的基本技术方法；了解物流系统的评价内容。

② 重点与难点：本章重点掌握制造企业物流系统和物流企业物流系统的特征与模式；难点是物流系统的设计和评价。

③ 深度与广度：本章应广泛掌握各类别企业物流系统的分析要素，设计的原则和方法；广泛了解各类别物流系统的评价内容和评价方法。

第五章　采购管理

① 基本要求：通过本章的学习，应掌握采购业务活动的基本知识；掌握采购计划编制依据、编制方法、采购合同的签订、采购作业流程、环节和内容、采购策略；了解供应商的选择、供应商的考评、供应商关系管理；掌握对采购活动进行组织与控制的方法。

② 重点与难点：本章重点掌握采购业务的程序、内容与要求、采购计划的编制；比较难的是供应商的选择与评价。

③ 深度与广度：本章应广泛掌握对采购活动的组织与控制的方法；广泛了解对供应商关系的管理内容和方法。

第六章　供应管理

① 基本要求：通过本章的学习，应掌握供应业务活动的基本知识；掌握供应计划编制依据、编制方法；掌握物资消耗和供应定额制定方法；供应作业流程、环节和内容、供应策略；掌握对供应活动进行组织与控制的方法。

② 重点与难点：本章重点掌握采购业务的程序、内容与要求、采购计划的编制；比较难的是供应商的选择与评价。

③ 深度与广度：本章应广泛掌握对供应活动的组织与控制的方法；广泛了解物资消耗定额的制定方法。

第七章　运输与配送

① 基本要求：通过本章的学习，应掌握运输与配送的基本概念与关系；掌握运输的三大原理；掌握运输的主要五种运输方式；掌握集装箱运输与多式联运的概念及业务流程；掌握运输优化的基本方法；理解配送的基本模式与配送策略的选择；掌握共同配送的概念；了解配送中心的运作过程；掌握配送的合理化途径与方法；掌握节约法的计算过程。

② 重点与难点：本章重点掌握运输的几种主要方式；集装箱运输与多式联运的业务流程；配送策略的选择及配送中心的业务运作过程。难点在于运输及配送的优化方法。

③ 深度与广度：本章应广泛掌握对运输与配送的概念的理解；广泛了解运输与配送过程中的业务流程；广泛理解运输与配送的优化过程中所应用的方法和原理。

第八章　库存控制与仓储管理

① 基本要求：通过本章的学习，应掌握库存的概念与作用，了解仓库作业的基本程序，掌握仓库规划与布置的内容，重点掌握库存控制的方法。

② 重点与难点：本章重点掌握库存的重要性；灵活运用库存控制中的方法；掌握仓库规划与仓库布置的基本内容；难点在于库存控制方法的掌握。

③ 深度与广度：本章应广泛掌握对仓储管理和库存控制的策略和手段，广泛理解仓储与库存管理在企业物流管理中的重要性。

**第九章 物流信息技术**

① 基本要求：通过本章的学习，应掌握物流信息的功能和特征；掌握物流信息技术中的条形码、电子数据交换、电子订货系统、销售时点信息系统的基本知识和特点；了解信息技术对供应链管理的影响方面和程度。

② 重点与难点：本章重点掌握条形码、电子数据交换、电子订货系统、销售时点信息系统的基本知识和特点；难点是信息技术在现代物流系统中的应用。

③ 深度与广度：本章应广泛掌握条形码、电子数据交换、电子订货系统、销售时点信息系统的内容和特点；广泛了解信息技术对供应链管理、物流系统的影响方面和程度。

**第十章 装卸搬运、包装与流通加工**

① 基本要求：通过本章的学习，应掌握装卸搬运的概念、设备的类型及应用；掌握集成装载的基本方式以及合理化的途径，掌握包装的基本类型与包装的功能分类；包装的合理化及标准化；了解流通加工的基本概念，流通加工的作用及内容，理解流通加工的合理化。

② 重点与难点：本章重点掌握装卸搬运的概念、设备；集成装载方式与合理化、包装的方法及包装材料的选择；掌握包装合理化的途径；掌握流通加工合理化的方法及流通加工的基本形式。

③ 深度与广度：本章应广泛掌握装卸搬运、包装和流通加工的内容和特点；广泛了解装卸搬运、包装和流通加工对于物流系统的影响方面和程度。

**第十一章 物流成本控制**

① 基本要求：通过本章的学习，应掌握现代物流成本控制的基本特征、物流成本管理的基本思路；掌握各类型企业物流成本控制的途径和内容；掌握物流成本控制的基本方法，了解物流成本管理现状。

② 重点与难点：本章重点掌握现代物流成本控制的基本特征、物流成本管理的基本思路，掌握物流成本控制的基本方法；难点各类型企业物流成本控制的途径和内容。

③ 深度与广度：本章应广泛了解现行的会计成本核算对物流成本的控制程度；了解作业成本法在控制物流成本中应用。

（三）习题课、课外习题与作业要求

1. 对学生的要求

（1）复习思考题，掌握和运用所学的基本理论，结论正确，并有自己的见解。

(2) 按时按质按量上交作业。

(3) 习题课学生要积极发言，参与老师的点评。

2. 对教师的要求

(1) 认真批改作业，每次的批改量至少达到学生数的1/3。

(2) 经常开展作业的讲评，对学生提出的问题要给予耐心的答复。

(3) 习题课要精心组织与安排，起到对理论课拾遗补缺的作用。

(4) 认真记录学生习题完成情况和习题课的表现，将其作为平时成绩的依据。

(四) 实验要求

本课程的实验教学旨加强学生理论联系实际，培养解决实际问题的能力。

1. 对教师的要求

(1) 每项实验均有实验指导书，注明实验目的、实验内容、实验要求、实验进度等事项。

(2) 教师要提供实验所需的资料、器具等，如实验用软件、凭证、报表等。

(3) 教师要负责对实验加以指导、考评。

2. 对学生的要求

(1) 学生认真进行实验操作和总结。

(2) 学生要提交实验报告或实验总结，考评结束后交教研室存档。

3. 实践环节要求

(1) 教师要有安排、检查与考核。

(2) 学生用日记、总结报告等形式来反映。

(五) 选修或专题部分要求

选修或专题旨在通过选修某一物流管理的研究方向，对其前沿和较深入的问题进行探讨，培养学生的学习兴趣、开阔视野、发展特长、锻炼能力。

1. 对教师的要求

(1) 提供资料目录及必要的参考资料。

(2) 利用答疑时间进行辅导。

(3) 分析、考评学生提交的学习心得及专题报告，并作总结综述。

2. 对学生的要求

(1) 预先阅读有关参考文献，了解所讲专题的背景知识。

(2) 对所选的专题部分作细致的研究。

(3) 学生在课堂上或课后交流学习心得。

（4）提交独立完成的学习心得及专题报告。

（六）课程设计的具体要求

1. 对学生的要求

（1）深入实际，掌握企事业单位的第一手材料。

（2）钻研有关理论，用理论来指导实践，解决实际问题。

（3）设计思路周密，设计方法正确。

（4）设计方案具有针对性、可行性。

（5）利用课外时间完成（老师提前3周下达设计任务书）。

（七）教材及主要参考书

1. 教材

《现代物流管理》，王利、许国银、黄颖编著，中国物资出版社，2006年第一版

2. 主要参考书

《现代物流与供应链管理》，宋华，胡左浩著，经济管理出版社，2000年4月第一版

《物流管理学》，孙明贵等主编，北京大学出版社，2002年10月第一版

《物流管理案例集》讲义，王利、佟芳庭、韩文民主编，华东船舶工业学院教材科，2002年12月第一次印发

（八）本课程对先修课程的要求及与有关课程的联系分工

本课程应在先修《管理学》、《现代经济学》、《运筹学》、《技术经济学》基础上开设。《管理学》、《现代经济学》、《技术经济学》的开设，为本课程学习提供理论依据与背景。《运筹学》为本课程提供了系统规划的定量方法。在本课程开设的同时，开设《成本会计学》、《市场营销学》、《生产管理》等课程将更有助于本课程的教学。本课程主要学习物流管理理论和物流系统分析、设计、运作管理的方法。

（九）教法（考核）方法与手段

1. 理论教学方法

（1）精心组织课堂教学。教师应精心组织好每一堂课的教学内容，安排好课堂讲授的进度。讲清重点与难点。

（2）辅之以多种多样的教学方法与手段。采用启发式、讨论式等教学方法，上课形式采用多媒体方式、每章有案例讨论，以提高教学效果。

（3）加强课外辅导，每两周至少安排一次定时、定点的答疑活动。

（4）教师应加强课外指导工作，向学生介绍一些参考书，并经常与学生交流。

2. 实践教学方法

(1) 采用仿真教学，以某一具体企业物流业务资料为例组织教学。

(2) 实战练习。要求学生积极参与企业物流工作，适当安排学生到企业中从事一定的实际操作。

(十) 先修课程名称

1. 管理学

2. 现代经济学

3. 技术经济学

# 附录二 课程授课计划

<table>
<tr><td colspan="24">教学大纲：物流管理（A）</td></tr>
<tr><td colspan="24">教　　材：《现代物流管理》、教学指导书各一本</td></tr>
<tr><td colspan="24">教　学　时　数</td></tr>
<tr><td colspan="24">本课程总时数：48　　　　已讲时数：0　　　　尚需讲时数：48</td></tr>
<tr><td rowspan="8">本学期授课时数</td><td rowspan="3">班级</td><td rowspan="3">教学周数</td><td rowspan="3">周学时</td><td rowspan="3">本学期名义教学时数</td><td rowspan="3">预计节假日时数</td><td colspan="9">本学期计划时数</td><td colspan="9">实际执行时数</td></tr>
<tr><td colspan="9">其　中</td><td colspan="9">其　中</td></tr>
<tr><td>总时数</td><td>讲授</td><td>多媒体教学</td><td>双语教学</td><td>实验</td><td>课堂讨论</td><td>复习课</td><td>课程设计</td><td>机动时间</td><td>总时数</td><td>讲授</td><td>多媒体教学</td><td>双语教学</td><td>实验</td><td>习题课</td><td>复习课</td><td>课程设计</td><td>机动时间</td></tr>
<tr><td></td><td></td><td></td><td></td><td></td><td></td><td></td><td></td><td></td><td></td><td></td><td></td><td></td><td></td><td></td><td></td><td></td><td></td><td></td><td></td><td></td><td></td><td></td></tr>
<tr><td></td><td></td><td></td><td></td><td></td><td></td><td></td><td></td><td></td><td></td><td></td><td></td><td></td><td></td><td></td><td></td><td></td><td></td><td></td><td></td><td></td><td></td><td></td></tr>
<tr><td></td><td></td><td></td><td></td><td></td><td></td><td></td><td></td><td></td><td></td><td></td><td></td><td></td><td></td><td></td><td></td><td></td><td></td><td></td><td></td><td></td><td></td><td></td></tr>
<tr><td></td><td></td><td></td><td></td><td></td><td></td><td></td><td></td><td></td><td></td><td></td><td></td><td></td><td></td><td></td><td></td><td></td><td></td><td></td><td></td><td></td><td></td><td></td></tr>
<tr><td></td><td></td><td></td><td></td><td></td><td></td><td></td><td></td><td></td><td></td><td></td><td></td><td></td><td></td><td></td><td></td><td></td><td></td><td></td><td></td><td></td><td></td><td></td></tr>
<tr><td>说明</td><td colspan="23">1. 教学对象：物流管理本科专业学生。学生已学过管理学、经济学、运筹学、工业工程导论、技术经济学、生产管理、质量管理等。<br>2. 上课时间：第七学期。<br>3. 教学目的：根据物流管理专业的定位与特色要求（培养面向制造业的现代物流管理人才，能够拥有全面的供应链与采购管理知识，具有较强动手能力的应用型人才）。<br>本门课程的教学目的为：<br>（1）培养学生能在各种制造模式中从事物流周转量分析的设施规划研究的知识与能力；<br>（2）培养学生从事企业物资采购与供应业务工作的基本技能；<br>（3）使学生对供应商或物流业务外包进行可行性分析的知识与能力；<br>（4）能初步构建企业的物流运作方案且进行运作的基本能力；<br>（5）基本了解物流理论与物流管理技术发展的趋势。<br>这些为学生从事企业物流业务与管理、企业设施规划工作与管理、解决物流系统较复杂的问题奠定基本知识和技能。<br>4. 教学手段：多媒体教学；配备相应的习题集供学生练习和教师批改（1/3）；每章的案例讨论分组（相对固定）进行；实验。<br>5. 考核方式：平时成绩与考试相结合；平时成绩占35%，内容包括：作业、案例讨论、出勤情况、实验成绩；考试卷面成绩占65%，采用闭卷形式。</td></tr>
</table>

学期授课计划表

课程名称：物流管理　　　　　　　　　　学年　　第　　学期

| 上课周次 | 授课序号 | 内容（章节号、课题名称、实验名称） | 课时数 | 授课方式 | 课外作业 | 备注 |
|---|---|---|---|---|---|---|
| | 1 | **第一章：现代物流与物流管理理念**<br>教学目的：掌握物流管理的定义、对象、主要内容、任务；掌握物流的基本要素；理解物流管理的产生与发展，为整个课程学习打下基础。<br>引言<br>**1.1 现代物流的定义与作用**<br>1.1.1 物流的定义；1.1.2 物流的作用<br>**1.2 现代物流要素**<br>1.2.1 物流流动要素；1.2.2 物流功能要素<br>**1.3 物流系统与物流系统化管理**<br>1.3.1 物流系统；1.3.2 物流系统化管理 | 2 | 讲授<br>视频 | 第一章一部分作业 | |
| | 2 | **1.4 现代物流的产生和发展**<br>1.4.1 物流的产生；1.4.2 物流的发展<br>**1.5 物流管理的演进和发展**<br>1.5.1 功能管理阶段；1.5.2 内部一体化阶段<br>1.5.3 外部一体化阶段<br>**1.6 物流管理的对象、内容和任务**<br>1.6.1 物流管理的对象；1.6.2 物流管理的内容<br>1.6.3 物流管理的任务<br>小结 | 2 | 讲授<br>案例<br>讨论 | 第一章另一部分作业 | |
| | 3 | **第三章：物流设施规划**<br>教学目的：掌握物流设施选址的意义和影响选址的主要因素；掌握物流设施选址的程序和内容；掌握物流分析的方法、设施规划的实施过程；理解选址的基本方法。<br>**3.1 物流设施规划与设计概述**<br>3.1.1 物流规划含义；3.1.2 范围与目标；<br>3.1.3 原则； | 2 | 讲授 | 第三章一部分作业 | |

（续表）

| 上课周次 | 授课序号 | 内容（章节号、课题名称、实验名称） | 课时数 | 授课方式 | 课外作业 | 备注 |
| --- | --- | --- | --- | --- | --- | --- |
| | 4 | 3.1.4 选址的制约因素与方法<br>**3.2 物流系统布置设计**<br>3.2.1 物流系统布置的基本要素；3.2.2 物流分析 | 2 | 讲授 | 第三章一部分作业 | |
| | 5 | **3.3 仓库规划与设计**<br>3.3.1 总平面布置；3.3.2 自动化仓库的规划与设计<br>**第四章：物流系统分析与设计**<br>教学目的：掌握物流系统结构与特征、构成、物流系统的模式；掌握物流系统分析的步骤、要素、原则、过程；掌握物流系统分析的基本技术方法；了解物流系统的评价内容<br>引言<br>**4.1 物流系统设计的一般程序**<br>4.1.1 物流系统设计的一般程序；4.1.2 可行性分析与项目计划；4.1.3 收集和分析数据；4.1.4 建议、实施与评价 | 2 | 讲授 | 第四章一部分作业 | |
| | 5 | **4.2 仓库合理化分析**<br>4.2.1 **基于成本的仓库合理化分析**<br>4.2.2 **基于服务的仓库合理化分析**<br>**4.3 基于物流系统最小总成本的系统分析技术**<br>4.3.2 起点服务水平<br>4.3.3 服务敏感度分析<br>4.3.4 确定物流策略<br>小结 | 2 | 讲授 | 第四章一部分作业 | |
| | 6 | 第二章部分、第三章、第四章的案例讨论<br>案例讨论小组：6 人/组； | 2 | 案例讨论 | | |

（续表）

| 上课周次 | 授课序号 | 内容（章节号、课题名称、实验名称） | 课时数 | 授课方式 | 课外作业 | 备注 |
|---|---|---|---|---|---|---|
| | 7 | **第五章：采购管理**<br>教学目的：应掌握采购业务活动的基本知识；掌握采购计划编制依据、编制方法、采购合同的签订、采购作业流程、环节和内容、采购策略；了解供应商的选择、供应商的考评、供应商关系管理；掌握对采购活动进行组织与控制的方法。<br>引言<br>**5.1 采购定义、内容与任务**<br>5.1.1 采购的定义和内容；5.1.2 采购的地位和基本任务。<br>**5.2 采购计划**<br>5.2.1 编制采购计划的目的和依据；5.2.2 采购计划编制程序和内容。 | 2 | 讲授 | 第五章一部分作业 | |
| | 8 | **5.3 采购实施**<br>5.3.1 采购作业流程；5.3.2 采购认证；5.3.3 选择供应商；5.3.4 签订采购合同；5.3.5 供应商管理。 | 2 | 讲授 | 第五章另一部分作业 | |
| | 9 | **5.4 采购控制**<br>5.4.1 采购绩效与评估<br>5.4.2 提升采购绩效的方法；<br>5.4.3 采购监管与控制。<br>小结 | 2 | | | |
| | 10 | **第六章：供应管理**<br>教学目的：应掌握供应业务活动的基本知识；掌握供应计划编制依据、编制方法；掌握物资消耗和供应定额制定方法；供应作业流程、环节和内容、供应策略；掌握对供应活动进行组织与控制的方法。<br>引言<br>**6.1 供应管理定义、内容与任务** | 2 | 讲授 | 第六章一部分作业 | |

（续表）

| 上课周次 | 授课序号 | 内容（章节号、课题名称、实验名称） | 课时数 | 授课方式 | 课外作业 | 备注 |
|---|---|---|---|---|---|---|
| | 10 | 6.1.1 供应的定义和内容；6.1.2 供应的地位和基本任务。<br>**6.2 物料消耗定额与物料供应定额**<br>**6.3 供应计划**<br>6.3.1 供应计划的编制依据和原则；6.3.2 物料需求计划 MRP；6.3.3 准时供应 JIT；6.3.4 适时分拨计划（Just-In-Time Distribution Scheduling）。<br>**6.4 用料控制**<br>6.4.1 用料控制的内容与作用；6.4.2 定额供料与用料核算；6.4.3 物料节约。<br>小结 | 2 | 讲授 | 第六章一部分作业 | |
| | 11 | **第八章　库存控制与仓储管理**<br>教学目的：掌握库存概念与作用，仓库作业的程序，仓库规划与布置的内容，库存控制的方法。<br>引言<br>**8.1 库存的定义、作用与分类**<br>8.1.1 库存的基本概念　8.1.2 库存的作用与弊端<br>8.1.3 库存的分类　8.1.4 库存成本的构成<br>**8.2 库存控制管理**<br>8.2.1 目标 8.2.2 ABC 分类法 8.2.3 库存控制原理与采购订货策略<br>8.2.4 定期订货与定量订货<br>8.2.5 供应链管理环境下的库存控制方法 | 2 | 讲授<br>案例分析 | 第八章一部分作业 | |
| | 12 | **8.3 仓库的分类与仓储规划**<br>8.3.1 功能与分类　8.3.2 仓储规划<br>**8.4 物资存储计划**<br>**8.5 仓储业务管理**<br>8.5.1 入库管理　8.5.2 保管与养护 8.5.3 出库管理 8.5.4 单证管理<br>小结 | 2 | 讲授 | 第八章一部分作业 | |

（续表）

| 上课周次 | 授课序号 | 内容（章节号、课题名称、实验名称） | 课时数 | 授课方式 | 课外作业 | 备注 |
|---|---|---|---|---|---|---|
| | 13 | **第九章：物流信息技术**<br>教学目的：掌握物流信息的功能和特征；掌握物流信息技术中的条形码、电子数据交换、电子订货系统、销售时点信息系统的基本知识和特点；了解信息技术对供应链管理的影响方面和程度。<br>引言<br>**9.1 物流信息的功能与特征**<br>9.1.1 物流信息技术的作用；9.1.2 物流信息的特征。<br>**9.2 条码技术**<br>9.2.1 条形码的概念与作用；9.2.2 EAN－128 码 | 2 | 讲授 | 第九章一部分作业 | |
| | 14 | 9.2.3 二维码；9.2.4 电子标签与射频—标签（RF）技术。<br>**9.3 物流信息传递与处理技术**<br>9.3.1 电子数据交换（EDI）技术；9.3.2 电子自动订货系统 EOS；9.3.3 销售时点信息系统 POS；9.3.4 地理信息系统 GIS；9.3.5 全球定位系统 GPS。<br>小结 | 2 | 讲授 | 第九章一部分作业 | |
| | 15 | **第十章　装卸搬运、包装与流通加工**<br>教学目的：通过本章的学习，应掌握装卸搬运的概念、设备的类型及应用；掌握集成装载的基本方式以及合理化的途径，掌握包装的基本类型与包装的功能分类；包装的合理化及标准化；了解流通加工的基本概念，流通加工的作用及内容，理解流通加工的合理化。<br>引言<br>**10.1 装卸搬运的性质、特点和分类**<br>10.1.1 性质<br>10.1.2 特点 | 2 | 讲授 | 第十章部分作业 | |

（续表）

| 上课周次 | 授课序号 | 内容（章节号、课题名称、实验名称） | 课时数 | 授课方式 | 课外作业 | 备注 |
|---|---|---|---|---|---|---|
| | 15 | 10.1.3 原则<br>10.1.4 分类<br>**10.2 装卸搬运系统**<br>10.2.1 机械化系统<br>10.2.2 半自动化系统<br>10.2.3 自动化系统 | 2 | 讲授 | 第十章部分作业 | |
| | 16 | **10.3 集成装载与装卸搬运合理化**<br>10.3.1 集成装载方式<br>10.3.2 装卸搬运合理化的目标<br>10.3.3 合理化的途径<br>**10.4 包装类型与设计**<br>10.4.1 包装功能与分类<br>10.4.2 运输包装<br>10.4.3 包装设计<br>10.4.4 包装的标准化与合理化<br>**10.5 流通加工**<br>10.5.1 概念<br>10.5.2 地位与作用<br>10.5.3 内容<br>10.5.4 合理化途径<br>小结 | 2 | 讲授 | 第十章部分作业 | |
| | 17 | **第十一章：物流成本控制**<br>教学目的：掌握现代物流成本控制的基本特征、物流成本管理的基本思路；掌握各类型企业物流成本控制的途径和内容；掌握物流成本控制的基本方法，了解物流成本管理现状。<br>引言<br>**11.1 物流成本的概念、分类、构成**<br>11.1.1 物流成本的概念<br>11.1.2 物流成本的分类<br>11.1.3 物流总成本的构成 | 2 | 讲授 | 第十一章部分作业 | |

（续表）

| 上课周次 | 授课序号 | 内容（章节号、课题名称、实验名称） | 课时数 | 授课方式 | 课外作业 | 备注 |
|---|---|---|---|---|---|---|
| | 18 | **11.2 物流成本控制原则与策略**<br>11.2.1 物流成本控制原则<br>11.2.2 物流成本策略<br>**11.3 物流作业成本控制**<br>11.3.1 物流作业成本管理原理<br>11.3.2 物流作业成本计算<br>11.3.3 物流作业成本控制<br>小结 | 2 | 讲授 | 第十一章部分作业 | |
| | 19 | 物流实验<br>物资入库管理实验<br>物资入库的流程、基本操作，单据的填写；入库的验收管理；掌握物资入库的基本方法。 | 2 | 实验 | | |
| | 20 | 物流实验<br>条码的生成与鉴别实验<br>条码系统的组成；条码打印机的结构；条码的组成及含义。 | 2 | 实验 | | |
| | 21 | 综合案例讨论 | 2 | 案例讨论 | | |
| | 22 | 机动 | 2 | | | |

注：本授课计划适用于物流管理专业本科学生，在专业培养计划中已开设《供应链管理》、《运输与配送管理》等专业课程，受《物流管理》课时数的限制，故教学中略去第二章与第七章内容，望读者根据实际需求选用。

# 附录三 课程考试大纲

## 一、课程性质和目的

物流管理课程是物流管理专业的核心专业课。

授课时数：48 学时，计 3 学分。

学习基础：在学习本课程前，必须掌握经济学、运筹学、管理学等相关知识。

设置本课程的目的：根据物流管理专业的定位与特色要求，本门课程需培养学生能从事制造型企业物流以及社会化物流企业相关工作的知识与能力；能培养学生从事物资采购与供应业务工作的基本技能，能使学生从事供应商或物流业务外包进行可行性分析的知识与能力；能初步构建企业的物流运作方案且进行运作的基本能力；基本了解物流管理新理论与物流管理技术发展的趋势。为学生从事企业物流业务与管理、企业设施规划工作与管理、解决物流系统较复杂的问题奠定基本知识和技能。

## 二、课程内容

物流管理学主要讲授物流的基本知识、特点、功能、作用、物流业的结构、流通要素、功能要素、运作的基本模式；物流管理的基本原理和目标；物流管理的演进与发展；物流的基本功能（运输、仓储、装卸搬运、包装、流通加式、配送、信息）活动的作用、特征、方式、业务流程、合理化的途径；物流方案的优化；采购与供应业务的程序、内容与要求；采购与供应方式的比较与选择，采购与供应计划的编制；供应商的选择、培育与评价；供应链的概念、结构、特征、内容、作用、供应链设计的原则、步骤、内容；供应链合作伙伴的形成、制约因素及供应链企业绩效评价与激励机制；物流设施选址的程序和内容、选址的基本方法；企业物流系统和物流企业物流系统的特征与模式、物流系统的设计和评价；运输与配送的运作要求、共方案的比较与选择；包装、流通加工、装卸与搬运的基本方法与组织；物流信息技术的应用；物流成本控制的基本特征、基本思路、物流成本控制的基本方法。

## 三、考试内容及考试目标

**第一章　物流与物流管理**

考核知识点：物流定义、现代物流特点与功能；物流的流通要素、功能要素；物流运作的基本模式；物流管理的基本原理和基本目标。

考核要求：

掌握物流定义、现代物流特点与功能。

掌握物流的流通要素、功能要素。

理解物流运作的基本模式。

掌握物流管理的基本原理和基本目标。

基本掌握物流与营销的关系。

了解现代物流发展的历程。

**第二章　供应链管理**

考核知识点：供应链与供应链管理的概念、内容、作用、原则；供应链设计的原则、步骤、内容；供应链合作伙伴的选择原则；供应链绩效评价与激励机制。

考核要求：

掌握供应链与供应链管理的概念、特征、作用。

基本掌握供应链设计的原则、步骤、内容。

掌握供应链合作伙伴的选择原则与方法。

理解供应链的绩效评价与激励机制。

了解供应链的设计步骤与内容。

**第三章　物流设施规划**

考核知识点：设施规划的基本原理，影响选址的主要因素；选址的程序和内容；选址的基本方法。

考核要求：

掌握设施规划的基本原理。

掌握影响选址的主要因素；选址的程序。

基本掌握选址的基本方法。

掌握设施布置的基本方法。

**第四章　物流系统分析与设计**

考核知识点：物流系统的结构与特征、构成；物流系统的模式；物流系统分析的步骤、原则、过程；物流系统分析的基本技术方法；了解物流系统的评价内容。

考核要求：

掌握物流系统的基本结构与特征、构成。

掌握物流系统的基本模式。

基本掌握物流系统分析的基本步骤、原则、过程。

掌握物流系统分析的基本技术方法。

理解物流系统的评价内容。

**第五章　采购管理**

考核知识点：采购业务活动的基本知识，计划编制依据、编制方法、采购作业流程、环节和内容、采购策略；供应商的选择、供应商的考评、供应商关系管理；采购活动组织与控制的方法。

考核要求：

掌握采购的含义、任务。

掌握采购计划编制依据、编制方法、采购作业流程、环节、内容和采购策略。

基本掌握供应商的选择原则和方法，供应商的考评的指标、供应商关系管理方法。

理解对采购活动进行组织与控制的方法。

**第六章　供应管理**

考核知识点：企业供应计划编制依据、基本编制方法；物资消耗和供应定额制定方法；供应作业流程、环节和内容、供应策略；供应活动进行组织与控制的方法。

考核要求：

掌握供应的含义、作用。

掌握物资消耗和供应定额制定方法。

掌握企业供应计划编制依据、基本编制方法。

掌握供应作业流程、环节和内容、供应策略。

理解对供应活动进行组织与控制的方法。

**第七章　运输与配送**

考核知识点：运输方式，配送模式，运输组织，配送运行；运输与配送方案优化的方法。

考核要求：

掌握运输与配送活动方式。

掌握运输方案优化的方法。

掌握配送方案优化的方法

基本掌握运输与配送运行过程。

理解提高运输与配送效率的基本途径。

**第八章　库存控制与仓储管理**

考核知识点：库存概念与作用，仓库作业的程序，仓库规划与布置的内容，库存控制的方法。

考核要求：

基本掌握仓储空间规划，货位管理。

掌握合理库存量的确定，库存分类管理。

掌握定量订货法和定期订货法的计算方法、优缺点、适用范围。

**第九章　物流信息技术**

考核知识点：物流信息的功能和特征；条形码技术、电子数据交换、电子订货系统、销售时点信息系统的基本知识和特点。

考核要求：

掌握物流信息的功能和特征。

掌握条形码技术与应用。

基本掌握电子数据交换、电子订货系统、销售时点系统的基本知识和特点。

了解信息技术对供应链管理的影响方面和程度。

**第十章　装卸搬运、包装与流通加工**

考核知识点：装卸搬运的基本性质、特点与分类；装卸搬运合理化的途径；包装的主要类型及分类；包装的标准化；流通加工的作用、意义及合理化。

考核要求：

掌握装卸搬运的特点及分类。

掌握装卸搬运合理化的途径及方法。

了解物流装卸搬运设备的类型。

理解包装的功能及分类。

理解包装设计的基本原则与方法。

理解包装的合理化途径。

理解流通加工的类型。

理解流通加工合理化的途径。

**第十一章　物流成本管理**

考核知识点：物流成本的基本特征、物流成本管理的基本思路；掌握各类型企业物流成本控制的途径和内容；掌握物流成本控制的基本方法。

考核要求：

掌握物流成本的形成特征和管理的基本思路。

掌握作业成本法的基本应用。

基本掌握各类型企业物流成本控制的途径和内容。

了解物流成本管理现状和发展趋势。

**实验一　物资入库管理实验**

考核知识点：物资入库的流程、基本操作，单据的填写；入库的验收管理；掌握物资入库的基本方法。

考核要求：能正确填写入库单据；掌握操作流程；对不合格品的管理。

**实验二　条码的生成与鉴别实验**

考核知识点：条码系统的组成；条码打印机的结构；条码的组成及含义。

考核要求：能掌握条码系统的组成；掌握条码的打印、扫描操作；能解释条码的基本涵义；理解条码的应用原理。

## 四、大纲说明

a）本考试大纲对概念，方法，技术等的认知程度由低到高分为四个层次：了解、理解、基本掌握、掌握。

b）考试教材：《现代物流管理》，王利、许国银、黄颖编著，中国物资出版社，2006 年第一版。

参考教材：《现代物流概论》，吴清一，中国物资出版社出版，2003.11。

《物流管理（中级）》，吴清一，中国物资出版社出版，2003.11。

《物流与供应链管理》骆温平，电子工业出版社出版，2002.10。

《现代物流与供应链管理》，宋华，胡左浩著，经济管理出版社，2000 年 4 月第一版。

《物流管理案例集》讲义，王利、佟芳庭、韩文民主编，华东船舶工业学院教材科，2002 年 12 月第一次印发。

c）试题比例：基本概念与知识 30％，方法运用 50％，分析问题 20％。

d）题型：是非题、单项选择题、多项选择题、简答题、案例分析题。

e）难度等级：试题的难度等级分为简单，中等难度，较难或难三个等级，大致的比例是 40：45：15。

f）成绩构成：平时成绩占 25％～35％，期末考试成绩占 65％～75％等。

g）考试时间：120 分钟。

# 附录四 课程考试样卷

## 《物流管理》课程考试试卷 A（含答案）

班级________ 姓名________ 学号________

考试成绩

| 题号 | 一 | 二 | 三 | 四 | 五 | 六 | 七 | 总分 |
|---|---|---|---|---|---|---|---|---|
| 得分 | | | | | | | | |

一、判断题（用√、×表示，每题 1 分，共计 20 分）

| 1 | 2 | 3 | 4 | 5 | 6 | 7 | 8 | 9 | 10 |
|---|---|---|---|---|---|---|---|---|---|
| √ | × | × | × | × | √ | × | √ | √ | √ |
| 11 | 12 | 13 | 14 | 15 | 16 | 17 | 18 | 19 | 20 |
| √ | √ | × | √ | × | × | × | √ | × | √ |

1. 将一新设施布置到某一固定的空间中去，以运输费用作为决策依据，则可运用重心法确定新址位置。（　　）
2. 随着连锁店、特许经营和 OEM 厂商的出现，分散采购更是一种体现经营主体权利、帮助经营主体赢得市场并取得最大经济利益的制度安排。（　　）
3. 制订认证计划是制订采购计划的第一步，也是做好采购计划的基础。（　　）
4. 工艺性损耗是由于技术加工的特性引起的补充消耗，是可以避免的，应力求消除。（　　）
5. 运输费用与运输量成反比，与运输路程也成反比。（　　）
6. 物流信息技术 EDI、个人电脑、人工智能、通信、条形码和扫描仪已在物流方面被广泛应用，被视为提高生产和竞争能力的主要源泉。（　　）

7. 装卸是指在同一场所内将物品进行水平移动为主的物流作业。(　　)
8. 日本等国家确定的模数为 1100mm×1100mm，而 ISO 中央秘书处和欧洲各国已基本确定 600mm×400mm 为基本模数尺寸。(　　)
9. 条形码的最大便利在于快速识别。(　　)
10. 在被储存物上采用条形码，可以大大加快储存物进出仓库。(　　)
11. 物流职能分为供应物流、生产物流、销售物流、回收物流、废弃物流。(　　)
12. 第三方物流是物流专业化的一种形式，可以整合不同企业的物流管理和运作，在实现自身效益的同时，实现社会物流的合理化。(　　)
13. 逆向物流就是废料回收物流。(　　)
14. 物流活动克服了供给方和需求方在空间维和时间维方面的距离，创造了空间价值和时间价值。(　　)
15. 商流是与商品的所有权转移相关的交易活动，体现的是商品的物流属性。(　　)
16. 作为一种管理思想，供应链管理的概念是在 20 世纪 90 年代提出的。(　　)
17. 供应链模式仍然是传统的“生产推动”模式。(　　)
18. 物流战略规划所使用的数据常常是不完整、不准确的。(　　)
19. 规模经济在运输作业中不适用。(　　)
20. 物流系统设计有关基本数据的六个要素 P、Q、R、S、T、C 是系统设计中必须具备的。(　　)

二、单选题（每题只选一个最合适的，每题 1 分，共计 20 分）

| 1 | 2 | 3 | 4 | 5 | 6 | 7 | 8 | 9 | 10 |
|---|---|---|---|---|---|---|---|---|---|
| C | D | D | C | A | B | D | C | A | D |
| 11 | 12 | 13 | 14 | 15 | 16 | 17 | 18 | 19 | 20 |
| C | B | B | A | A | D | A | A | D | C |

1. ______是指同一种商品或彼此可以代用的商品，在同一运输路线上或在平行的路线上，朝着相反方向运行，与对方运程的全部或部分发生重叠的不合理运输现象。

A. 迂回运输　　B. 过远运输

C. 对流运输　　D. 倒流运输

2. 有效物流存货细分的关键在于优先安排______的存货。

A. 收益较高　　　　　　　　　　B. 储存周期最长
C. 占据空间最小　　　　　　　　D. 核心顾客

3. “物流冰山说”认为物流的成本是确定，而其______是不确定的。
A. 作用　　　　　　　　　　　　B. 发展
C. 效益　　　　　　　　　　　　D. 范围

4. 为方便提货，仓库的进货处与出货处______。
A. 设置在同一端　　　　　　　　B. 设置不同的两端
C. 是在仓库纵向的两端　　　　　D. 任意设置

5. 包装成本过低，会引起______成本增加。
A. 运输　　　　　　　　　　　　B. 储存
C. 配送　　　　　　　　　　　　D. 装卸与搬运

6. 流通加工属于______范围。
A. 加工　　　　　　　　　　　　B. 流通
C. 增值服务　　　　　　　　　　D. 改变装潢

7. 采购管理的目的是______。
A. 做好综合平衡
B. 实施认证计划，建立和维护企业采购环境，满足企业采购要求
C. 实施订单计划，为企业输送合格的资源，对供应商绩效进行评价反馈
D. 分解并执行企业政策，实现监督管理与服务支持的功能

8. 订单容量的含义包括______两个方面。
A. 可供给物料的数量和价格
B. 可供给物料的价格和交货时间
C. 可供给物料的数量和交货时间
D. 可供给物料的数量和质量

9. 以活动为基础的物流成本是______。
A. 将成本分摊在消费一定资源的活动上
B. 将成本摊给一个组织或预算单位
C. 关键是高效地进行各种物流活动
D. 把成本分为运输和仓储等成本

10. 物流网络设计中的重要因素是______。
A. 产品的分类　　　　　　　　　B. 客户的供应量
C. 客户间的地理上的差异　　　　D. 客户需求的变化

11. 因节约包装费用造成的商品损失是______的一个实证。

A. 市场营销不健全　　B. 流通程序不健全
C. 效益背反　　D. 因小失大

12. 第三利润理论的两个条件之一是，物流和其他独立的经营活动一样，它不是总体的成本构成要素，而是单独的______因素。
A. 成本　　B. 盈利
C. 消耗　　D. 核算

13. 现代物流是以______为基础，整合运输、包装、装卸、搬运、发货、仓储、流通加工、配送、回收以及物流信息处理等各种功能而形成的综合性物流活动模式。
A. 计算机　　B. 现代信息技术
C. 服务　　D. 流通

14. 供应链管理的本质是追求整个供应链物流的最优化，而不是______。
A. 单个企业的物流最优化　　B. 单个企业物流外包
C. 整体服务最优化　　D. 整体成本最低

15. 快速反应（QR）的基本思想是建立一套对商业环境______的系统，以在商务竞争中占据优势。
A. 反应敏捷和迅速　　B. 立即反应
C. 快速供货和交货　　D. 适应的电子商务系统

16. 物流战略规划的首要任务是______。
A. 设施选址　　B. 制定库存策略
C. 制定具体作业策略　　D. 确定适当的客户服务水平

17. ______的瓶颈识别相对容易。
A. V 型企业　　B. A 型企业
C. U 型企业　　D. T 型企业

18. 在现代物流系统中，每个结点都是______的一个点。
A. 物流信息　　B. 物流功能
C. 物流活动　　D. 物流枢纽

19. 为使运输成本降低，承运人期望交货和提货的时间______。
A. 越晚越好　　B. 由承运人决定
C. 由承运人和托运人决定　　D. 有灵活性

20. 我国管道运输主要用于______运输。
A. 煤炭　　B. 粮食
C. 石油和天然气　　D. 水泥

三、多项选择题（每题2分，共计10分）

| 1 | 2 | 3 | 4 | 5 |
|---|---|---|---|---|
| AC | ABCDE | ABCD | ABCD | BCD |

1. 以下______属于推动供给模式。

A. 准时制计划　B. 重新订货　C. 需求计划

D. 持续补货　E. 快速反应

2. 系统分析的原则包括______。

A. 整体性原则　B. 层次性原则　C. 结构性原则

D. 相关性原则　E. 目的性原则

3. 销售信息系统（POS）可以起到________作用。

A. 确定存货数量　B. 确立销售额

C. 输入信息管理系统　D. 统计全部销售业绩

E. 确定销售人员

4. 物流系统要素集成的结果是__________。

A. 物流系统要素的一体化　B. 建立战略联盟

C. 资源共享　D. 市场化　E. 行业化

5. 我国联运托盘的规格尺寸主要有：__________。

A. 800mm×1100mm　B. 800mm×1000mm

C. 800mm×1200mm　D. 1000mm×1200mm

E. 900mm×1200mm

四、简答题（每题4分，共计16分）

1. 流通加工和一般的生产加工有何不同？

答：流通加工和一般的生产加工在加工方法、加工组织、生产管理方面并无显著区别，但在加工对象、加工程度方面差别较大，其差别的主要点为：(1) 流通加工的对象是进入流通过程的商品，具有商品的属性。流通加工的对象是商品，而生产加工对象不是最终产品，而是原材料、零配件、半成品。(2) 流通加工程度大多是简单加工，而不是复杂加工，一般来讲，如果必须进行复杂加工才能形成人们所需的商品，那么，这种复杂加工应专设生产加工过程，在生产过程中完成大部分加工活动，流通加工对生产加工则是一种辅助及补充。(3) 从价值观点看，生产加工目的在于创造价值及使用价值，而流通加工则在于完善其使用价值，并在不发生大改变情况下提高价值。(4) 流通加工的组织者是从事流通工作的人，能密切结合流通的需要进行这种加工活动，从加工单位来看，流通加工由商业或物资流通企业完成，而生产加工则由生产企业完成。(5) 商品生产的目的是为了消费，流通加工一个重要目的，是为了消费（或再生产）所进行的加工，这一点与商品生产有共同之处。但是流通加工有时候则是以自身流通为目的，纯粹是为流通创造条件，这种为流通所进行的加工与直接为消费进行的加工从目的来讲是有区别的。(回答出其中一点给 1 分，最高 4 分)

2. 采购方式有哪些？有何特点？(评分标准：基本上少一点扣 1 分)

答：(1) 集中采购与分散采购，指采购权限的集中与分散，与采购组织机构密切相关；(2) 联合采购，是多个企业之间的采购联盟行为，是集中采购在外延上的进一步拓展；(3) 询价采购，采购者向若干个供应商发出询价函，让其报价，然后选定供应商的一种方法，是国际上通行的采购方法。(4) 即时制采购，是 JIT 在采购上的应用；(5) 电子采购，费用低、效率高、速度快、操作简单；(6) 招标采购，是一种公开、公平、公正式的采购方法；(7) 政府采购，是采购过程、政策、程序及管理的总称。

3. 简述物流外包的含义。

答：物流外包，或称第三方物流或合同制物流是利用企业外部的分销公司、运输公司、仓库或第三方货运人执行本企业的物流管理或产品分销的全部或部分职能。(2 分) 其范围可以是对传统运输或仓储服务的有限的简单购买，或者是广泛的、包括对整个供应链管理的复杂的合同。(1 分) 它可以是常规的，即将先前内部开展的工作外包；或者是创新的、有选择地补充物流管理手段，以提高物流效益。(1 分)

4. 简述生产延迟的影响。

答：生产延迟的影响有两个方面。首先，销售预估的不同产品的种类可以减少，因此，物流故障的风险较低。(2 分) 其次，也许更为重要的影响是，更多的使用物流设施和渠道关系来进行轻型生产和最后的集中组装。在某种程度上，非常专门化的或者高度限制的规模经济并不存在于制造生产中，产品的客户化也许最好在最接近客户终点市场的地方被授权和完成。在某一些行业中，传统物流库存的使命正在迅速地被改变，以适应生产延迟。(2 分)

五、计算题 (9 分)

1. 某公司每年消耗的液体清洁剂的数量约为 1600 罐，每罐价格为 35 元，定购成本是每次 20 元，存储成本为每年每罐 10 元，求企业在采购此清洁剂时的经济订货批量及每年订货次数。

答：$EOQ=\sqrt{\frac{2DK}{C}}=\sqrt{\frac{2\times1600\times20}{10}}=80$ 罐，每年订货次数为 1600 罐/

80 罐=20 次

（公式正确 3 分，解答正确各 3 分。）

六、论述题（10 分）

1. 试论铁路运输的经济技术特征。

答：铁路运输的定义。（2 分）铁路运输的优点：速度快、安全性好、不受气候条件影响、运输批量大、占用土地少。（4 分）铁路运输的缺点：资本密集、固定投资大、运营弹性小、途中作业时间长、无法实现门到门方式运输、短距离成本高、不适合紧急运输等。（4 分）

七、案例分析题（15 分）

2000 年下半年，由某地三九物流公司和英和物流公司找到某第三方物流公司，请该公司作为他们的“二级代理商”为其代办某化工有限公司的铁路、公路运输等物流业务。获此信息后，该公司认为此项目本公司就能胜任，不应坐失良机，应抓紧时间去投标。于是该公司立即起草自荐信函，并通过邮政寄发给某化工有限公司，希望能直接为他们提供物流服务。然而此时，该化工有限公司的物流代理招标工作已进入了第三轮。早在第一轮招标时就有 13 家国内外物流管理和物流实体公司参与竞标，其中有 9 家进入第二轮竞标；第二轮以后只剩 4 家企业闯入第三轮。上述的英和公司则幸运过关，进入第三轮。英和公司为了取得此轮竞标的胜利，才找到该公司作为其合作伙伴。

作为物流实力雄厚并拥有丰富物流实践经验的第三方物流公司，虽然做出了迅速反映，及时地起草了自荐信函，但最终还是失去了这次机会。

请回答下列问题：

（1）分析此公司竞标失败的原因；

（2）如何才能避免上述情况的再次发生。

答：（1）竞标失败原因：（计 7 分：要求答到三点给一半分）

①信息不灵；②补救方式（邮寄方式）不妥；③二家公司与其合作，而它直接去投标，违背商业道德；④不懂基本的招投标规则；⑤传统的物流战略所致；⑥无快速反应机制；⑦缺少合作伙伴的思想与行为；等等。

（2）避免再次发生：（计 8 分：答到四点给一半分）

①加强对现代物流、供应链战略管理的深入认识；②制定符合本公司的现代物流发展战略；③与合作伙伴建立较长期的合作关系；④充分应用现代物流信息技术与管理系统；⑤塑造品牌，发展自己的核心业务，培育核心竞争力；⑥加强服务营销活动；⑦加强基础管理工作；⑧学习物流及相关业务的规则，且尽可能与国际接轨；⑨建立必要的快速反应机制；等等。

# 物流管理专业《物流管理》课程考试卷 B

班级__________ 姓名__________ 学号__________

**考试成绩**

| 题号 | 一 | 二 | 三 | 四 | 五 | 六 | 七 | 总分 |
|---|---|---|---|---|---|---|---|---|
| 得分 | | | | | | | | |

一、名词解释（每题 3 分，共计 15 分）

1．配送

2．物料消耗定额

3．采购

4．条码

5．第三方物流

二、填空题（每题 3 分，共计 30 分）

1．延迟战略包括：____________________。

2．物流服务的特性：____________________。

3．__________不只是采购过程，而且是采购政策、程序、管理的总称。

4．物流中的包装主要有三大基本的功能，____________________。

5．我国联运托盘的规格尺寸主要有三种：____________________

6．物流标准的种类：____________________。

7．定额供料三种方式：____________________。

8．定期订货法中，决策变量为：____________________

9．装卸搬运活动的特性：____________________。

10．物流成本控制分为两种：____________________。

三、简答题（每题 4 分，共计 20 分）

1．实行定额供料的必备条件有哪些？

2．物流成本预算管理方法有哪些？

3．简述系统布置设计的基本程序？

4．采购方式有哪些？有何特点？

5．物流管理基本原理在哪些？

四、计算题（10 分）

已知过去 6 个订货提前期的销售量分别为 10、16、14、20、16、14

(吨)，Co 为 75 元，平均提前期单位物资保管费 C。为 10 元/吨一提前期，预计今后一段时间将继续以此趋势销售，取满足率为 84%，实行定量订货法，求具体订货策略？(已知 P 为 84%时，对应 a 为 1)。

五、论述题（10 分）

试述基于时间的物流战略?

六、案例分析题（15 分）

6 月的青岛天气异常闷热．。此时，某啤酒销售分公司的李经理手忙脚乱地接着电话，应付着销售终端传来的一个又一个的坏消息。“车坏了，要过几天才能回来?”“货拉错地点了？要隔一天才能送到?”“没有空闲的车辆来运货了?”

“有时候仓库里明明没有货物了，还在签条子发货。而到了旺季，管理人员更是不知道仓库里还有没有货……”；“在运输环节上，也处于‘失控’状态，送货需要走多长时间不清楚，司机超期回来也管不了；最要命的是本应送到甲地的货物被送到了乙地。”当时身为物流经理的李某每天都把精力花在处理这些麻烦事上。都说夏季正是啤酒销售的旺季，而那时该公司却因为内部混乱的局面先输一着。

请为该公司诊断问题症结所在？并提出相应的整改措施。

# 附录五　2006 版国家物流术语

国家标准《物流术语》是对我国物流业学术研究与具体实践都具有重要影响的基础性标准。为适应我国物流发展的新的形势，该项国家标准于 2005 年开始修订，2006 年 12 月获国家标准化管理委员会批准发布、2007 年 5 月起正式实施。新修订的《物流术语》国家标准在结构上，在保留原有的基础、作业、技术与设施设备、管理四部分术语的同时，增加了物流信息与国际物流两个部分；在词条数量上，由 2001 年版的 145 条增加到 249 条，其中新增词条 138 条，保留 111 条，删除 34 条，保留词条中，55 条的内容做了修改或补充；在学术上，对当前物流界的一些热点问题，如物流园区、物流中心、区域物流中心等，进行了新的探讨和界定。

## 1　范围

本标准确定了物流活动中的物流基础术语、物流作业服务术语、物流技术与设施设备术语、物流信息术语、物流管理术语、国际物流术语及其定义。

本标准适用于物流及相关领域的信息处理和信息交换，亦适用于相关的法规、文件。

## 2　引用标准

下列标准所包含的条文，通过在本标准中引用而构成为本标准的条文。本标准出版时，所示版本均为有效。所有标准都会被修订，使用本标准的各方应探讨使用下列标准最新版本的可能性。

GB 8226—1987　公路运输术语

GB 12904—2003　商品条码

GB/T 1992—1985　集装箱名词术语

GB/T 4122.1—1996　包装术语　基础

GB/T 12905—2000　条码术语

GB/T 13562—1992　联运术语

GB/T 15624.1—2003　服务标准化工作指南　第一部分　总则

GB/T 16986—2003　EAN、UCC 系统应用标识符

GB/T 17271—1998　集装箱运输术语

GB/T 18127—2000　物流单元的编制与符号标记

GB/T 18768—2002　数码仓库应用系统规范

GB/T 18769—2003　大宗商品电子交易规范

GB/T 19251—2003　贸易项目的编码与符号表示导则

## 3　物流基础术语

3.1　物品 goods ☆

经济活动中实体流动的物质资料，包括原材料、半成品、产成品、回收品以及废弃物等。

3.2　物流 logistics ☆

为物品及其信息流动提供相关服务的过程。

物品从供应地向接收地的实体流动过程。根据实际需要，将运输、储存、装卸、搬运、包装、流通加工、配送、回收、信息处理等基本功能实施有机结合。[GB/T 18354－2001 3.2]

3.3　物流活动 logistics activity ☆

物流过程中的运输、储存、装卸、搬运、包装、流通加工与信息处理。

3.4　物流管理 logistics management ☆

为了以合适的物流成本达到用户满意的服务水平，对正向及反向的物流活动过程及相关信息进行的计划、组织、协调与控制。

为了以最低的物流成本达到用户所满意的服务水平，对物流活动进行的计划、组织、协调与控制。[GB/T 18354－2001 3.8]

3.5　供应链 supply chain ☆

生产及流通过程中，为了将产品或服务交付给最终用户，由上游与下游企业共同建立的网链状组织。

3.6　供应链管理 supply chain management ☆

对供应链涉及的全部活动进行计划、组织、协调与控制。

3.7　服务 service

满足顾客的需要，供方和顾客之间接触的活动以及供方内部活动所产生的结果。包括供方为顾客提供人员劳务活动完成的结果；供方为顾客提供通过人员对实物付出劳务活动完成的结果；供方为顾客提供实物实用活动完成的结果。[GB/T 15624.1－2003 中 3.2]

3.8　物流服务 logistics service

为满足客户需求所实施的一系列物流活动产生的结果。

3.9　一体化物流服务 integrated logistics service

根据客户需求对整体的物流方案进行规划、设计并组织实施产生的结果。

3.10　物流系统 logistics system

由两个或两个以上的物流功能单元构成的，以完成物流服务为目的的有机集合体。

3.11　第三方物流 the third party logistics ☆

接受客户委托为其提供专项或全面的物流系统设计以及系统运营的物流服务模式。

3.12　物流设施 logistics establishment

提供物流相关功能和组织物流服务的场所。包括物流园区、物流中心、配送中心，各类运输枢纽、场站港、仓库等。

3.13　物流中心 logistics center ☆

从事物流活动的具有完善的信息网络的场所或组织。应基本符合下列要求：

（1）主要面向社会提供公共物流服务；

（2）物流功能健全；

（3）辐射范围大；

（4）存储、吞吐能力强，能为转运和多式联运提供物流支持；

（5）对下游配送中心提供物流服务。

3.14　配送中心 distribution center　☆

从事配送业务具有完善的信息网络的场所或组织，应基本符合下列要求：

（1）主要为特定的用户服务；

（2）配送功能健全；

（3）辐射范围小；

（4）多品种、小批量、多批次、短周期；

（5）主要为末端客户提供配送服务。

3.15　分拨中心 distribution center

主要面向快递业、运输业，功能与物流中心雷同。

3.16　物流园区 logistics park

也称物流基地，是多种物流设施和不同类型物流企业在空间上集中布局的场所，是具有一定规模和综合服务功能的特定区域。

3.17　物流企业 logistics enterprise　☆

专门从事物流活动的经济组织。

3.18　物流作业 logistics operation　☆

为完成特定物流活动所进行的具体操作。

3.19　物流模数 logistics modulus　★

物流设施与设备的尺寸基准。

3.20　物流技术 logistics technology　★

物流活动中所采用的自然科学与社会科学方面的理论、方法，以及设施、设备、装置与工艺的总称。

3.21　物流成本 logistics cost　★

物流活动中所消耗的物化劳动和活劳动的货币表现。

3.22　物流网络 logistics network ★

物流过程中相互联系的组织与设施的集合。

3.23　物流信息 logistics information ★

反映物流各种活动内容的知识、资料、图像、数据、文件的总称。

3.24　物流单证 logistics documents ☆

物流过程中使用的单据、票据、凭证等的总称。

3.25　物流联盟 logistics alliance　☆

两个或两个以上的经济组织为实现特定的物流目标而采取的策略安排。

3.26　物流作业流程 logistics operation process

为达成一定的物流目的而依次进行的一系列物流作业。

3.27　企业物流 internal logistics

货主企业在经营活动中所发生的物流活动。

3.28　供应物流 supply logistics　☆

为下游客户提供原材料、零部件或其他物品时所发生的物流活动。

3.29　生产物流 production logistics　☆

制造企业在生产过程中，原材料、在制品、半成品、产成品等的物流活动。

3.30　销售物流 distribution logistics　☆

生产企业、流通企业在出售商品过程中所发生的物流活动。

3.31　社会物流 external logistics ☆

企业外部的物流活动的总称。

3.32　军事物流 military logistics　☆

用于满足平战时军事行动物资需求的物流活动。

3.33　项目物流 project logistics

为特定项目实施而提供物流活动的总称。

3.34　国际物流 International logistics　☆

跨越不同国家或地区之间的物流活动。

3.35　虚拟物流 virtual logistics　☆

为实现企业间物流资源共享和优化配置，以减少实体物流方式，是基于计算机信息及网络技术所进行的物流运作与管理。

3.36　精益物流 lean logistics

在物流系统优化的基础上，剔除物流过程中的无效和不增值作业，用尽量少的投入满足客户需求，实现客户的最大价值，并获得高效率、高效益的物流。

3.37　反向物流 reverse logistics

物品从供应链下游向上游的运动所引发的物流活动。也称逆向物流。

3.38　回收物流 return logistics　☆

退货、返修物品和周转使用的包装容器等从需方返回供方所引发的物流活动。

3.39　废弃物物流 waste material logistics　☆

将经济活动中失去原有使用价值的物品，根据实际需要进行收集、分类、加工、包装、搬运、储存等，并分送到专门处理场所的物流活动。

3.40　货物运输量 freight volume

一定时期内实际完成运送过程的货物数量。

3.41　货物周转量 turnover volume of freight transport

一定时期内所运货物吨数与其运输距离的乘积，以吨公里或吨海里表示。

3.42　军事物资 military material

用于满足军事需求的物资器材及武器装备等。

3.43　筹措 raise

军队物资供应部门按获取部队用户所需的军事物资的各种活动的总称。

3.44　军事供应链 military supply chain

围绕军队物资供应部门，从军事物资生产开始，经由筹措、运输、储备、包装、维修保养、配送等军事物资供应环节，将军事物资制造商、军事物资供应商、第三方物流企业、军队各级物资供应部门，直到部队最终用户连成一个整体的网链结构。

3.45　军地供应链管理 military supply chain management

军队物资供应部门利用现代信息技术全面规划军事物资供应过程中的商流、物流、信息流、资金流等，并对其进行计划、组织、协调与控制，是对军事供应链条上各要素，全过程的集成化管理模式。

3.46　军事物流一体化 integration of military logistics and civil logistics

通过对相对独立的军队物流系统与地方物流系统进行有效的整合和优化，实现军地物流兼容部分的高度统一、相互融合、协调发展。

3.47　物流场 logistics field

物流中心展开物流活动的时空范围。

3.48　战备物资储备 military repertory of combat readiness

为保障部队作战需要而预先进行的物资储存。

3.49　全资产可见性 total asset visibility

能够实时掌控军事供应链上人员、物资、装备的位置、数量和状况等信息的能力。

3.50　配送式保障 distribution-mode support

在军事物资全资产可见性的基础上，根据精确预测的部队用户需求，尽可能跳过军事供应链的某些环节，采取从军事物资供应起点直达部队用户的供应方法，通过灵活调配物流资源，在需要的时间和需要的地点将军事物资主动配送给作战部队的一种军事物资保障方式。

**4　物流作业服务术语**

4.1　托运 consignment

发货人与运输企业签订货物运输合同，同时实现货物的物权转移的经营活动。

4.2　承运 carriage

运输企业接受发货人的委托，提供货物运输服务、并承担双方所签订的货物运输合同中指明的责任。

4.3　承运人 carrier

本人或者委托他人以本人名义与托运人订立货物运输合同的人。

4.4　运输 transportation ★

用运输设备将物品从一地点向另一地点运送。其中包括集货、分配、搬运、中转、装入、卸下、分散等一系列操作。[GB/T 4122.1—1996 中 4.4]

4.5　道路运输 road transport

使用公路设施、设备运送货物的一种运输方式。

4.6　水路运输 waterway transport

使用船舶（或其他水运工具），在江、河、湖、海等水域运送货物的一种运输方式。

4.7　铁路运输 railway transport

使用铁路设施、设备运送货物的一种运输方式。

4.8　航空运输 air transport

使用飞机或其他飞行器运送货物的一种运输方式。

4.9　管道运输 pipeline transport

由大型钢管、泵站和加压设备等组成的运输系统完成物料输送工作的一种运输方式。

4.10　门到门服务 door to door service

承运人在托运人的工厂或仓库接货，负责运抵收货人的工厂或仓库交货。

4.11　直达运输 through transportation　☆

物品由发运地到接收地，中途不需要中转的运输。[GB 8226—1987 中 1.3.9]

4.12　中转运输 transfer transportation　☆

物品由生产地到最终使用地，中途经过至少一次落地并换装的运输。

4.13　甩挂运输 drop and pull transport　☆

用牵引车拖带挂车至目的地，将挂车甩下后，换上新的挂车运往另一个目的地的运输。[GB 8226—1987 中 1.3.13]

4.14　整车运输 transportation of truck-load

根据规定批量按整车货物办理承托手续、组织运送和计费的货物运输。[GB 8226—1987 中 3.2.3]

4.15　零担运输 sporadic freight transportation

根据规定批量按零担货物办理承托手续、组织运送和计费的货物运输。[GB 8226—1987 中 3.2.4]

4.16　联合运输 combined transport　☆

一次委托，由使用两种或者两种以上运输方式，或不同的运输企业将一批货物运送到目的地的运输。[GB/T 13562—1992 中 2.1]

4.17　联合费率 joint rate

运送货物时，经由两家或两家以上的运送企业分段运送的运费。

4.18　联合成本 joint cost

决定提供某种特定的运输服务而产生的不可避免的分段成本费用的总和。

4.19　仓储 warehousing

利用仓库及相关设施设备进行物品的进库、存贮、出库的作业。

4.20　储存 storing　★

保护、管理、贮藏物品。[GB/T 4122.1—1996 中 4.2]

4.21　库存 inventory

储存作为今后按预定的目的使用而处于闲置或非生产状态的物品。广义的库存还包括处于制造加工状态和运输状态的物品。

4.22　库存成本 inventory cost

为取得和维持一定规模的存货所发生的各种费用的总和，由物品购入成本、订货成本、库存持有成本（含存货资金占用成本、保险费用、仓储费用等）等构成。

4.23　保管 storage　☆

对物品进行储存，并对其进行物理性管理的活动。

4.24　仓单　storage invoice

保管人（仓库）在与存货人签订仓储保管合同的基础上，对存货人所交付的仓储物进行验收之后出具的物权凭证。［GB/T18768－2002 中 3.3.5］

4.25　仓单质押融资 Warehouse receipt hypothecating/ Depot bill pledge

业务申请人以物流企业（中介方）开出的仓单作为质押物向银行申请贷款的信贷业务，是物流企业参与下的权利质押业务。

4.26　库存商品融资 Inventory Financing

需要融资的企业（即借方），将其拥有的动产作为担保，向资金提供企业（即贷方）出质，同时，将质物转交给具有合法保管动产资格的物流企业（中介方）进行保管，以获得贷方贷款的业务活动，是物流企业参与下的动产质押业务。

4.27　仓储费用　warehousing fee

货主委托公共仓库进行货物保管时，仓库收取货主的服务费用，包括保管和装卸等各项费用；或企业内部仓储活动所发生的保管费、装卸费以及管理费等各项费用。

4.28　订单满足率 fill rate

用来衡量缺货程度及其影响的指标，用实际发货数量与订单需求数量的比率表示。

4.29　货垛 goods stack　★

为了便于保管和装卸、运输，按一定要求分门别类堆放在一起的一批物品。

4.30　堆码 stacking　★

将物品整齐、规则地摆放成货垛的作业。

4.31　配送 distribution　★

在经济合理区域范围内，根据客户要求，对物品进行拣选、加工、包装、分割、组配等作业，并按时送达指定地点的物流活动。

4.32　拣选 order picking ★

按订单或出库单的要求，从储存场所拣出物品，并码放在指定场所的作业。

4.33　分类 sorting

按照货物的种类、流向、客户类别对货物进行分组，并集中码放到指定场所的作业。

4.34　集货 goods consolidation　☆

将分散的或小批量的物品集中起来，以便进行运输、配送的作业。

4.35　共同配送 joint　distribution　★

由多个企业联合组织实施的配送活动。

4.36　装卸 loading and unloading　★

物品在指定地点以人力或机械装入运输设备或卸下。[GB/T 4122.1—1996 中 4.5]

4.37　搬运 handling carrying　★

在同一场所内，对物品进行水平移动为主的物流作业。

4.38　包装　package/packaging　★

为在流通过程中保护产品、方便储运、促进销售，按一定技术方法而采用的容器、材料及辅助物等的总体名称。也指为了达到上述目的而采用容器、材料和辅助物的过程中施加一定技术方法等的操作活动。[GB/T 4122.1—1996 中 2.1]

4.39　销售包装　sales package　★

又称内包装，是直接接触商品并随商品进入零售网点和消费者或用户直接见面的包装。

4.40　运输包装 transport　package　★

以满足运输贮存要求为主要目的的包装。它具有保障产品的运输安全，方便装卸、加速交接、点验等作用。[GB/T 4122.1—1996 中 2.5]

4.41　流通加工 distribution processing　★

物品在从生产地到使用地的过程中，根据需要施加包装、分割、计量、分拣、刷标志、拴标签、组装等简单作业的总称。

4.42　检验 inspection　★

根据合同或标准，对标的物的品质、数量、包装等进行检查、验收的总称。

4.43　增值物流服务 value-added logistics service　★

在完成物流基本功能基础上，根据客户需求提供的各种延伸业务活动。

4.44　定制物流 customized logistics　★

根据用户的特定要求而为其专门设计的物流服务模式。

4.45　物流客户服务 logistics customer service

工商企业为支持其核心产品销售而向客户提供的物流服务。

4.46　物流运营服务 logistics operation service

物流企业为满足客户需求所提供的各种物流服务。

4.47 物流服务质量 logistics service quality

用精度、时间、顾客满意度等来表示的物流服务的品质。

4.48 物品储备 goods reserves ☆

为应对突发公共事件和国家宏观调控的需要，对物品进行的储存。有当年储备、长期储备、战略储备之分。

4.49 缺货率 stock-out rate

出现缺货而无法满足客户订单的次数，用缺货次数与客户订货次数的比率表示。

4.50 货损率 cargo damages rate

交货时损失的商品量与物流商品总量的比率。

4.51 商品完好率 rate of the goods in good condition

交货时完好的商品量与物流商品总量的比率。

4.52 基本运价 freight unit price

每单位货物的运输费用。

4.53 理货 tally ☆

在货物储存、装卸过程中，对货物的分票、计数、清理残损、签证和交接的作业。

4.54 组配 assembly ☆

充分利用运输工具的载重量和容积，采用先进的装载方法合理安排货物的装载。

4.55 订货周期 order cycle time

从客户发出订货直到在可接受的条件下接收产品以及产品进入客户仓库的整个时间。

4.56 库存周期 inventory cycle time ★

在一定范围内，库存物品从入库到出库的平均时间。

**5 物流技术与设施设备术语**

5.1 标准箱 twenty-feet equivalent unit（TEU）

以20英尺集装箱作为换算单位。［GB/T 17271—1998 中 3.2.4.8］

5.2 集装运输 containerized transport ☆

使用集装器具或利用捆扎方法，把裸装物品、散状物品、体积较小的成件物品，组合成为一定规格的集装单元进行的运输。

5.3 托盘运输 pallet transport

将货物以一定数量组合码放在托盘上，连盘带货一起装入运输工具运送物品的运输方式。

5.4　货物编码 goods coding

按货物分类规则以简明的文字、符号或数字表示货物的名称、类别及其他属性并进行有序排列的一种方法

5.5　四号定位 four number location

用库房号、货架号、货架层次号和货位号表明货物储存的位置，以便查找和作业的货物定位方法。

5.6　零库存技术 zero-inventory technology　★

在生产与流通领域按照 JIT 组织物资供应，使整个过程库存最小化的技术总称。

5.7　单元装卸　unit loading & unloading　★

用托盘、容器或包装物将小件或散装物品集成一定质量或体积的组合件，以便利用机械进行作业的装卸方式。

5.8　气力输送法 pneumatic conveying system

由具有正压或负压的空气带动粉粒状物料在管道内流动，实现在水平和垂直方向上移动的输送。

5.9　生产输送系统 production line system

根据生产工艺的功能要求，用于完成物品在各工艺之间的位移，由各类输送设备、附属装置等组成的系统。

5.10　分拣输送系统 sorting & picking system

是将随机的、不同去向的物品，按一定要求进行分类的一种物料搬运系统。

5.11　自动补货 automatic replenishment

基于现代信息技术，快捷、准确地获取客户销售点的需求信息，预测未来商品需求，并据此持续补充库存。

5.12　自动存储取货系统 automated storage & retrieval system (AS/RS)

借助机械设施与计算机管理控制系统实现存入和取出物料的系统。

5.13　集装化　containerization　★

用集装器具或采用捆扎方法，把物品组成标准规格的单元货件，以加快装卸、搬运、储存、运输等物流活动。

5.14　散装化　in bulk　☆

用专门机械、器具进行运输、装卸的散状物品在某个物流系统范围内，不用任何包装，长期固定采用吸扬、抓斗等机械、器具进行这类物品装卸、

运输、储存的作业方式。

5.15　托盘包装 palletizing　☆

以托盘为承载物，将物品堆码在托盘上，通过捆扎、裹包、胶粘等方法加以固定，形成一个搬运单元，以便用机械设备搬运的包装技术。[GB/T 4122.1－1996 中 2.17]

5.16　直接换装 cross docking　☆

物品在物流环节中，不经过中间仓库或站点，直接从一个运输工具换载到另一个运输工具的物流衔接方式。也称越库配送。

5.17　物流系统仿真 logistics system simulation

借助计算机仿真技术，对现实物流系统建模并进行实验，得到各种动态活动及其过程的瞬间仿效记录，进而研究物流系统性能的方法。

5.18　冷链 cold chain　☆

为保持新鲜食品及冷冻食品等的品质，使其在从生产到消费的过程中，始终处于低温状态的配有专门设备设施的物流网络。

5.19　自营仓库 private warehouse

由企业或各类组织自营自管，为自身的货物提供储存服务的仓库。

5.20　公共仓库 public warehouse

面向社会提供货物储存服务，并收取费用的仓库。

5.21　自动仓库 automated storage & retrieval system

由高层货架、巷道堆垛起重机（有轨堆垛机）、入出库输送机系统、自动化控制系统、计算机仓库管理系统及其周边设备组成，可对集装单元货物实现自动化存取和控制的仓库。

5.22　立体仓库 stereoscopic warehouse ☆

采用高层货架立体存放货物的仓库。其存、取作业要借助机械设备来完成。

5.23　交割仓库 transaction warehouse

经电子交易中心核准、委托，负责检验、保管交易商进行交易的大宗商品并提供相应担保，为电子交易提供相关物流服务的第三方业务部门。[GB/T 18769—2003 中 2.6]

5.24　交通枢纽 traffic hinge

在一种或多种运输方式交通干线的交叉与衔接之处，共同为办理旅客与货物中转、发送、到达所建设的多种运输设施的综合体。

5.25　集装箱货运站 container freight station (CFS)　★

拼箱货物拆箱、装箱、办理交接的场所。

5.26　集装箱码头 container terminal　☆

专门处理集装箱的港口设施。

5.27　控湿储存区 humidity controlled space　★

仓库内配有湿度调制设备，使内部湿度可调的库房区域。

5.28　冷藏区 chill space　★

仓库的一个区域，其温度保持在 0℃～10℃范围内。

5.29　冷冻区 freeze space　★

仓库的一个区域，其温度保持在 0℃以下。

5.30　收货区 receiving space　☆

到库物品入库前核对检查及进库准备的区域。

5.31　区域配送中心 regional distribution center（RDC）

以较强的辐射能力和库存准备，向省（州）际、全国乃至国际范围的用户实施配送服务的配送中心。

5.32　公路集装箱中转站 inland container depot　★

具有集装箱中转运输与门到门运输和集装箱货物的拆箱、装箱、仓储和接取、送达、装卸、堆存的场所。[GB/T 17271－1998 中 3.1.3.9]

5.33　铁路集装箱场 railway container yard　★

进行集装箱承运、交付、装卸、堆存、装拆箱、门到门作业，组织集装箱专列等作业的场所。[GB/T 17271－1998 中 3.1.3.6]

5.34　专用线 special railway line

在铁路总经营线网以外，而又与铁路营业网相衔接的各类企业或仓库自有的或向铁路部门租用的铁路。

5.35　基本港口 base port

通常是班轮运价计费时常用的一种术语，是指定班轮公司的船一般要定期挂靠，设备条件比较好，货载多而稳定并且不限制货量的港口。基本港口的货物一般为直达运输，无需中途转船；若船方决定中途转船则不得向船方加收转船附加费或直航附加费。

5.36　周转箱 container

用于存放物品，可重复、周转使用的器具。

5.37　叉车 fork lift truck　★

具有各种叉具，能够对货物进行升降和移动以及装卸作业的搬运车辆。

5.38　叉车属具 attachments of fork lift trucks

附加或替代叉车的货叉装卸装置，以扩大叉车对特定物料的装卸范围，并提高其装卸效率。

5.39 托盘 pallet ☆

用于集装、堆放、搬运和运输，放置作为单元负荷物品的水平平台装置。[GB/T 4122.1—1996 中 4.27]

5.40 称量装置 load weighing devices

针对起重、运输、装卸、包装、配送以及生产过程中的物料进行重量检测的设备。

5.41 工业用门 industrial door

为保护室内清洁的环境、温度、湿度等而设置的快速启闭的门。

5.42 货架 goods shelf ☆

用立柱、隔板或横梁等组成的立体储存货物的设施。

5.43 重力货架系统 live pallet rack system

是一种密集存储单元货物的货架系统。在货架每层的通道上，都安装有一定坡度的、带有轨道的导轨，入库的单元货物在重力的作用下，由入库端流向出库端。

5.44 移动货架系统 mobile rack system

在货架的底部安装有行走轮，可在地面轨道上移动的货架。

5.45 驶入货架系统 drive-in rack system

可供叉车（或带货叉的无人搬运车）驶入、存取单元托盘货物的货架。

5.46 集装袋 flexible freight bags

又称柔性集装箱，是集装单元器具的一种，配以起重机或叉车，就可以实现集装单元化运输。它适用于装运大宗散状粉粒状物料。

5.47 集装箱 container ★

是一种运输设备，应满足下列要求：

a. 具有足够的强度，可长期反复使用；

b. 适于一种或多种运输方式运送，途中转运时，箱内货物不需换装；

c. 具有快速装卸和搬运的装置，特别便于从一种运输方式转移到另一种运输方式；

d. 便于货物装满和卸空；

e. 具有1立方米及以上的容积。

集装箱这一术语不包括车辆和一般包装。[GB/T 1992—1985 中 1.1]

5.48 特种货物集装箱 specific cargo container ★

用以装运特种物品用的集装箱总称。[GB/T 4122.1—1996 中 2.2.2]

5.49 集装单元器具 palletized unit implants

一种物料的载体，把各式各样的物料集装成一个便于储运的单元，是物流机械化、自动化作业的基础。

5.50 全集装箱船 full container ship ★

舱内设有固定式或活动式的格栅结构，舱盖上和甲板上设置固定集装箱的系紧装置，便于集装箱作业及定位的船舶。［GB/T 17271－1998 中 3.1.1.1］

5.51 码垛机器人 robot palletizer

能自动识别货物，将其整齐地、自动地码（或拆）在托盘上的机器人。

5.52 起重机械 hoisting machinery

一种以间歇作业方式对物料进行起升、下降和水平移动的搬运机械。

5.53 牵引车 tow tractor

具有牵引一组无动力台车能力的搬运车辆。

5.54 升降台 lift table（LT）

一种将人或者货物举升到某一高度的专用设备。

5.55 输送机 conveyors ☆

按照规定路线连续地或间歇地运送散装物料和成件物品的搬运机械。

5.56 箱式车 box car ★

除具备普通车的一切机械性能外，还必须具备全封闭的箱式车身，便于装卸作业的车门。

5.57 自动导引车 automatic guided vehicle （AGV） ☆

装有自动导引装置，能够沿规定的路径行驶，在车体上具有编程和停车选择装置、安全保护装置以及各种物料移载功能的搬运车辆。

5.58 自动化元器件 element of automation

广泛应用于物流设施和物流系统自动化运作或控制的器件。

5.59 手动液压升降平台车 scissor lift table

采用手压或脚踏为动力，通过液压驱动使载重平台作升降运动的手推平台车。

5.60 零件盒 working accessories

又称工位器具，广泛应用于加工、装配、检测、维修等工位，存放轻、小型零部件的器具。

5.61 条码打印机 bar code printer

能制作一种供机器识别的光学形式符号文件的打印机，它的印刷有严格的技术要求和检测要求。

5.62 站台登车桥 dock levelers

当货车行驶平面与货场站台平面有一高度差时，为使手推车辆、叉车等快速、保持原速、顺畅地驶入车厢内，以提高装卸效率，广泛采用的装置。

6　物流信息术语

6.1　条码 bar code ★

由一组规则排列的条、空及字符组成的，用以表示一定信息的代码。[GB/T 4122.1－1996 中 4.17]

6.2　商品标识代码 identification code for commodity

由国际物品编码协会（EAN）和统一代码委员会（UCC）规定的、用于标识商品的一组数字，包括 EAN/UCC－13、EAN/UCC－8 和 UCC－12 代码。[GB 12904－2003 中 3.1]

6.3　产品电子编码 Electronic Product Code（EPC）

每个物品所拥有的一个唯一标识单品的编码，是开放的、全球性的标准体系，是由一个版本号加上另外三段数据（依次为域名管理者、对象分类、序列号）组成的一组数字。

6.4　EPC 序列号 serial number

EPC 的目标是为每一物理实体提供唯一标识，它是由一个版本号和另外三段数据（依次为域名管理者、对象分类、序列号）组成的一组数字，其中序列号唯一标识货品。

6.5　对象名称解析服务 object name service（ONS）

一个系统，用于查找唯一的电子产品代码（EPC），并将计算机指向与 EPC 对应的商品信息。它类似于域名服务系统，后者是将计算机指向 internet 上的站点。

6.6　对象分类 object class

EPC 的目标是为每一物理实体提供唯一标识，它是由一个版本号和另外三段数据（依次为域名管理者、对象分类、序列号）组成的一组数字，其中对象分类记录产品精确类型的信息。

6.7　位置码 location number（LN）

对法律实体、功能实体和物理实体进行唯一、准确标识的代码。（法律实体是指合法存在的机构。如：供应商、客户、银行、承运商等；功能实体是指法律实体内的具体的部门。如：某公司的财务部；物理实体是指具体的位置。如：建筑物的某个房间、仓库或仓库的某个门，交货地等。）［GB/T 16828－1997］

6.8　贸易项目 trade item

从原材料直至最终用户可具有预先定义特征的任意一项产品或服务，对于这些产品和服务，在供应链过程中有获取预先定义信息的需求，并且可以

在任意一点进行定价、订购或开具发票。[GB/T19251－2003 中 3.1]

6.9　物流单元 logistics unit

供应链管理中运输或仓储的一个包装单元。[GB/T18127－2000 中 3.1]

6.10　全球贸易项目标识代码 global trade item number

在世界范围内贸易项目的唯一标识代码，其结构为 14 位数字。[GB/T19251－2003 中 3.2]

6.11　应用标识符 application　identifier（AI）

标识数据含义与格式的字符。[GB/T16986－2003 中 3.1]

6.12　物流信息编码　logistics information code

指把物流信息用一种易于被电子计算机和人识别的符号体系表示出来的过程。

6.13　自动数据采集 automatic data capture（ADC）

用于收集数据并直接将其导入（不涉及人工参与）计算机系统的方法。

6.14　自动识别技术 auto identification

对字符、影像、条码、声音等记录数据的载体进行机器自动识别，自动地获取被识别物品的相关信息，并提供给后台的计算机处理系统来完成相关后续处理的一种技术。它是一种高度自动化的信息或者数据采集技术，其中包含了自动识别、数据采集和移动计算三个方面的技术应用。

6.15　条码标签 bar code tag

印有条码符号的信息载体。

6.16　条码识读器 bar code reader

识读条码符号的设备。[GB/T12905－2000 中 4.1.1]

6.17　条码检测仪 bar code verifier

用于检测条码符号的尺寸误差和光学特性的装置。[GB/T12905－2000 中 6.2.1]

6.18　条码系统 bar code system

由条码符号设计、制作及扫描识读组成的系统。[GB/T12905－2000 中 2.2]

6.19　条码自动识别技术 bar code auto ID

运用条码进行自动数据采集的技术。条码自动识别技术主要包括编码技术、符号表示技术、识读技术、生成与印制技术和应用系统设计等五大部分。

6.20　射频标签 RFID tag

射频识别系统中存储可识别数据的电子装置。

6.21　射频识读器 RFID reader

利用射频技术读取标签信息、或将信息写入标签的设备。识读器读出的标签的信息通过计算机及网络系统进行管理和信息传输。

6.22 射频识别 radio frequency identification (RFID)

利用射频信号及其空间耦合和传输特性进行非接触双向通信、实现对静止或移动物体的自动识别，并进行数据交换的一项自动识别技术。

6.23 射频识别系统 RFID system

由射频标签、识读器和计算机网络组成的自动识别系统。通常，识读器在一个区域发射能量形成电磁场，射频标签经过这个区域时检测到识读器的信号后发送存储的数据，识读器接收射频标签发送的信号，解码并校验数据的准确性以达到识别的目的。

6.24 EPC系统 EPC system

在计算机互联网的基础上，利用射频识别、无线数据通讯等技术，构造的一个覆盖世界上万事万物的互联网。

6.25 数据元 metadata

通过定义、标识、表示以及允许值等一系列属性描述的数据单元。

6.26 报文 message

利用现代计算机技术生成、存储或者传递的信息。

6.27 实体标记语言 Physical Markup Language (PML)

基于为人们广为接受的可扩展标识语言（XML）发展而来的，描述所有自然物体、过程和环境的通用标准。PML包括不变的产品信息（如物质成分），以及经常性变动的数据（动态数据）和随时间变动的数据（时序数据）。

6.28 电子数据交换 electronic data interchange (EDI) ★

通过电子方式，采用标准化的格式，利用计算机网络进行结构化数据的传输和交换。

6.29 电子通关 electronic clearance

采用电子单证的方式，对符合特定条件的报关单，由计算机自动完成专业审单的全部作业，以减少作业环节和时间。

6.30 电子认证 electronic authentication

采用电子技术检验用户合法性的操作。其主要内容有以下3个方面：(1)保证自报姓名的个人和法人的合法性的本人确认。确认本人的简单方法一般有组合使用用户ID和密码，磁卡或IC卡和密码。需要进行慎重的认证时，可利用指纹、虹膜类型等可识别人体的生物统计学技术。(2)特别是通过电子商务进行贵重物品的交易时，保证个人或企业间收发信息在通信的途中和到达后不被改变的信息认证。(3)数字签名。在数字信息内添加署名信息。

6.31 电子报表 e-report

可以利用网络进行提交、传送、存储和管理的数字化报表。它可以在网络上随时、随地、方便、快捷地进行查询、打印和下载。

6.32 电子采购 e-procurement

也称网上采购，是指利用信息通信技术，以网络为平台，与供应商之间建立联系，并完成获得某种特定产品或服务的活动。

6.33 电子合同 e-contract

以电子记录的形式对平等主体（如自然人、法人和其他组织）间的权利与义务做出规定的协议。

6.34 电子商务 e-commerce (EC)

在 Internet 开放的网络环境下，基于 Browser/Server 的应用方式，实现消费者的网上购物（B2C），企业之间的网上交易（B2B）和在线电子支付的一种新型的交易方式。

6.35 电子支付 e-payment

也称在线支付或网上支付，是指以金融电子化网络为基础，以电子货币、商用电子化机具和各类交易卡为媒介，以计算机技术和通信技术为手段，将各种货币或资金以电子数据（二进制数据）的形式存储在银行的计算机系统中，并通过计算机网络系统以电子信息传递的形式实现流通、转拨和支付。

6.36 地理信息系统 geographical information system (GIS)

由计算机软硬件环境、地理空间数据、系统维护和使用人员四部分组成的空间信息系统。该系统可对整个或部分地球表层（包括大气层）空间中有关地理分布数据进行采集、储存、管理、运算、分析显示和描述。

6.37 全球定位系统 global positioning system (GPS)

利用导航卫星进行测时和测距，使在地球上任何地方的用户，都能测定出他们所处的方位。

6.38 智能交通系统 intelligent transportation system (ITS)

包括信息处理技术，通信技术、控制技术和电子技术等，能为许多交通问题提供解决方案的计算机管理信息系统。

6.39 货物跟踪系统 goods-tracked system

利用条形码、EDI、全球卫星定位系统、地理信息系统等技术，获取有关货物运输动态信息，提高运输服务质量的技术系统。

6.40 仓库管理系统 warehouse management system (WMS)

为提高仓储作业和仓储管理活动的效率，对仓库实施全面地系统化管理的计算机信息系统。

6.41 销售时点系统 point of sale（POS）

在对销售商品进行结算时，通过自动读取设备（如收银机）在销售商品时直接读取商品销售信息（如商品名、单价、销售数量、销售时间、销售店铺、购买顾客等），并通过通讯网络和计算机系统传送至有关部门进行分析加工以提高经营效率的系统。

6.42 电子订货系统 electronic order system（EOS）☆

不同组织间利用通讯网络和终端设备进行订货作业与订货信息交换的体系。

6.43 计算机辅助订货系统 computer assisted ordering（CAO） ★

基于库存和客户需求信息，利用计算机进行自动订货管理的系统。

6.44 拉式订货系统 pull order system

在多仓库系统中，每一个仓库控制自己的需求，分别对中央物流中心下订单。

6.45 永续存货系统 perpetual inventory system

每次进出货都做详细的书面记录，且盘点时间视状况而定，以便在任何时间都有实际库存最新数据的系统。

6.46 虚拟仓库 virtual warehouse ☆

利用计算机和网络通讯技术，将地理上分散的、属于不同所有者的实体仓库进行整合，形成具有统一目标、统一任务、统一流程的暂时性物资存储与控制组织，可以实现不同状态、空间、时间的物资有效调度和统一管理。

6.47 物流信息系统 logistics information system（LIS）

由人员、计算机硬件、软件、网络通信设备及其他办公设备组成的人机交互系统，其主要功能是进行物流信息的收集、存储、传输、加工整理、维护和输出，为物流管理者及其他组织管理人员提供战略、战术及运作决策的支持，以达到组织的战略竞优，提高物流运作的效率与效益。

6.48 物流信息技术 logistics information technology

运用于物流各环节中的信息技术。根据物流的功能以及特点，物流信息技术包括如计算机技术、网络技术、信息分类编码技术、条码技术、射频识别技术、电子数据交换技术、全球定位系统（GPS）、地理信息系统（GIS）等。

6.49 物流信息分类 logistics information sorting

根据物流管理的特点，把具有共同属性或特征的物流信息归并在一起，把不具有这种共同属性或特征的物流信息区别开来的过程。物流信息分类的直接产物是各式各样的分类表或分类目录。

6.50　分布式的网络软件 savant

用于管理和传送与 EPC 相关的数据，数据校对、识读器协调、数据传送、数据存储和任务管理。

**7　物流管理术语**

7.1　仓库布局　warehouse layout　★

在一定区域或库区内，对仓库的数量、规模、地理位置和仓库设施、道路等各要素进行科学规划和总体设计。

7.2　ABC 分类管理 ABC classification　★

将库存物品按品种和占用资金的多少分为特别重要的库存（A 类）、一般重要的库存（B 类）和不重要的库存（C 类）三个等级，然后针对不同等级分别进行管理与控制。

7.3　安全库存 safety stock　☆

用于缓冲不确定性因素（如大量突发性订货、交货期突然延期等）而准备的库存。

7.4　经常库存 cycle stock　★

在正常的经营环境下，企业为满足日常需要而建立的库存。

7.5　库存管理 inventory management

在保障供应的前提下，以库存物品的数量最少和周转最快为目标所进行的计划、组织、协调与控制。

7.6　库存控制 inventory control　★

在保障供应的前提下，使库存物品的数量最少所进行的有效管理的技术经济措施。

7.7　供应商管理库存 vendor managed inventory（VMI）　☆

通过信息共享，由供应链上的上游企业根据下游企业的销售信息和库存量，主动对下游企业的库存进行管理和控制的管理模式。

7.8　定量订货制 fixed-quantity system（FQS）　☆

当库存量下降到预定的最低库存数量（订货量）时，按经济订货批量为标准进行订货的一种库存管理方式。

7.9　定期订货制 fixed-interval system（FIS）　☆

按预先确定的订货间隔期进行订货的一种库存管理方式。

7.10　经济订货批量 economic order quantity（EOQ）　★

通过平衡采购进货成本和保管仓储成本核算，以实现总库存成本最低的最佳订货批量。

7.11　连续补货计划 continuous replenishment program（CRP）　☆

利用及时准确的销售时点信息确定已销售的商品数量，根据零售商或批发商的库存信息和预先规定的库存补充程序确定发货补充数量和配送时间的计划方法。

7.12　联合库存管理 joint managed inventory (JMI)

供应链成员企业共同制定库存计划，并实施库存控制的供应链库存管理方式。

7.13　前置期 lead time　☆

从发出订货单到收到货物的时间间隔。

7.14　物流成本管理 logistics cost control　☆

对物流活动发生的相关费用进行的计划、协调与控制。

7.15　物流绩效管理 logistics performance management

在满足客户服务要求条件下，在物流运作全过程中对物流成果与效用的产生、形成和评价所进行的计划、组织、协调与控制。

7.16　物流战略 logistics strategy　★

为寻求物流的可持续发展，就物流发展目标以及达成目标的途径与手段而制定的长远性、全局性的规划与谋略。

7.17　物流战略管理 logistics strategy management　☆

通过物流战略设计、战略实施、战略评价与控制等环节，调节物流资源、组织结构等最终实现物流系统宗旨和战略目标的一系列动态过程的总和。

7.18　物流质量管理 logistics quality management

通过制定科学合理的基本标准，对物流活动实施的全对象、全过程、全员参与的质量控制过程。

7.19　物流资源计划　logistics resource planning (LRP)　★

以物流为基本手段，打破生产与流通界限，集成制造资源计划、能力资源计划、分销需求计划以及功能计划而形成的物资资源优化配置方法。

7.20　供应链联盟　supply chain alliance

基于一定的市场需求，以降低总成本和提高整体效率为目标，供应链各成员企业通过信息共享，按照优势互补原则所形成的可快速重构的动态组织。

7.21　供应商关系管理 supplier relationships management (SRM)

一种致力于实现与供应商建立和维持长久、紧密伙伴关系，旨在改善企业与供应商之间关系的新型管理。

7.22　准时制 just in time (JIT)　☆

在精确测定生产制造各工艺环节作业效率的前提下，准确地计划物料供应量和时间的生产管理模式。

7.23　准时制物流 just-in-time logistics　☆

与JIT管理模式相适应的物流管理方式。

7.24　有效客户反应 efficient customer response（ECR）★

以满足顾客要求和最大限度降低物流过程费用为原则，能及时做出准确反应，使提供的物品供应或服务流程最佳化的一种供应链管理策略。

7.25　快速反应　quick response（QR）　☆

供应链成员企业之间建立战略合作伙伴关系，利用EDI等信息技术进行信息交换与信息共享，用高频率小数量配送方式补充商品，以实现缩短交货周期，减少库存，提高顾客服务水平和企业竞争力为目的的一种供应链管理策略。

7.26　物料需求计划 material requirements planning（MRP）　★

工业制造企业内的物资计划管理模式。根据产品结构各层次物品的从属和数量关系，以每个物品为计划对象，以完工日期为时间基准倒排计划，按提前期长短区别各个物品下达计划时间的先后顺序。

7.27　制造资源计划 manufacturing resource planning（MRPⅡ）　★

在MRP的基础上，增加了营销、财务和采购的功能，它是对企业的各种制造资源和企业生产经营各环节实行合理有效地计划、组织、控制和协调，达到既能连续均衡生产，又能最大限度地降低各种物品的库存量，进而提高企业经济效益的管理方法。

7.28　配送需求计划 distribution requirements planning（DRP）　★

一种既保证有效地满足市场需求，又使得物流资源配置费用最省的计划方法，是MRP原理与方法在物品配送中的运用。

7.29　配送资源计划　distribution resource planning（DRPⅡ）　★

一种企业内物品配送计划系统管理模式。是在DRP的基础上提高各环节的物流能力，达到系统优化运行的目的。

7.30　企业资源计划　enterprise resource planning（ERP）　☆

在MRP II的基础上，通过前馈的物流和反馈的信息流、资金流，把客户需求和企业内部的生产经营活动以及供应商的资源整合在一起，体现完全按用户需求进行经营管理的一种全新的管理模式。

7.31 协同计划、预测与补货 collaborative planning，forecasting and replenishment（CPFR）

应用一系列的信息处理技术和模型技术，提供覆盖整个供应链的合作过程，通过共同管理业务过程和共享信息来改善零售商和供应商之间的计划协调性，提高预测精度，最终达到提高供应链效率、减少库存和提高客户满意程度为目的的供应链库存管理策略。

7.32　服务成本定价法 cost-of-service pricing

按照提供物流服务所消耗的成本进行定价的方法。

7.33　服务价值定价法 value-of-service pricing

按照物流服务中的产品价值进行定价的方法。

7.34　业务外包 outsourcing ★

企业为了获得比单纯利用内部资源更多的竞争优势，将其非核心业务交由合作企业完成。

7.35　流程分析法 process analysis

每次只观察一类产品或物料，并沿整个生产过程收集数据资料，必要时跟随从原料库到成品库的全过程，编制流程图表的方法。

7.36　延迟策略 postponement strategy

供应链上顾客化活动延迟直至到订单时为止，在时间和空间上推迟顾客化活动，使产品和服务与顾客的需求实现无缝连接，从而提高企业的柔性以及顾客价值的策略。

7.37　业务流程重组　business process reengineering（BPR）

为最大限度地适应以客户、竞争、变化为特征的现代经营环境，对企业的业务流程作根本性的思考和彻底性的再设计，从而在成本、质量、服务和速度等方面取得显著改善。

7.38　物流流程重组　logistics process reengineering

从顾客需求出发，对物流管理和作业流程进行优化，通过对物流活动各要素的重新组合，重新设计企业物流系统和管理模式，提升企业效益。

7.39　有形损耗 tangible loss ☆

物流过程中可见或可预测的物品的物理性损失、消耗。

7.40　无形损耗 intangible loss ★

由于科学技术进步而引起的物品贬值。

7.41　总成本分析 total cost analysis

识别物流活动中运输、仓储、库存和客户服务等系统变量之间的相互关系，在特定的客户服务水平下使物流总成本最小化的物流管理方法。

7.42　物流作业成本法 logistics activity-based costing

以特定物流活动成本为核算对象，通过成本动因来确认和计算作业量，进而以作业量为基础分配间接费用的物流成本管理方法。

7.43　效益悖反 trade off

一种活动的高成本，会因另一种物流活动成本的降低或效益的提高而抵消的相互作用关系。

8 国际物流术语

8.1 多式联运 multimodal transport

按照多式联运合同，以至少两种不同的运输方式，由多式联运经营人将货物从接管地点运至指定交付地点的货物运输。

8.2 国际多式联运 international multimodal transport ★

按照多式联运合同，以至少两种不同的运输方式，由多式联运经营人将货物从一国境内的接管地点运至另一国境内指定交付地点的货物运输。

8.3 国际航空货物运输 international airline transport

由跨国航空承运人办理两国之间空运的全程运输，并承担运输责任的一种运输方式。

8.4 国际铁路联运 international through railway transport ★

使用一份统一的国际铁路联运票据，由跨国铁路承运人办理两国或两国以上铁路的全程运输，并承担运输责任的一种连贯运输方式。

8.5 班轮运输 liner transport ★

在固定的航线上，以既定的港口顺序，按照事先公布的船期表航行的水上运输方式。

8.6 租船运输 shipping by chartering ☆

货主或其代理人租赁其他人的船舶、将货物送达目的地的货物运输经营方式。

8.7 大陆桥运输 land bridge transport ★

用横贯大陆的铁路或公路作为中间桥梁，将大陆两端的海洋运输连接起来的连贯运输方式。

8.8 保税运输 bonded transport

在海关监管下保税货物的运送活动，也称之为监管运输。

8.9 转关运输 Tran-customs transportation

海关为方便收、发货人办理海关手续，依照有关法律规定，允许海关监管货物由关境内一设关地点转运到另一设关地点办理进出口海关手续的行为。

8.10 报关 customs declaration ★

进出境运输工具的负责人、进出境物品的所有人、进出口货物的收发货人或其他代理人向海关办理进出境手续的全过程。

8.11 报关行 customs broker ★

专门代办进出境报关业务的企业。

8.12 不可抗力 accident beyond control

人力不能抗拒也无法预防的事故。不可抗力事故有由自然因素引起的，如水灾、旱灾、暴雨、地震等；有由社会因素引起的，如罢工、战争、政府禁令等。

8.13 保税货物 bonded goods

特指经海关批准未办理纳税手续进境，在境内储存、加工、装配后复运出境的货物。

8.14 海关监管货物 cargo under custom’s supervision

在海关批准范围内接受海关查验的进出口、过境、转运、通关货物以及保税货物和其他尚未办结海关手续的进出境货物。

8.15 拼箱货 less than container load（LCL） ★

一个集装箱装入多个托运人或多个收货人的货物。［GB/T 17271－1998 中 3.2.4.3］

8.16 整箱货 full container load（FCL） ★

一个集装箱装满一个托运人同时也是一个收货人的货物。［GB/T 17271－1998 中 3.2.4.2］

8.17 通运货物 through goods

由境外启运，由船舶或飞机载运进境后，仍由原装运输工具继续运往境外的货物。

8.18 转运货物 transit cargo

由境外启运，到我国境内设关地点换装运输工具后，不通过我国境内陆路运输，再继续运往境外的货物。

8.19 自备箱 shipper’s own container

托运人购置、制造或租用的符合标准的集装箱，印有托运人的标记，由托运人负责管理、维修。［GB/T 17271－1998 中 3.2.4.4］

8.20 到货价格 delivered price

货物交付时点的现行市价，其中含包装费、保险、运送费等。

8.21 出厂价 factory price

成品离开工厂时的价格，主要由生产费用、销售费用及合理利润组成，不包含运杂费。

8.22 成本加运费 cost and freight（CFR）

又称成本在内价，指卖方要负责租船订舱，支付到指定目的港的运费，但买方要自负从装运港货物越过船舷后至目的地的货运灭损风险及所增加的额外费用。

8.23 出口退税 drawback

国家为帮助出口企业降低成本，增强出口产品在国际市场上的竞争力，鼓励出口创汇，而实行的由国内税务机关退还出口商品国内税的措施。

8.24　过境税 transit duty

对外国经过本国过境运往另一国的货物所征收的关税。

8.25　海关估价 customs ratable price

一国海关从征税和监管的角度，根据市场的通行价格对进口货物进行的估价。

8.26　等级标签 grade labeling

在产品的包装上用以说明产品品质级别的标志。

8.27　等级费率 class rate

将全部货物划分为若干个等级，按照不同的航线分别为每一个等级制定一个基本运价的费率。归属于同一等级的货物，均按该等级的运价计收运费。

8.28　船务代理 shipping agency　☆

船务代理机构或代理人接受船舶所有人（船公司）、船舶经营人、承租人或货主的委托，在授权范围内代表委托人（被代理人）办理与在港船舶有关的业务、提供有关的服务或进行与在港船舶有关的其他法律行为的代理行为。

8.29　国际货运代理 international freight forwarding agent　★

接受进出口货物收货人、发货人的委托，以委托人或自己的名义，为委托人办理国际货物运输及相关业务，并收取劳务报酬的经济组织。

8.30　无船承运业务 non vessel operating common carrier business

以承运人身份接受托运人的货载，签发自己的提单或者其他运输单证，向托运人收取运费，通过国际船舶运输经营者完成国际海上货物运输，承担承运人责任的国际海上运输经营活动。

8.31　无船承运人 NVOCC non vessel operating、common carrier

即无船承运业务的经营主体。他不拥有运输工具，但以承运人的身份发布自己的运价，接受托运人的委托，签发自己的提单或其他运输单证，收取运费，并通过与有船承运人签订运输合同，承担承运人责任，完成国际海上货物运输经营活动的经营者。

8.32　索赔 claim for damages

承托双方中受经济损失方向责任方提出赔偿经济损失的要求。

8.33　理赔 settlement of claim

承托双方中造成经济损失的一方向对方提出的经济赔偿要求的处理。

8.34　国际货物运输保险 international transportation cargo insurance ☆

被保险人（出口人或进口人）对国际运输的货物向保险人（保险公司）按一定金额投保一定的险别，并交纳保险费；保险人承保后，如果所保货物在运输过程中发生约定范围内的损失，应按保险单的规定给予被保险人经济上的补偿。

8.35 原产地证明 certificate of origin

进口时向海关交验的证明货物产地或制造地的文件。

8.36 进出口商品检验 commodity inspection ☆

商品检验机构对进出口货物的品质、规格、数量等进行查验、分析和鉴定，并出具检验证书。它是国际贸易中一个不可缺少的重要环节，它保证进出口商品符合标准或合同规定的条件。

8.37 清关 clearance

又称结关，是指由货物、行李物品、船舶等所有人或代理人办完海关进口或出口手续，并经海关查核准予进出国境的行为。

8.38 滞报金 fee for delayed declaration

进口货物的收货人或其他代理人超过海关规定的申报期限，未向海关申报，由海关依法征收的一定数额的款项。

8.39 装运港船上交货 free on board（FOB）

卖方负责办理出口清关手续，将货物在指定的装运港越过船舷后，即完成了交货任务。

8.40 进料加工 processing with imported materials

经营单位专为加工出口商品而用外汇购买进口料件，加工成品或半成品后，再外销出口的贸易形式。

8.41 来料加工 processing with supplied materials

由外商提供全部或部分料件、设备等，由我方进行加工，成品由外商销售，我方收取工缴费的一种贸易形式。

8.42 保税仓库 boned warehouse ☆

经海关核准的并在海关监管下，专门存放已入境但暂时未纳进口税或者未领进口许可证（能制造化学武器的和易制毒化学品除外）的货物，在海关规定的存储期内复运出境或办理正式进口手续的专用仓库。

8.43 保税工厂 bonded factory

经海关批准专门生产出口产品的保税加工装配企业。

8.44 保税区 bonded area

在境内的港口或邻近港口、国际机场等地区建立的在区内进行加工、贸易、仓储和展览由海关监管的特殊区域。

8.45　保税物流中心 bonded logistics center

由一家或多家物流企业，在一个保税场所内开展保税货物仓储、简单加工、配送、转运、检测维修和报关等的物流集结区。

8.46　保税物流中心 A 型 bonded logistics center of A type

由一家物流企业在一个保税场所内开展保税货物仓储、简单加工、配送、转运、检测维修和报关等，它主要适应一家跨国公司满足本集团所属企业的国际物流运作要求。

8.47　保税物流中心 B 型 bonded logistics center of B type

由多家保税物流企业在空间上集中布局的公共型场所，是物流集结区。它按照专业化、规模化的原则组织物流活动，将众多物流企业集中在一起，共享相关的基础设施和配套服务设施，发挥整体优势，实现物流运作的专业化、集约化和规范化。

8.48　融通仓 financing warehouse

广义：在工业经济和金融、商贸、物流等第三产业发达的区域创生的一种跨行业的综合性第三产业高级业态，以物流运作为起点，综合发展信用担保，电子商务平台，传统商业平台和房产开发。

狭义：以周边中小企业为主要服务对象，以流动商品仓储为基础，涵盖中小企业信用整合与再造、实物配送、电子商务与传统商业的综合性服务平台。

8.49　出口监管仓库 export supervised warehouse　★

经海关批准，在海关监管下，存放已按规定领取了出口货物许可证或批件，已对外买断结汇并向海关办完全部出口海关手续的货物的专用仓库。

8.50　出口加工区 export processing zone

是由国务院批准设立从事产品外销加工贸易的，由海关实施封闭式监管的特殊区域。

8.51　定牌包装 packing of nominated brand　★

买方要求在出口商品包装上使用买方指定的品牌名称或商标的做法。

8.52　中性包装　neutral packing　★

在出口商品及其内外包装上都不注明生产国别的包装。

8.53　提单（海运提单）bill of lading

用以证明海上货物运输合同和货物已经由承运人接收或者装船，以及承运人保证据以交付货物的单证。提单又称海运提单。

# 附录六　企业物流成本构成与计算

1　范围

本标准规定了物流成本计算对象、物流成本构成、物流成本计算思路和方法等内容。

本标准针对企业物流成本计算工作，适用于所有在国家工商管理部门注册的生产流通（包括物流）企业。

2　规范性引用文件

下列标准中的条款通过本标准的引用而成为本标准的条款。凡是注日期的引用文件，其随后所有的修改单（不包括勘误的内容）或修订版均不适用于本标准，然而，鼓励根据本标准达成协议的各方研究是否可使用这些文件的最新版本。凡是不注日期的引用文件，其最新版本适用于本标准。

GB/T 18354—2001 物流术语

3　物流成本内涵及计算对象

3.1　物流成本内涵

物流成本指物流活动中所消耗的物化劳动和活劳动的货币表现。即产品在包装、运输、储存、装卸搬运、流通加工、物流信息、物流管理等过程中所耗费的人力、物力和财力的总和以及与存货有关的资金占用成本、物品损耗成本、保险和税收成本。

本标准中与存货有关的资金占用成本包括负债融资所发生的利息支出即显性成本和占用自有资金所产生的机会成本即隐性成本两部分内容。

3.2　物流成本计算对象

本标准中以物流成本项目、物流范围和物流成本支付形态作为物流成本计算对象。

3.2.1　成本项目类别物流成本

成本项目类别物流成本指以物流成本项目作为物流成本计算对象，具体包括物流功能成本和存货相关成本。其中，物流功能成本指在包装、运输、仓储、装卸搬运、流通加工、物流信息和物流管理过程中所发生的物流成本。存货相关成本指企业在物流活动过程中所发生的与存货有关的资金占用成本、物品损耗成本、保险和税收成本。

3.2.2　范围类别物流成本

范围类别物流成本指以物流活动的范围作为物流成本计算对象，具体包括供应物流、企业内物流、销售物流、回收物流和废弃物流等不同阶段所发生的各项成本支出。

3.2.3　形态类别物流成本

形态类别物流成本指以物流成本的支付形态作为物流成本计算对象。具体包括委托物流成本和企业内部物流成本。其中，企业内部物流成本其支付形态具体包括材料费、人工费、维护费、一般经费和特别经费。

## 4　物流成本构成

### 4.1　物流成本项目构成

按成本项目划分，物流成本由物流功能成本和存货相关成本构成。其中物流功能成本包括物流活动过程中所发生的包装成本、运输成本、仓储成本、装卸搬运成本、流通加工成本、物流信息成本和物流管理成本，存货相关成本包括企业在物流活动过程中所发生的与存货有关的资金占用成本、物品损耗成本、保险和税收成本。具体内容如企业物流成本项目构成表（表1）所示：

**企业物流成本项目构成表（表1）**

<table>
<tr><td rowspan="8">物流功能成本</td><td rowspan="6">物流运作成本</td><td>成本项目</td><td>内容说明</td></tr>
<tr><td>运输成本</td><td>一定时期内，企业为完成货物运输业务而发生的全部费用，包括从事货物运输业务的人员费用、车辆（包括其他运输工具）的燃料费、折旧费、维修保养费、租赁费、养路费、过路费、年检费、事故损失费、相关税金等</td></tr>
<tr><td>仓储成本</td><td>一定时期内，企业为完成货物储存业务而发生的全部费用，包括仓储业务人员费用，仓储设施的折旧费、维修保养费、水电费、燃料与动力消耗等</td></tr>
<tr><td>包装成本</td><td>一定时期内，企业为完成货物包装业务而发生的全部费用，包括包装业务人员费用，包装材料消耗，包装设施折旧费、维修保养费，包装技术设计、实施费用以及包装标记的设计、印刷等辅助费用</td></tr>
<tr><td>装卸搬运成本</td><td>一定时期内，企业为完成装卸搬运业务而发生的全部费用，包括装卸搬运业务人员费用，装卸搬运设施折旧费、维修保养费、燃料与动力消耗等</td></tr>
<tr><td>流通加工成本</td><td>一定时期内，企业为完成货物流通加工业务而发生的全部费用，包括流通加工业务人员费用，流通加工材料消耗，加工设施折旧费、维修保养费，燃料与动力消耗费等</td></tr>
<tr><td colspan="2">物流信息成本</td><td>一定时期内，企业为采集、传输、处理物流信息而发生的全部费用，指与订货处理、储存管理、客户服务有关的费用，具体包括物流信息人员费用，软硬件折旧费、维护保养费、通讯费等</td></tr>
<tr><td colspan="2">物流管理成本</td><td>一定时期内，企业物流管理部门及物流作业现场所发生的管理费用，具体包括管理人员费用，差旅费、办公费、会议费等</td></tr>
</table>

续表

| | | |
|---|---|---|
| 存货相关成本 | 资金占用成本 | 一定时期内，企业在物流活动过程中负债融资所发生的利息支出（显性成本）和占用内部资金所发生的机会成本（隐性成本） |
| | 物品损耗成本 | 一定时期内，企业在物流活动过程中所发生的物品跌价、损耗、毁损、盘亏等损失 |
| | 保险和税收成本 | 一定时期内，企业支付的与存货相关的财产保险费以及因购进和销售物品应交纳的税金支出 |

4.2　物流成本范围构成

按物流成本产生的范围划分，物流成本由供应物流成本、企业内物流成本、销售物流成本、回收物流成本以及废弃物流成本构成。具体内容如企业物流成本范围构成表（表 2）所示：

**企业物流成本范围构成表（表 2）**

| 成本范围 | 内容说明 |
|---|---|
| 供应物流成本 | 指经过采购活动，将企业所需原材料（生产资料）从供给者的仓库运回企业仓库为止的物流过程中所发生的物流费用 |
| 企业内物流成本 | 指从原材料进入企业仓库开始，经过出库、制造形成产品以及产品进入成品库，直到产品从成品库出库为止的物流过程中所发生的物流费用 |
| 销售物流成本 | 指为了进行销售，产品从成品仓库运动开始，经过流通环节的加工制造，直到运输至中间商的仓库或消费者手中的物流活动过程中所发生的物流费用 |
| 回收物流成本 | 指退货、返修物品和周转使用的包装容器等从需方返回供方的物流活动过程中所发生的物流费用 |
| 废弃物流成本 | 指将经济活动中失去原有使用价值的物品，根据实际需要进行收集、分类、加工、包装、搬运、储存等，并分送到专门处理场所的物流活动过程中所发生的物流费用 |

4.3　物流成本支付形态构成

按物流成本支付形态划分，企业物流总成本由委托物流成本和内部物流成本构成。其中内部物流成本按支付形态分为材料费、人工费、维护费、一般经费和特别经费。具体内容如企业物流成本支付形态构成表（表 3）所示：

**企业物流成本支付形态构成表（表3）**

| 成本支付形态 | | 内容说明 |
| --- | --- | --- |
| 企业内部物流成本 | 材料费 | 资材费、工具费、器具费等 |
| | 人工费 | 工资、福利、奖金、津贴、补贴、住房公积金等 |
| | 维护费 | 土地、建筑物及各类物流设施设备的折旧费、维护维修费、租赁费、保险费、税金、燃料与动力消耗费等 |
| | 一般经费 | 办公费、差旅费、会议费、通讯费、水电费、煤气费等 |
| | 特别经费 | 存货资金占用费、物品损耗费、存货保险费和税费 |
| 委托物流成本 | | 企业向外部物流机构所支付的各项费用 |

## 5　物流成本计算

### 5.1　物流成本表表式

本标准中物流成本计算以物流成本项目、物流范围和物流成本支付形态三个维度作为成本计算对象。物流成本表包括成本项目、范围和支付形态三个维度，具体包括主表企业物流成本表（表4）和附表企业内部物流成本支付形态表（表5）。

**企业物流成本表（主表）（表4）**

编制单位：　　　　　　　　　年　月　　　　　　　　　单位：元

| 范围及支付形态 / 成本项目 | | | 供应物流成本 | | | 企业内物流成本 | | | 销售物流成本 | | | 回收物流成本 | | | 废弃物流成本 | | | 物流总成本 | | |
| --- | --- | --- | --- | --- | --- | --- | --- | --- | --- | --- | --- | --- | --- | --- | --- | --- | --- | --- | --- | --- |
| | | | 内部 | 委托 | 小计 | 内部 | 委托 | 小计 | 内部 | 委托 | 小计 | 内部 | 委托 | 小计 | 内部 | 委托 | 小计 | 内部 | 委托 | 合计 |
| 物流功能成本 | 物流运作成本 | 运输成本 | | | | | | | | | | | | | | | | | | |
| | | 仓储成本 | | | | | | | | | | | | | | | | | | |
| | | 包装成本 | | | | | | | | | | | | | | | | | | |
| | | 装卸搬运成本 | | | | | | | | | | | | | | | | | | |
| | | 流通加工成本 | | | | | | | | | | | | | | | | | | |
| | | 小计 | | | | | | | | | | | | | | | | | | |
| | 物流信息成本 | | | | | | | | | | | | | | | | | | | |
| | 物流管理成本 | | | | | | | | | | | | | | | | | | | |
| | 合计 | | | | | | | | | | | | | | | | | | | |

（续表）

| 范围及支付形态<br>成本项目 | | 供应物流成本 | | | 企业内物流成本 | | | 销售物流成本 | | | 回收物流成本 | | | 废弃物流成本 | | | 物流总成本 | | |
|---|---|---|---|---|---|---|---|---|---|---|---|---|---|---|---|---|---|---|---|
| | | 内部 | 委托 | 小计 | 内部 | 委托 | 小计 | 内部 | 委托 | 小计 | 内部 | 委托 | 小计 | 内部 | 委托 | 小计 | 内部 | 委托 | 合计 |
| 存货相关成本 | 资金占用成本 | | | | | | | | | | | | | | | | | | |
| | 物品损耗成本 | | | | | | | | | | | | | | | | | | |
| | 保险和税收成本 | | | | | | | | | | | | | | | | | | |
| | 其他成本 | | | | | | | | | | | | | | | | | | |
| | 合计 | | | | | | | | | | | | | | | | | | |
| 物流总成本 | | | | | | | | | | | | | | | | | | | |

**企业内部物流成本支付形态表（附表）（表5）**

编制单位：　　　　年　月　　　　单位：元

| 内部支付形态<br>成本项目 | | | 材料费 | 人工费 | 维护费 | 一般经费 | 特别经费 | 合计 |
|---|---|---|---|---|---|---|---|---|
| 物流功能成本 | 物流运作成本 | 运输成本 | | | | | | |
| | | 仓储成本 | | | | | | |
| | | 包装成本 | | | | | | |
| | | 装卸搬运成本 | | | | | | |
| | | 流通加工成本 | | | | | | |
| | | 小计 | | | | | | |
| | 物流信息成本 | | | | | | | |
| | 物流管理成本 | | | | | | | |
| | 合计 | | | | | | | |
| 存货相关成本 | 资金占用成本 | | | | | | | |
| | 物品损耗成本 | | | | | | | |
| | 保险和税收成本 | | | | | | | |
| | 其他成本 | | | | | | | |
| | 合计 | | | | | | | |
| 物流成本合计 | | | | | | | | |

5.2　物流成本计算方法

5.2.1　基本思路

5.2.1.1　可从现行成本核算体系中予以分离的物流成本

对于现行成本核算体系中已经反映但分散于各会计科目之中的物流成本，企业在按照会计制度的要求进行正常成本核算的同时，可根据本企业实际情况，选择在期中同步登记相关物流成本辅助账户，通过账外核算得到物流成本资料；或在期末（月末、季末、年末）通过对成本费用类科目再次进行归类整理，从中分离出物流成本。

5.2.1.2　无法从现行成本核算体系中予以分离的物流成本

对于现行成本核算体系中没有反映但应计入物流成本的费用即存货占用自有资金所产生的机会成本，根据有关存货统计资料按规定的公式计算物流成本。

5.2.2　具体方法和步骤

5.2.2.1　可从现行成本核算体系中予以分离的物流成本

对现行成本核算体系中已经反映但分散于各会计科目之中的物流成本，应按以下步骤计算：

第一步，设置物流成本辅助账户，按物流成本项目设置运输成本、仓储成本、包装成本、装卸搬运成本、流通加工成本、物流信息成本、物流管理成本、资金占用成本、物品损耗成本、保险和税收成本二级账户，并按物流范围设置供应物流、企业内物流、销售物流、回收物流和废弃物流三级账户，对于内部物流成本，还应按费用支付形态设置材料费、人工费、维护费、一般经费、特别经费费用专栏。上述物流成本二级账户、三级账户及费用专栏设置次序，企业可根据实际情况选择。

第二步，对企业会计核算的全部成本费用科目包括管理费用、营业费用、财务费用、生产成本、制造费用、其他业务支出、营业外支出、材料采购、应交税金等科目及明细项目逐一进行分析，确认物流成本的内容。

第三步，对于应计入物流成本的内容，企业可根据本企业实际情况，选择在期中与会计核算同步登记物流成本辅助账户及相应的二级、三级账户和费用专栏，或在期末（月末、季末、年末）集中归集物流成本，分别反映出按物流成本项目、物流范围和物流成本支付形态作为归集动因的物流成本数额。

第四步，期末（月末、季末、年末），汇总计算物流成本辅助账户及相应的二级、三级账户和费用专栏成本数额，按照表 4、表 5 的内容要求逐一填列。

5.2.1.2 无法从现行成本核算体系中予以分离的物流成本

对于现行成本核算体系中没有反映但应计入物流成本的费用即存货占用自有资金所产生的机会成本，其计算步骤如下：

第一步，期末（月末、季末、年末）对存货按在途和在库两种形态分别统计出账面余额。

第二步，按照公式存货资金占用成本＝存货账面价值×企业内部收益率（或一年期银行贷款利率）计算出存货占用自有资金所产生的机会成本，并按供应物流、企业内物流和销售物流分别予以反映。

第三步，根据计算结果，按照表4、表5的内容要求填列。

5.3 物流间接成本分配原则

在计算物流成本时，对于单独为物流作业及相应的物流功能作业所消耗的费用，直接记入物流成本及其对应的物流功能成本，对于间接为物流作业消耗的费用，为物流作业和非物流作业同时消耗的费用、为不同物流功能作业共同消耗的费用以及为不同物流范围阶段消耗的费用，应按照从事物流作业或物流功能或物流范围阶段作业人员比例、物流工作量比例、物流设施面积或设备比例以及物流作业所占资金比例等确定。

5.4 物流成本表的填写要求

5.4.1 企业物流成本表（主表）（表4）

5.4.1.1 生产企业和流通企业

生产企业一般应按供应物流、企业内物流、销售物流、回收物流和废弃物流五个范围阶段逐一进行填列。

流通企业一般应按供应物流、销售物流、回收物流和废弃物流四个范围阶段逐一进行填列。

若某阶段未发生物流成本或有关成本项目无法归属于特定阶段的，则按实际发生阶段据实填列或填列横向合计数即可。

对于委托物流成本，若无法按物流范围进行划分的，填列横向合计数即可，若采用不分成本项目的整体计费方式对外支付的，则填列纵向合计数即可。

上述直接填写合计数的，应对合计数内容在表后做备注说明。

5.4.1.2 物流企业

对于物流企业，不需按物流范围进行填列，按成本项目及支付形态填写物流成本总额即可。

5.4.2 企业内部物流成本支付形态表（附表）（表5）

对于运输成本、仓储成本、装卸搬运成本，对应的支付形态一般为人工费和维护费；对于物流信息成本，对应的支付形态一般为人工费、维护费和一般经费；对于包装成本、流通加工成本，对应的支付形态一般为材料费、人工费和维护费；对于物流管理成本，对应的支付形态一般为人工费和一般经费；对于资金占用成本、物品损耗成本、保险和税收成本，对应的支付形态一般为特别经费。凡成本项目中各明细项目有相应支付形态的，均需填写；无相应支付形态的，则不填写。

5.5　勾稽关系

《企业物流成本表》（主表）（表 4）中“物流总成本一内部”一列中各项成本数值应等于《企业内部物流成本支付形态表》（附表）（表 5）中“合计”一列中各项成本数值。

**[参考文献]**

[1] 国家发展和改革委员会、国家统计局文件《社会物流统计制度及核算表式（试行)》，2004 年 10 月 24 日

[2] 国家标准《物流术语》(修订版)，2006 年 5 月

[3] 财政部《企业会计制度》，2001 年 1 月 1 日

# 附录七 案例分析方法

### 1. 什么是案例

商业案例模拟真实情境。正规的案例都是建立在细致研究基础上的。案例分析的对象千差万别，可以是个人、组织，乃至整个国家或地区。案例的页数也从 1 页至 50 多页不等。但是它们有着相同的目的：反映现实、描述情境。

教科书一般都是高度结构化的，条理非常清晰。例如，市场营销教材会将营销职能分成若干部分，然后依次进行详细的讲解。课本对于问题的界定和解释都很明确，便于读者理解。然而，真实的商业情境往往并不合乎逻辑，甚至有些混乱。案例同样也是如此。案例之于商科学生，就好比实验室之于科学家，或者临床部之于医生。

作为直接经验的替代，案例需要符合三方面的要求：

（1）有意义的商业事件；

（2）足够据以得出结论的信息；

（3）没有确定的结论。

如果缺少有意义的商业事件，那么案例就毫无教育价值可言，所以它们一般都与某些重要问题有关，如定价决策、负债权益平衡、产品缺陷等：案例绝对不会直接给出结论，但是却会提供足够多的资料让你自己得出结论。

为了模拟现实，许多案例都包含以下干扰信息：

（1）用来转移注意力的次要信息；

（2）不完整的、有偏差的、误导性的信息；

（3）没有明说，需要推断才能得出的信息；

（4）分散在整个案例中而且经过了伪装的相关信息。

阅读案例的时候，你要能够：

（1）根据文中信息得出结论；

（2）过滤掉价值较低的信息；

（3）挖掘文字背后的信息；

（4）整合分散在案例不同部分的相关信息。

案例主人公可能会有一些结论性的陈述，你不能盲目相信，必须想一想是否与他的自身利益和认知局限有关。

如今，每个人都被信息的海洋所包围。案例为你提供了一个学习如何过滤信息的平台。但是也有一些优秀的案例恰恰反其道而行之，它们所包含的信息非常有限，对你的推断能力提出了很高的要求。其实研究每一个案例，不管信息量多寡，你都需要进行推断。如果说记忆是讲座模式下的成功诀窍，那么推断就是案例模式下的核心能力。

案例看起来采用的是线性结构，有导言、结论，还有一系列的标题、小标题、图表。导言和结论所提供的信息有时价值不大，但通常都有一定的作用。标题和小标题将案例分成若干部分，类似于教科书或《华尔街日报》文章。不过，相关信息往往会分散在整个案例之中。例如，财务资料不会集中于某个部分，而是出现在正文和图表的不同地方。

这就要求你在信息之间寻找联系，然后把它们整合起来，获得一个更加清晰的以识。缺乏经验的学生会用阅读教科书的方式来分析案例。当他们读完一遍案例之后，常常头脑混乱、万分沮丧，于是就一遍又一遍地重新阅读，但依旧毫无头绪。事实上，他们应该反思一下自己阅读案例的方式。

**2. 案例教学法与传统教学法的比较**

采用案例进行教学首创于哈佛大学法学院。采取这种面向实际环境的教学方法，学生可以通过研究真实情境下的相关问题，将自己置身在问题中，面对具有冲突性的问题提出综合性解决方案。由于实际参与到全程的思考，主动式的探索性学习比起单向的知识灌输，能够起到更好的效果。目前，案例教学法在全球各大商学院都得到了较为广泛的应用。

传统教学方法强调知识传授者的灌输作用。一般认为，教师和学生处于知识的两极，教师通过各种形式将知识传授给学生，通过测试得到学生掌握水平的信息反馈。学生被假设为知识的需求方，对今后职业生涯中所需要掌握的知识都处于一种未知的状态，需要通过经验丰富的教师加以传授知识、技能和各种技巧。

这一假设在信息资源不够丰富，或者学生缺乏足够的自学能力时，能够在最短的时间内，利用更高的效率完成知识的传播。但是这种低成本、高效率的教学方式也有其自身的缺陷。首先，学生并不是简单地处于知识的接受方，随着信息技术的发展，学生可以通过各种渠道获得自身想知道的各种信息，对教师的依赖程度大大下降。其次，信息的单向传播导致反馈迟缓，学生仅仅需要被动地接受，简单地说，就是将教师头脑里的知识“复制”到学生脑袋里。这种方法导致学生不断通过加强记忆能力来获得更好的考试成绩，进而忽略了学习的根本目的。第三，参与的主动性受到抑制。传统的课堂上，教师和学生角色分明，学生被训练成要遵守课堂纪律、认真听讲、勤做笔记，这样的行为被认为是“标准的”课堂教学规范。但是这恰恰忽略了学生在学习过程中的参与性。只有通过做，学生才能够真正理解知识，而不是记忆知识。更为重要的是，在做的过程中，才会发现那些问题的核心。

当前，网络游戏在年轻人中盛行，但这不仅仅是一个网络游戏，更为重要的是在游戏过程中，人们可以学习到更多的知识和经验。例如暴雪公司的《魔兽世界》，在全球拥有巨大的游戏人群，玩家操纵着游戏中的虚拟化身，与其他玩家所操纵的虚拟化身进行合作与竞争，从而获得虚拟世界的精神成就感和满足感。在此过程中，如何进行合作、如何设定目标、如何管理“工会”、如何交易等等，都可以在网络的实际操作过程中学习。有的人甚至认为，读一个 MBA 所学到的知识，甚至都不如在网络游戏中管理一个工会学到的更多。这也许就是“做中学”的魅力所在。

新技术推动了教育理念和方法的发展。当代的教育理念更加倾向于如何在一个仿真的环境下使学生获得更多的经验，通过参与，沉浸在“真实的”环境中，创造性地获得问题的解决方法。

**3. 案例教学法的优势**

当前，信息传播从传统的单向媒体时代（例如报纸、电视、广播等）朝着双向传播和网状传播模式的发展，教育领域也在面临着一次时代的变革。单纯的知识讲授已经对学生没有太多的吸引力，知识或者信息也不再是一种稀缺资源。现在，更重要的是产生知识的能力，即如何创造和利用知识。学生在学校里学习的不再是记住若干的结论，而是发现如何达到这一结论的途径，并且寻找出最优途径的方法。

使学生掌握这一能力的最佳方法是将其放到实际的工作场合上去，亲身经历。但是由于实体资源的有限，以及错误途径可能对实体造成永久性损害，这一做法的成本及风险太高，难以作为标准模式广泛推广。

采用案例教学在某种程度上实现了将实际环境和问题进行情景再现，学生通过在这一虚拟情境下的思考，做出相应的战略选择或者对策。这种方式允许学生设计和思考问题的不同解决方法，并通过案例的讨论相互激发，在教师的指引下，逐渐学会问题的解决办法，进而在问题的驱动下，掌握相应的理论。并且还可以将学生自行思考的问题解决方法和实际案例中的方法、对策以及后续的后果进行比较，使学生能够更好地思考，研究不同方案的代价与收益。

如果案例是足够有趣的，并且是具有挑战性的，学生探索未知的好奇心会驱动学生像读小说一样了解案例发生的背景以及经过，将问题的方案和结论空出。学生在完全或者不完全信息条件下，将自己置身于事件的主人公，根据现有的资料进行缜密的分析，结合自己的知识与经验，提出问题的解决途径，以及可能的结果，并对提出的方案进行评估和讨论。

这一方法广为采用的原因在于，通过案例的研讨，学生会主动探索与发现问题的核心，提出创造性的问题解决方法。而教师所扮演的角色是在学生需要提供帮助时进行点拨，以及教学过程中的控制。

**4. 如何撰写案例**

一个好的案例教学离不开优秀的案例。如何能够开发出一个“好”案例，是需要大量投入的。案例不同于小说，可以天马行空和肆意捏造，而是应该以实际企业为背景，发掘企业里的真人真事，了解企业中的真实问题，然后通过案例撰写者对这些信息进行重新组合与整理。为避免对实际企业造成经营上的困扰，案例撰写者还需要在合理的范围内对企业的真实数据进行技术处理，必要时隐去企业的敏感真实信息，例如人名、企业名、关键产品等等，只将需要解决的问题展现给学生。

哈佛案例库的每一个案例上都会有一个注脚，说明案例中所列的内容不能够成为实证研究的可靠数据。

由于案例的教学需要在有限的时间内完成，过于复杂的案例描述会导致时间大大超过允许的范围，因此，需要根据教学主题的需要，对案例的内容进行适当的简化，以使学生能够更好地聚焦在所需要掌握的知识点上。

要做到以上的要求并不容易。首先，需要确定要讲授的知识点和主要原理，围绕要求学生掌握的理论开始寻找可能的案例来源。其次，在目标明确的条件下，采取媒体搜寻、企业调研等多种形式发现可以利用这一理论解决的冲突性的问题。案例撰写者需要通过一手或者二手收集的资料进行案例的编撰，通过与案例中的实际相关者进行交流与讨论，发现冲突的核心，并且将冲突的情况用平实的语言描述出来，根据学生所处的层次，确定案例的难度。利用 M. Leenders 的案例难度模型（CDC），对案例的概念(Conceptual)、分析（Analytical)、表现（Presentation）三个维度进行研究区分，合理把握案例撰写的难度。

撰写一个好案例需要作者能够提出一个具有挑战性的问题，最好是关于决策的行动。为了能够提出好的问题，案例的作者需要清楚地了解理论。

在写案例时，首先要阐述清楚本案例所关注的问题；其次，在分析时，需要重点强调这些问题；最后，要为学生提供相关的数据资料，使得学生在进行案例分析时有足够的信息，并且要告诉学生，这些信息或者数据从何处可以获得。

案例本身并不提供任何的分析技巧，这些都应该在教师的教学训练中，并且由教师在课堂上展现出来，但是需要提供给学生恰当的分析工具，使学生可以利用相应的工具对问题进行分析。

在写作案例时，有一个大的忌讳：把案例写成研究。作为研究报告来说，需要阐述清楚例如“×××公司在产品设计过程中是如何做的……”之类。案例写作不是将你已经知道的东西写下来一一确认，告诉学生这是一个最佳实践还是一个失败的实践。应该是让学生尝试自行去探索一些未知。

教学案例和研究案例是两个不同的概念。研究案例的目的是为了使研究者可以更加深入理解某一现象。

案例是对现实商业的一个模拟，它也有其局限性。首先是学生并不对所提出的方案负有真实的责任，在想法和实际间仍然存在着巨大的差异性。

好的案例设计需要让学生能够迅速进入状态。其重要的表现在于学生在案例分析的时候，提出“我们应该……”这说明学生已经能够将自己放在案例的主角位置上。

在设计案例时，应考虑到学生的不同层次，安排不同的主角。例如，面对 MBA 的案例教学，如果把主角设定为一个仅仅高中毕业的员工，MBA 的学员们就很难以进入角色，他会说，“我不会有那样的情况出现”。

针对本科生来说，在教学案例中的理想角色是大学刚刚毕业不久新入职的管理者，这样学生会觉得案例更加具有挑战性，能够投入更多的精力参与到案例的分析和讨论过程中。

多长的案例合适？一般来说一个 7～12 页的案例是合理的。过长的案例尽管容易写（因为可以将更多的信息融入到案例中），但存在的缺陷是学生很难从大量的信息中抓住重点，并且需要花费更长的时间来准备案例，他们不得不花更长的时间来阅读案例，相应地就缩短了思考的时间。

为了能够成功撰写一个案例，需要案例编写者付出巨大的努力。对于简单的情况而言，例如为了让学生学习会计账目的基本处理，教师可以把相关问题放在一个完全假设的环境下，这种案例仅仅是为了给学生一个场景，因此，无需非常真实可靠的背景资料。但是，对于大多数管理案例来说，凭空杜撰的案例往往会露出很多破绽，或者由于案例不够精彩，导致学生读起来索然无味。这些都会大大影响到案例教学的效果。每个人都喜欢听故事，如果能将企业里真实发生的事情用一种引人入胜的方式阐述出来，学生才有可能对其产生兴趣，进而产生解决问题的欲望。

为了达到这样的目的，案例编写者就必须能够和企业接触，通过与企业中的相关人员进行访谈，发现能够作为案例的问题，并形成案例的大纲，进而带着所需要获取的问题再次和企业相关的人员进行交流，当然，其中一个重要的问题是，所发布的案例必须要能够得到相关企业的书面授权，以避免可能出现的法律方面问题。

有时候，写案例并不是像我们想象的那样可以按照一个标准的程序进行，可能开始撰写案例的动机仅仅是认为某一个企业是一个值得研究的对象，或者这个企业处于一个备受关注的行业，或者是某个案例主角很值得采访。

每一个案例都会有两个主要组成部分：一个引人入胜的故事和一个需要学生做出的决策以及问题的解决方案。

**5. 如何利用案例教学**

案例教学是一个需要师生全程互动的教学模式。开发出了好的案例还需要能够充分利用好案例，使学生能够从案例中得到更多有价值的体验，从而获得更好的教学效果。

一个完整的案例教学分为课下和课上两个部分。课前的学生准备阶段是最为重要的。作为教师，在课程开始前需要和学生进行沟通，将课程的案例教学计划告知学生，并事先分发案例。为了能够增强学生的团队合作能力，需要对学生进行事前的分组，对复杂的案例，应鼓励学生进行相互间的合作，共同完成案例的分析和讨论。

一般说来，案例讨论小组的人员组成不要超过 4 个，组员太多会导致搭便车现象，而组员太少则失去学生间相互讨论和启发的机会，并且工作量会超出学生能够利用的时间。

在展开案例教学之前，需要让学生了解案例教学的基本方法和流程。在第一次案例教学课上，教师可以利用一些较为简单的案例，展示应该如何进行案例讨论，以及在案例分析时应如何有效地抓住问题的重点。同时通过展示较为成功的案例分析报告和演讲提纲，使学生掌握一般的案例分析的过程和方法。

给学生以明确的时间节点上的要求，使学生有较为充裕的时间来准备案例的分析。但是也不要认为在第一次课上就可以把问题全部解决。教师需要在每一个组开始案例课讨论的前一周时间再次和学生加以确认，以保障讨论的质量，以避免由于学生未能够充分准备导致课上讨论效率下降，影响到案例教学的效果。

在案例研讨的课下准备时，教师需要对学生提出明确的要求。例如，需要每个人在案例分析中真正参与，并形成一个小组意见，通过分工合作完成课上讨论所需要展示的课件，并且在课上讨论过程中，每个组员均需要展现出自己的工作；同时教师需要根据每个学生的表现对其加以评分，鼓励学生积极参与案例式教学，转变其被动式学习的想法。

在课堂上，每个小组需要向全班同学简要介绍案例的背景和主要问题，进而给出小组的分析，有调理地向全班同学介绍其分析过程和主要结论。在阐述完成后，应由其他同学对其感兴趣或者是困惑的地方进行提问。教师在全程对其进行观察，并进行恰当的引导。在学生完成之后，教师需要对学生完成的情况进行点评，对学生的工作进行肯定，并且对有疏漏的地方进行补充，重要的是告诉学生为什么会这样考虑。进而强调这一案例和需要掌握的理论之间的联系，使学生能够通过解决实际问题来强化对抽象理论的认识。

为了能够有效监控学生的案例教学的效果，需要让每一个学生至少对课程中所有案例都通读一遍，在最后的课程测试中加入案例的相关知识点考核，以检查学生对案例的了解程度。

**6. 学生该如何利用好案例**

案例不同于以理论为主的课本，案例提供了鲜活的真实素材，这些素材围绕着某一特定的主题展开，通过研究案例中提供的相关信息，研究问题出现的场景以及主角所处的特殊环境，将自己放在主人公的角色来研究案例所提出的问题。一般来说，所提出的这些问题往往都带有一定的冲突性，通过在一个两难环境下进行较优决策的训练，学生可以不断培养主动探索以解决问题的能力，通过对案例的研究来了解和掌握相应的理论。案例教学可以使学生明白，理论是在实际工作中不断总结、对问题的本质进行深入挖掘后所找到的一般性的规律。学生通过对感性材料的自行探索，尝试利用已有的问题分析的理论框架对其提出解决方案，从而达到更高的问题处理效率。

不过学生仍然需要清楚地知道，教学中所提供的案例是经过人为处理所提供的信息，与真实环境还是有较大的不同。并且，为了能够降低案例的难度，案例编写者也可能对问题进行了加工，使问题仅仅局限于某一个点上，而并不一定能够涵盖全局性问题。例如在研究企业成本优化的问题上，如果从企业财务经理和企业销售经理的不同角度观察，往往会得到迥然不同的结论。

案例教学是一种“适应性训练”。为学生在今后工作中遇到相似的问题提供了一种解决方法的参考，但绝不是一种可以套用的模式。这种“纸上谈兵”式的教学方式，使学生在理论和实际间找到了一个较好的平衡点，把抽象理论和实际环境相结合，培养了学生的实际应用水平，通过理论运用，可以帮助学生更好地内化理论知识，变成自己的东西。

学生还需要清楚地知道一点，在案例学习中，由于错误决策并不造成实际上的后果，所以决策的随意性较大，因此，可能在理解案例主人公的决策上为什么会选择较为保守的方法上存在一定的困难。对“潜在损失”的担心会造成许多用正常理性思考却难以解释的问题。例如许多学生在学习证券投资课程时，会进入到模拟股票市场或者期货市场上进行虚拟交易，交易系统上除了账户里的资金是虚拟的，其他一切都和真实的市场波动相同。在这样的市场中，绝大多数学生都是可以实现盈利的，学生所习得的理论都可以在此得到很好的验证。但是一旦由虚拟盘切换为实盘交易，出于对损失的担心和对盈利的贪婪，大多数人无法完全遵守学到的理论，从而导致损失的不断扩大。在管理问题上同样存在着类似的现象，进行一项冒险性的革新可能会将企业拉出当前的困境，但是一旦失败或者未能在预期的时间内达到目标，这种后果所带来的影响将需要由决策者个人来承担。

在企业信息化过程中，流传着这样一句顺口溜：“企业进行 ERP（企业资源规划）的改造是找死，不改是等死”，在类似这样的案例分析中，学生往往都会提出各种 ERP 上线的方法和途径，但是实际从事这样工作的人却往往不情愿主动地进行这一项看上去很美的工作。造成这一现象的原因是多方面的，其最根本的原因还是在个人利益与风险的权衡上。

学生通过案例学习的不仅仅是知识，还需要培养那些与“潜质”相关的东西，例如勇气、果敢性等等。

# 附录八 客观题部分参考答案

## 第一章

| | | | | |
|---|---|---|---|---|
| 1. Y | 9. Y | 17. Y | 24. ABC | 31. ABC |
| 2. Y | 10. Y | 18. Y | 25. ABCD | 32. ABCD |
| 3. N | 11. Y | 19. N | 26. ABC | 33. ABCDE |
| 4. Y | 12. Y | 20. Y | 27. ABCD | 34. ABCDE |
| 5. Y | 13. N | 21. Y | 28. AD | 35. ABC |
| 6. Y | 14. Y | 22. Y | 29. ABCD | 36. B |
| 7. Y | 15. Y | 23. ACD | 30. ABCDE | 37. D |
| 8. Y | 16. N | | | |

## 第二章

| | | | | |
|---|---|---|---|---|
| 1. Y | 8. N | 15. Y | 21. Y | 27. ABCD |
| 2. Y | 9. Y | 16. Y | 22. Y | 28. ABCE |
| 3. Y | 10. Y | 17. Y | 23. D | 29. ABCD |
| 4. N | 11. Y | 18. Y | 24. A | 30. ABCD |
| 5. Y | 12. Y | 19. Y | 25. ABCD | 31. C |
| 6. Y | 13. N | 20. Y | 26. ABCD | 32. ABC |
| 7. N | 14. N | | | |

## 第三章

| | | | | |
|---|---|---|---|---|
| 1. Y | 8. Y | 15. Y | 22. Y | 29. ABC |
| 2. N | 9. Y | 16. Y | 23. Y | 30. ABCD |
| 3. N | 10. N | 17. N | 24. Y | 31. D |
| 4. Y | 11. Y | 18. Y | 25. Y | 32. ABCD |
| 5. Y | 12. Y | 19. Y | 26. Y | 33. ABCDE |
| 6. Y | 13. Y | 20. Y | 27. Y | 34. C |
| 7. Y | 14. Y | 21. N | 28. ABCD | 35. ABC |

## 第四章

1. Y
2. N
3. Y
4. Y
5. N
6. N
7. Y
8. Y
9. Y
10. N
11. N
12. N
13. N
14. Y
15. Y
16. N
17. N
18. Y
19. Y
20. Y
21. Y
22. N
23. Y
24. Y
25. N
26. Y
27. Y
28. Y
29. Y
30. ABCD
31. ABCDE
32. ABCD
33. B
34. C
35. A
36. C
37. D
38. E

## 第五章

1. Y
2. Y
3. N
4. Y
5. Y
6. Y
7. Y
8. N
9. N
10. Y
11. N
12. Y
13. N
14. Y
15. Y
16. Y
17. Y
18. Y
19. Y
20. N
21. Y
22. N
23. N
24. Y
25. Y
26. Y
27. Y
28. N
29. Y
30. Y
31. Y
32. ABCDE
33. ABCD
34. ABCDE
35. B
36. B
37. B
38. ABCE
39. ABCDE
40. D
41. ABD

## 第六章

1. N
2. Y
3. N
4. Y
5. N
6. Y
7. Y
8. N
9. Y
10. Y
11. Y
12. Y
13. N
14. N
15. N
16. N
17. Y
18. Y
19. Y
20. Y
21. Y
22. ABD
23. A
24. C
25. ABCDE

## 第七章

1. N
2. N
3. Y
4. N
5. N
6. N
7. N
8. Y
9. N
10. Y
11. Y
12. Y
13. N
14. Y
15. Y
16. Y
17. N
18. N
19. N
20. N

| | | | | |
|---|---|---|---|---|
| 21. Y | 26. C | 30. B | 34. ABCD | 38. B |
| 22. Y | 27. A | 31. ABCDE | 35. ABCDE | 39. A |
| 23. N | 28. D | 32. ABCD | 36. BCD | 40. B |
| 24. Y | 29. C | 33. ABCDE | 37. BCD | 41. C |
| 25. Y | | | | |

## 第八章

| | | | | |
|---|---|---|---|---|
| 1. N | 8. N | 15. Y | 22. D | 29. B |
| 2. N | 9. Y | 16. N | 23. A | 30. A |
| 3. N | 10. N | 17. N | 24. C | 31. D |
| 4. Y | 11. Y | 18. Y | 25. C | 32. C |
| 5. Y | 12. Y | 19. Y | 26. ABCDE | 33. ABCD |
| 6. Y | 13. N | 20. Y | 27. ABCD | 34. ABCD |
| 7. Y | 14. Y | 21. B | 28. B | |

## 第九章

| | | | | |
|---|---|---|---|---|
| 1. Y | 7. N | 13. N | 19. Y | 25. ABCD |
| 2. Y | 8. N | 14. Y | 20. N | 26. ABCDE |
| 3. N | 9. Y | 15. Y | 21. ABCE | 27. ABCD |
| 4. Y | 10. N | 16. Y | 22. ABCD | 28. ABCDE |
| 5. Y | 11. Y | 17. Y | 23. ABCDE | 29. B |
| 6. Y | 12. N | 18. N | 24. BD | |

## 第十章

| | | | | |
|---|---|---|---|---|
| 1. Y | 9. Y | 17. N | 24. N | 31. D |
| 2. N | 10. N | 18. Y | 25. B | 32. ABCD |
| 3. Y | 11. Y | 19. Y | 26. C | 33. ACE |
| 4. N | 12. Y | 20. Y | 27. A | 34. ABCD |
| 5. Y | 13. Y | 21. Y | 28. C | 35. BC |
| 6. Y | 14. Y | 22. N | 29. A | 36. BD |
| 7. Y | 15. Y | 23. Y | 30. A | 37. C |
| 8. Y | 16. Y | | | |

## 第十一章

1. Y
2. N
3. Y
4. N
5. Y
6. Y
7. Y
8. Y
9. N
10. Y
11. N
12. Y
13. N
14. Y
15. Y
16. Y
17. N
18. D
19. A
20. B
21. ABDE
22. ABCE
23. ABCDE
24. ABCDE
25. A
26. BCD

ACD

# 参考文献

[1] 王利，许国银，黄颖．现代物流管理［M］．北京：中国物资出版社，2006.

[2] 宋华，胡左浩．现代物流与供应链管理［M］．北京：经济管理出版社，2000.

[3] 穆东．供应链系统的复杂性构成分析［J］．中国流通经济，2006（8）．

[4] 王红卫 等．物流系统仿真［M］．北京：清华大学出版社，2009.

[5] 徐天亮．运输与配送［M］．北京：中国物资出版社，2002.

[6] 唐纳德 J. 鲍尔索克斯．供应链物流管理［M］．北京：机械工业出版社，2009.

[7] Michael Hugos. Essentials of Supply Chain Management［M］. US: John Wiley&Sons，Inc.，2003.

[8] 罗纳德 H. 巴罗．企业物流管理——供应链的规划、组织和控制［M］．北京：机械工业出版社，2002.

[9] 国际贸易中心．如何制定供应战略［M］．北京：中国物资出版社，2005.

[10] GB/T 18354－2006，中华人民共和国物流术语标准［S］．

[11] GB/T 20523－2006，企业物流成本构成与计算［S］．